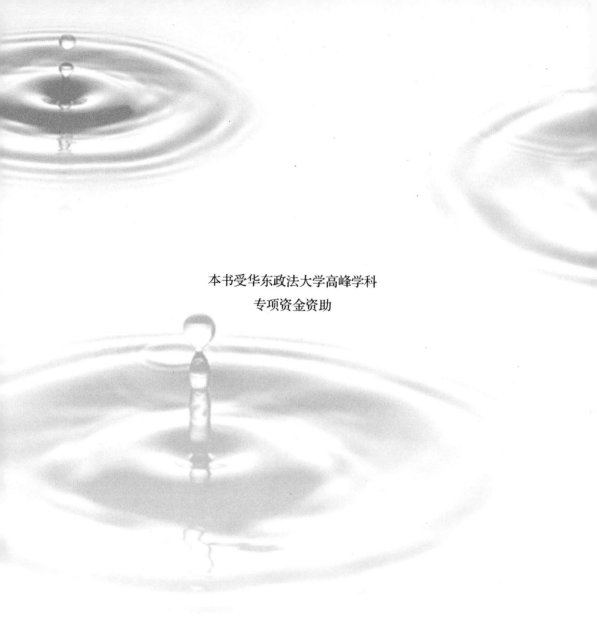

本书受华东政法大学高峰学科
专项资金资助

# 情节犯研究

## （第二版）

李翔 著

## 图书在版编目(CIP)数据

情节犯研究/李翔著. —2 版. —北京:北京大学出版社,2018.6
ISBN 978-7-301-29591-5

Ⅰ.①情… Ⅱ.①李… Ⅲ.①刑事犯罪—研究 Ⅳ.①D914.04

中国版本图书馆 CIP 数据核字(2018)第 104679 号

| | |
|---|---|
| 书　　　名 | 情节犯研究（第二版） |
| | QINGJIEFAN YANJIU |
| 著作责任者 | 李　翔　著 |
| 责 任 编 辑 | 徐　音 |
| 标 准 书 号 | ISBN 978-7-301-29591-5 |
| 出 版 发 行 | 北京大学出版社 |
| 地　　　址 | 北京市海淀区成府路 205 号　100871 |
| 网　　　址 | http://www.pup.cn　新浪微博 @北京大学出版社 |
| 电 子 信 箱 | sdyy_2005@126.com |
| 电　　　话 | 邮购部 010-62752015　发行部 010-62750672　编辑部 021-62071998 |
| 印 刷 者 | 北京富生印刷厂 |
| 经 销 者 | 新华书店 |
| | 730 毫米×980 毫米　16 开本　17.75 印张　290 千字 |
| | 2006 年 7 月第 1 版 |
| | 2018 年 6 月第 2 版　2018 年 6 月第 1 次印刷 |
| 定　　　价 | 55.00 元 |

未经许可，不得以任何方式复制或抄袭本书之部分或全部内容。
**版权所有，侵权必究**
举报电话: 010-62752024　电子信箱: fd@pup.pku.edu.cn
图书如有印装质量问题，请与出版部联系，电话: 010-62756370

# 第二版前言

"江山代有才人出,各领风骚数百年。"无数刑法哲人在历史的长河中宛如一道划过夜空闪亮却短暂的流星,而纷繁迭起的各种刑法理论却给后人留下无尽的遐思。当我们拂去历史的尘埃,翻开那一部部经典传世之作,当我们以崇拜者的心态跨越历史时空,向刑法先哲们求教刑法学真谛时,常常被我们忽略的却是我们本土资源之上所诞生的刑法学说中的理论制度。新中国刑法学从它诞生的那一天起,就是以"他山之石"作为自己构建的基础的,[①]而在其发展过程中,又出现了大陆法系刑法理论泛化的趋势。尤其是在以西方的某些理论命题作为"××学现代化"的学术标准的今天,我们自己的理论和制度常常因不符合国外的某些观点和思想而在被批判甚至摈弃的漩涡中挣扎。情节犯作为我国刑法理论中具有本土意义的一项刑法制度,正在遭受着这样的命运!

"反思—批判—超越"以及"不破不立"的学术范式似乎成为当今学术研究的当然思维模式和学术发展的路径。当然,我们从来不主张"批判就是背叛,传承就是光大"的思维模式,也从来没有否定批判的意义。但是,我们知道,刑法学理论的发展涉及哲学、社会学、伦理学、逻辑学、政治学、历史

---

[①] 中华人民共和国成立伊始,在一切向"老大哥"苏联看齐的岁月里,刑事立法和刑法理论的构建亦不能例外。可以毫不夸张地认为,我们的刑法理论(刑法总则部分)几乎就是以苏联的刑法理论为蓝本发展而来的。虽然由于众所周知的原因,我国刑事立法和刑法理论的发展曾一度停滞下来,但是中华人民共和国第一部刑法的诞生仍然烙有"移植"的痕迹。近年来,在新中国老一辈刑法学家建立的刑法理论的基础上,大批的刑法学人共同对我国刑法理论的深入发展做出了积极的贡献,其中一批有影响力的中青年刑法学家(者)在借鉴以德日刑法理论为代表的大陆法系刑法理论的基础上,对我国刑事立法和刑法理论进行阐释,由此使我国刑法理论具有倾向于向大陆法系刑法理论发展的趋势。

学、法学等多科性纷繁交错的知识，对它的研究需要有长久的文化沉淀、深厚的文化底蕴和广博的基础知识结构、专业的系统思维作为依托。每一个制度的存在都有其特定的历史渊源和运行背景，对其一味批判甚至完全否定，并不是解决问题的良方。如何将现行的法律解释得更加合理、更加符合现实的需要是重要的。"不要随意批判法律，不要随意主张修改法律，而应对法律进行合理的解释，将'不理想'的法律解释为理想的法律规定。"[①] 所以，一位伟大的刑法学家，首先应该是一位伟大的注释刑法学家。

缺乏对现实关注的任何学术理论，都是海市蜃楼式的理想建构——尽管梦想和希望是我们的精神支柱。对现实，需要符合现实的解说，而不是背离现实的嘲弄。情节犯正是基于对现实的关注而诞生的一种犯罪类型，其最大的特点就在于该制度是对现实的关注——社会生活的复杂性和多变性与法律的局限性和稳定性之间存在某种不可调和的矛盾。个人需要自由，国家需要秩序，和谐社会的建立则需要游离于自由与秩序边缘间的法律制度的创设。刑法作为一种秩序规则，与社会现实相互依存，它的每一个制度的设置都是以特定的社会物质生活条件为基础，同时把社会现实作为其内容。刑法学以犯罪行为作为研究对象之一，而犯罪的本质特征就是应该受到刑罚处罚程度的社会危害性，行为的社会危害性在法律上由犯罪构成要件综合反映出来。我国刑法的规定总是在犯罪构成诸要件的总体上使行为的社会危害性达到应受惩罚的程度。如果在一般情况下还没有达到这种程度，刑法分则条文就强调某种或某些要素，或者增加某种或某些要素。对于这种情况，我们在刑法理论上把它归纳为单独的一种犯罪类型，而情节犯就是此犯罪类型中的一种。情节犯是我国刑法中特有的一种犯罪类型，它与行为犯、危险犯、结果犯等犯罪类型相并列，是指某种危害社会的行为以"情节严重"或者"情节恶劣"等为犯罪成立条件或者认定为犯罪既遂形态的犯罪类型。据笔者统计，目前我国《刑法》中规定的情节犯有

---

① 张明楷：《刑法格言的展开》（第2版），法律出版社2003年版，第3页。

93个罪名\*，这还不包括情节加重犯、情节减轻犯和情节特别加重犯，以及立法解释或者司法解释中所涉及的，更没有包含附属刑法的内容。面对这样一个现实，笔者认为，对于情节犯全面系统深入的研究，不仅在于其重大的理论意义和重要的司法实践价值，甚至更在于我们真正面对的两个现实——情节犯的设置是立法者对现实的关注和我们对情节犯大量存在现实的关注。

与其他相关犯罪类型（例如行为犯、危险犯等等）相比较，我国刑法学界对于情节犯的研究比较薄弱，研究者甚少。究其原因，一方面，因为它与国外刑法理论关联性较小，因而缺乏横向比较和借鉴的可能性；另一方面，由于情节犯自身的特点决定了它不像其他犯罪类型一样存在相互对应的概念，以及情节犯本身确实存在伴生性缺陷——任何制度的设置都不会尽善尽美——因而导致情节犯研究相对匮乏的格局。目前虽然也有些相关的研究，① 但是当我们把目前已有的一些文章或散见于各论著中的相关论述——零敲碎打的研究——进行整合的时候，会发现它们之间出现了"排异反应"。其中最大的原因就在于，这些研究大多从某个侧面入手，缺乏系统研究。从另外一个角度来说，对于一个理论性和实践性都很强的命题，即使存在相关论述，也并不妨碍我们运用科

---

\* 有人提出：你文章中总结并统计认为我国现行《刑法》中有 93 个情节犯的罪名，这是指只包括定罪的罪名，还是也包括其他定量的罪名？

笔者在本书中认为，情节犯作为我国刑法理论中特有的一种犯罪类型，是指我国刑法分则中明确规定以"情节严重（情节恶劣）"作为犯罪成立的情节要求或者以此作为认定该罪既遂形态的犯罪类型，它的成立及既遂形态的标准都与犯罪情节有关。所以，这 93 个罪名就是依据上述对情节犯的概念所作的统计，不包括其他例如以"造成严重后果""数额较大"等概括性表述的定量性罪名。

① 从笔者所掌握的资料来看，目前我国刑法学界对情节犯的研究并不多，其基本状况如下：张志强在《法学评论》1988 年第 3 期发表的《情节犯浅析》一文，是相对较早的以情节犯为研究对象的专业论文；2000 年武汉大学赵廷光教授指导的硕士研究生张波以《情节犯研究》为题撰写过硕士论文；到目前为止，还没有人以此为题进行博士论文写作。从国内外公开发表的刊物来看，以情节犯为主要研究对象的文章亦不多，主要有：张志强：《情节犯浅析》，载《法学评论》1988 年第 3 期；彭泽君：《情节犯简论》，载《河北法学》1994 年第 4 期；王良华：《关于情节犯的两个疑难问题的探析》，载《广西法学》1996 年第 3 期；叶高峰、史卫忠：《情节犯的反思及其立法完善》，载《法学评论》1997 年第 2 期；金泽刚：《论定罪情节与情节犯》，载《华东政法学院学报》2000 年第 1 期；蔺红光、王东阳：《情节犯的立法价值与抉择》，载《河南公安高等专科学校学报》2000 年第 5 期；刘亚丽：《论情节犯》，载《河南省政法管理干部学院学报》2000 年第 4 期；王美茜：《情节犯的立法完善》，载《松辽学刊（人文社会科学版）》2001 年第 6 期；刘艳红：《情节犯新论》，载《现代法学》2002 年第 5 期；刘守芬、方文军：《情节犯及相关问题研究》，载《法学杂志》2003 年第 5 期。此外，还有一些关于情节犯的研究散见于各种教材、著作，但是总体上并不多。

学方法——包括前辈学者为我们提供的视角、理论、模式——来对这一学术问题作进一步的探讨以推动其更深入地发展。"唯有如此,学术才能发展与进步。"[①]

本书共分八章,以马克思辩证唯物主义和历史唯物主义为指导思想,采用定性分析和定量分析相结合、逻辑分析和比较研究相结合、实证分析和经验分析相结合以及注释研究和思辨研究相结合的研究方法。结构安排遵循从宏观到微观的逻辑顺序,站在肯定情节犯存在的独立意义和价值的基本立场上,逐步提出和分析解决情节犯及其相关问题。全书以情节和情节犯的概念作为逻辑起点和理论前提,分析我国刑法中的情节和情节犯的相关问题。具体而言,先把情节犯放在刑事法治的框架以及我国法律运行特定背景下进行分析研究,论证情节犯的立法价值和司法价值,进而分析情节犯与我国犯罪构成理论的冲突与协调问题;然后对情节犯的各种犯罪形态进行研究,并且把情节犯与相关犯罪类型相比较,指出它们之间的关系;最后指出应对我国刑法中的情节犯进行改造,提出情节犯的立法和司法建议,并分析了刑法总则情节和分则情节的关系,以期对情节犯的理论研究和司法实践都有所裨益。

本书是2006年出版的《情节犯研究》的再版。此次再版,我还将黄京平教授和杨兴培教授在12年前所写的序收入本书。当时由于出版社等原因,未将这两篇序放入其中。事实上,这两篇序中既承载了两位老师对我关于情节犯基本问题研究的评价,也饱含了老师对学生的殷切希望,这也是我从事学术研究和司法实践的行动指南和不竭之动力。

---

[①] 左卫民、周长军:《变迁与改革》,法律出版社2000年版,第12页。

# 序一

刑法中的情节与情节犯历来为理论界和实务界关注。我国刑法分则中广泛地规定情节作为定罪要件与量刑因素，比如"情节严重""情节恶劣""情节特别严重""情节特别恶劣"等作为基本犯或加重犯的罪状。这反映了我国刑法中犯罪是定性与定量相结合的模式，数额和情节构成衡量犯罪成立与否、刑罚加重减轻的标准。由此，情节犯成为中国刑法学中一个十分重要的概念，长期以来聚讼不休。全面而深入地研究情节犯，对于完善刑法犯罪形态论、促进刑事立法司法、推动正确对待情节的功能与作用具有不可忽视的理论价值和实践意义。

李翔博士以近三十万字之篇幅深入而系统地探讨了情节犯的宏观与微观问题，由本体论—法治论—价值论—构成论—形态论—关系论—完善论，推动了刑法理论界的情节犯研究。参与该文答辩及评审的十位教授都给了"优秀"的评价，答辩委员会也一致同意授予该文"优秀"。同时，他又结合近年来刑法理论和刑事立法及司法实践，将自己的一些新的研究成果加入其中。纵览全书，我认为，存在如下特点：

第一，立足并反馈立法司法实践。实践性是学问的第一性，真正的学问应当来源于实践并经得起实践的考验。李翔博士精心梳理了1979年和1997年《刑法》中的"情节"条款，根据他的梳理：1979年《刑法》中出现的"情节"二字有68处，而1997年《刑法》中出现的"情节"二字则有293处之多，情节犯有93个罪名。这种立法现实，既是选题之意旨所在，也充分体现著者的规范刑法学功底，更能通过这种梳理反馈到立法实践中以供参考。同时，立法中广泛规定的情节和情节犯会因解释的差异形成迥然不同的结果。情节犯是基于对现实的关注而诞生的一种犯罪类型,著者在比较、分析中外刑事立法和刑法理论的基础上,紧密联系刑事司法实践,从实体与程序、定罪与量刑、意义与价值、功能与构成、形态与关系等不同的角度对情节犯问题进行了全面、系统而深入的研究,融入对实践的思考。

第二,体系严谨,论证充分深入。情节犯研究,一直为理论界与实务界关注,是"一块看似容易实际难啃的骨头"。著者知难而进,选择情节犯进行研究,并以情节和情节犯为逻辑起点和理论前提,逐步提出和分析解决情节犯及其相关问题的对策与意见。如果说情节犯本体论是一个逻辑的起点,是说"什么是什么",那么情节犯的法治论、价值论则是说"什么背后是什么""为什么"。情节犯构成论解剖结构;情节犯形态论、关系论解释与周边相邻概念的交叉界分;情节犯完善论则从发展的角度对我国刑法中的情节犯立法与司法完善提出建议。层层递进,"小题大做"——围绕一个小问题,从多角度运用不同方法深入研究。"解剖麻雀",方能有所收获。著者沿着从宏观到微观的逻辑顺序,基本立场是肯定情节犯存在的独立意义和价值,从本体契入,到完善提升,一气呵成。

第三,视角独特,观点颇具创新。在李翔博士的新著中,情节犯法治论、情节犯价值论以及针对情节犯的立法司法完善等问题的研究,都颇有创新之处。著者认为,情节犯的犯罪本质应该从实质意义和法律形式意义两个方面加以把握:一方面,它是以行为的客观社会危害性和行为人的人身危险性作为其"质"的规定性;另一方面,它又以刑法分则明文规定的"情节严重(情节恶劣)"作为其"量"的限定性。难能可贵的是,李翔博士从刑事法治、刑事政策和刑法基本原则的高度来审视我国刑法中情节犯制度的设置。著者提出,从刑事政策的精神和内容上看,情节犯与我国基本刑事政策一脉相承,是我国刑事政策法治化的集中体现和重要途径,而且符合罪刑法定主义精神,满足刑法谦抑性的要求。情节犯尤其是情节加重犯、情节减轻犯和情节特别加重犯的存在,使罪刑均衡的价值理念得以在立法上体现并在司法中正确贯彻执行。著者在情节犯价值论中分析指出,情节犯的大量存在在立法上具备特定的价值基础和必要性,在司法上事实上控制犯罪圈有利于实现保障人权和保护社会的刑法二重价值。基于对我国刑法中情节和情节犯的梳理,著者提出了若干具有可操作性的完善建议,对理论研究的深入和立法司法实践都具有一定的参考价值。

当然，该书存在若干有待进一步深入研究之处，提出来既与著者探讨，也与读者相商。比如，本体论中将情节犯界定为包括基本情节犯、情节加重犯、情节减轻犯、情节特别加重犯等四种不同类型，无论在犯罪构成还是犯罪停止形态的认定上，各种情节犯都存在较大差异。但是，著作无论是在形态论中对情节犯犯罪形态的研究，还是在关系论中对情节犯与数额犯等相近概念的界分，均主要围绕基本情节犯展开，针对另外三种情节犯的研究则基本未涉及。又如，法治论中以刑法基本原则为视野观察情节犯，只引入罪刑法定和罪刑均衡原则，是否可以尝试从罪刑平等角度观察情节犯问题？再如，价值论中围绕情节犯与我国犯罪构成要件之间关系的论证，可以加以充实和深化。

著者毕竟年轻。李翔博士邀我为他的著作作序，我欣然应允。作为一名法学教师，最为欣喜的莫过于见到学生能在法学理论界有所建树，在法律实务界有所作为。我真诚地希望李翔博士在今后的学术道路上更加踏实稳健地走下去，不断攀登，不断取得新的成果。

是为序。

中国刑法学研究会副会长
中国人民大学法学院教授、博士生导师
黄京平

## 序二

余向来以为,为他人学术专著作序者,只能有两种人:一种是德高望重者,此等人为人作序犹如登高一呼,和者众众,使他人之书平添几分厚度,信者不疑;一种是学识深厚者,此等人为人作序有如深海激流,浪花四溅,使他人之书能锦上添花,更为灿烂。故此当李翔向我提出要为他的新著写序时,甚觉不当,便婉言相推,或言曰:非不想写,而是不具资格写。李翔再三曰:"老师为学生作序者,可谓名正言顺。三年华东政法学院求学刑法学研究生,春花秋月之时虽非朝夕相处,然教室内课桌旁也可算形影相随。知学生者,莫如老师也。再者作为刑法老师,也在刑法学的理论海洋中弄潮几十载,已知刑法学海之深浅,不管学生的处女之作深浅如何,站在旁观者之角度,本着价值中立之立场态度,秉直而言,也好让后来者有个参照系数当个参考。如能指出其中弊误与不足之处,更可让人有所惊醒,有所感悟。"言深知刑法者,余犹不敢当。但一番肺腑之言,已知再度推诿,既为言语软弱不能自圆,又显尽不近人情,有亏师责。扶携后人,本为师者应有之事。于是,为人作序者队伍中有了第三种类型人,即相知者而为人作序。是此不揣陋识,欣然应命,言至笔端,略叙所知李翔其人其书。即使序不像序,反正也只属第三类人作序的一个特例,不至于贻笑大方。

下笔之时,初识李翔的那情那景即使如铁戟沉沙已是昨日痕迹,虽经岁月覆盖,依可磨洗相认历历在目。曾记得,1999年初春之际,行将从苏州大学学成毕业的李翔,风尘仆仆,赶来上海,欲想叩开我华东政法学院刑法专业的"三重门"。初试小喜,便遇复试。复试过程中,面对大道泛泛之问,只见李翔滔滔而言，已露其性格直爽，兴趣广泛，爱好沉沉。但遇凌厉之问相逼，也见其心态诚恳，话语朴实，直言如能遂愿，定将坚心似铁，锐意进取，上不负刑法学所肩负之时代重托，下不违重选专业之一腔热情。情急之中，肺腑之言和着期望之情，喷涌而出。余虽端坐于主试席上，内心亦为之微动，暗暗乃思，刑法学专业正需如此之后备良材。复试过程其实有惊无险，李翔如愿踏进华东政法学院大门。事有凑巧，经过随机排名，李翔被安排于我的名下，真是"有心栽花花不开，无意插柳柳成荫"。由于已知李翔，由我忝居其导师之职位，心中亦喜。是年初秋之时，李翔再来华东政法学院，已是一名名正言顺的刑法学专业研究生了。在为其小贺之余，也算为师者常有之勉励学生之语：虽跨进刑法学专业研究生的大门，并不等于跨进博大精深的刑法学殿堂大门。如欲登高望远，还得潜心修行。谁知言者无心，听者有意，三年研究生求学之间，竟成了李翔苦读之时。为师者心中又喜。时间似水经年，光阴飞流即逝。研究生毕业在即，李翔以《自由和秩序的和谐保证——论刑罚目的之价值选择》一文，获得了答辩委员会的一致好评，以全优的成绩顺利通过答辩。"得寸需进尺，得陇当望蜀"。壮士正年，雄心不已。李翔旋即又报考了中国人民大学的刑法学博士，结果天道酬勤，皇天不负有心人，好运又垂青于他。中国人民大学的刑法学专业是中国刑法学的"重镇之地"，在彼处尤是高师云集，名者荟萃。李翔远赴京师，更有他师提携点拨。余在申城虽不复多言，但也时时在远处为其遥遥祝愿。

春秋又三次更替，当李翔将其博士学位论文递余之时，深知其京师三年不虚此行。望着这纸页之中的思想涌动，闻着这墨香犹在的详论文章，曾为其师者当然高兴。在高兴之余，惟望其以此为新的起点，开始新的奋斗。当此时，该论文为专著即将付梓之时，再次捧阅之前，犹觉京师许多名家显者为其所作的评阅意见，微言大义，也为恰当。如我再忝列其中，反复其言，犹如东施效颦，稍有不周，反倒有画蛇添足之嫌。于是乎，不若略抄下，省下余思余力，再作他述，不亦乐乎。名家们或赞如高山流水，立意高妙，观点正确，论证严谨，富有逻辑；或评为似庭前雅溪，文采悠扬，字句流畅，结构合理，层次分明，学值颇高。众皆曰该文乃一篇优秀的博士学位论文。凡此诸多名家显者之评阅已备述之至，余不复言。

当此时序者借机再作长思，人类对于世界的认识、思考和探索应该是永不满足的，无止境的反思、批判和超越精神应该是其本性。同样，刑法学对既存的实定刑法的认识、思考和超越精神也是刑法学者的应有态度。尽管我们知道，刑法学上的任何一个学术概念，其形成和确立不仅直接受到学术传承的影响，而且也是特定刑法规定的产物。我国现行《刑法》存在大量的"情节较轻""情节较重""情节严重""情节特别严重""情节恶劣""情节特别恶劣"等文字规定，由此看来，研究刑法，犯罪情节是一个绕不过去的坎。李翔的博士学位论文正是基于这一基本的认识而展开思考和叙述的。在国人从未对此展开系统研究的背景下，李翔能够取得一小步的进展，对其他还想在这一课题上继续研究思考的后来者也是一个引领。然而，有一个问题恐怕我们也不能回避，如此繁多的情节，连立法者在立法之时恐怕都无法说得清楚的规定，它到底是一个质的问题，还是一个量的问题？是一个立法问题，还是一个执法问题？如果说它是一个质的问题，那它首先是一个立法的问题；如果说它是一个量的问题，那它应该是一个执法的问题。从我国现行刑法来看，对这一个问题我国的立法者并没有解决好。因此，我们可以说我国现行刑法中的犯罪情节是一个犯罪的质和犯罪的量混合交杂、互为一体的存在。由此，当我国的刑事立法者不再继续通过立法解释解决这一问题时，对其如何理解便成了执法者的专利，于是乎，如海洋般的刑事司法解释随之涌动，蔚为大观，成了中国刑事法上的一个亮点。但质的问题还未解决好，量的问题势必受到很多的制约，这就是中国刑法上"犯罪情节"面临的尴尬现象。

马克思曾说过："哲学家们只是用不同的方法解释世界，而问题在于改造世界。"问题同样是，要改造世界，必须先得能够解释世界。李翔以"一个伟大的刑法学家，首先应该是一个伟大的注释刑法学家"的座右铭激励自己，并以此为动力写就此书，希望能够解释清楚刑法中的情节和情节犯，其情可嘉，其文可读。

现代文明以其不可抗拒的惯性在向前发展着。作序者深信中国的现代刑法文明也同样以其不可抗拒的惯性在向前缓慢发展着。在这个发展过程中，中国刑法除了需要一个个"伟大的"刑法注释家以外（现实中已经很多很多了），可能还需要或者更需要一个个"伟大的"刑法思想家和一个个"伟大的"刑事立法家。但我们还要进一步想到，即使有一天，中国通过一个个"伟大的"刑法思想家、刑事立法家和刑法注释家的努力，建构起"伟大的"中国刑法制度，其时我们会忽然发现中国其实真正缺少的却是一个"渺小的"刑事犯罪的预防体系和一个个"渺小的"刑事犯罪的预防家，而这背后中国还真正缺少的是一个能够预防犯罪和能够大量减少犯罪的现实基础和有效制度。因此，在我们为中国刑法学繁荣昌盛鼓与呼的同时，还应当保持一分清醒，中国刑法学过度的繁荣而犯罪情势没有反比下降之时，还不能为中国刑法学的成就进行颁奖，即使今天已有的刑法学的光荣和昨天已载入所谓史册的刑法学的光荣不过是继续演绎着中国法律文化"重刑轻民"的历史吊诡而已。

序到此有点走题了，还是言归正传吧！李翔的博士论文是成功的，因此他已把博士帽庄重地戴在头上，一时成为桂冠。现在论文又要出版了，在再贺之余，突然想起了宋人杨万里的一首诗："莫言下岭便无难，赚得行人错喜欢。正入万山圈子里，一山放过一山拦。"是此时，作为李翔曾经的硕士生导师，抄下此诗，愿为他壮胆："翔子，你大胆地往前走，往前走，莫回头……"努力前行，自是一山踏过一山低，总有会当凌绝顶之时，此时此地方能一览众山小。

是为序，也为作序者杂言耳。

华东政法大学法律学院教授、博士生导师<br>
杨兴培

# 内容摘要

　　情节犯作为我国刑法理论中特有的一种犯罪类型,是指我国刑法分则中明确规定以"情节严重(情节恶劣)"作为犯罪成立的情节要求或者以此作为认定该罪既遂形态的犯罪类型,它的成立和既遂形态的标准都与犯罪情节有关。情节犯可以分为基本情节犯、情节加重犯、情节减轻犯和情节特别加重犯等类型,其犯罪本质应该从实质意义和法律形式意义两个方面加以把握:一方面,它是以行为的客观社会危害性和行为人的人身危险性作为其"质"的规定性;另一方面,它又以刑法分则明文规定的"情节严重(情节恶劣)"作为其"量"的限定性。

　　我国刑法中情节犯制度的设置,从刑事政策的精神和内容上看,与我国基本刑事政策一脉相承,可以说是我国刑事政策法治化的集中体现和重要途径。情节犯自身表述上的模糊性不可避免,刑法明确性的要求不能过分,模糊性的法律语言同样具有刑事法治价值内涵。法律普适性的本质特征决定了法律条文不能过于具体,条文规定得越细密,法律的漏洞越多。因此,极度确定的刑法反而有损其确定性。我国刑法中的情节犯是符合我国刑法之罪刑法定主义精神的,并且满足刑法谦抑性的要求。情节犯尤其是情节加重犯、情节减轻犯和情节特别加重犯的存在,使罪刑均衡的价值理念得以在立法上体现并在司法中正确贯彻执行。

　　从立法层面上看,情节犯在我国刑法中的大量存在,有其特定的价值基础和必要性;从司法层面上看,情节犯的存在,首先以情节严重(情节恶劣)作为犯罪构成的情节要求,从而限制了犯罪认定的随意性,在事实上控制犯罪圈，这在司法实践中有利于保障人权。此外，通过情节严重的情节要求，在保证刑法稳定性的基础上实现了对社会保护的价值。情节犯是我国刑法中保障人权和保护社会的集中体现。情节犯的存在，是我国刑法中犯罪概念在法律上的具体表现形式之一，它与我国《刑法》第13条但书是抽象化与具体化的一对范畴。情节犯作为以情理为基础和基于对社会关系复杂性、多变性的特点认识的现实而创立的一种犯罪类型，在某种程度上实现了情理和法律之间所产生冲突的协调，能够最大限度地满足特定历史时期民众的心理价值需求。在中国过去的伦理社会中，个体的独立性被家族主义所淹没，随着对外交流的日益频繁，国外很多法律制度甚至法律思想正在影响着我们的社会，其中以个人为本位的法律立场也正在融入我国法治的潮流。但是，需要提醒的是：在保障个人自由、个体尊严和个人利益的同时，我们不应该忽视对社会整体和谐的关注。

情节犯中的"情节严重（情节恶劣）"是我国刑法中犯罪构成的要件。情节犯在我国刑法中得以存在，而在大陆法系或英美法系国家的刑法中没有情节犯（基本情节犯）的概念，不同的犯罪构成理论是其重要的原因。在我国当前的犯罪构成框架下，无法且没有必要直接移植大陆法系刑法中可罚的违法性理论和客观处罚条件，但是情节犯中的"情节严重（情节恶劣）"在某种程度上起到了类似的作用。大陆法系刑法中"立法定性，司法定量"的模式以及英美法系国家判例制度导致了犯罪圈过大的现实，近年来西方国家倡导"非犯罪化"即是明证。但是，无论在大陆法系国家还是英美法系国家，都通过刑事诉讼程序或者刑事实体法中的理论在司法实践中贯彻了"微罪不举"的精神。情节犯不仅对我国犯罪构成理论产生影响，即认可了修正犯罪构成中开放犯罪构成理论和实践的存在，它还具有很强的实践性，在立法和司法上摆脱了传统构成要件理论的严格规则主义，注意到了构成要件要素的多重性和非确定性，为我国犯罪构成理论的研究提供了立法和司法实践以及理论基础。情节犯的存在为现有犯罪构成理论的拓展和深化提供了可能性。情节犯使刑法在具备稳定性与相对明确性的同时，又能兼顾到社会的多变性与司法的灵活性。情节犯解决了刑法典的稳定性与社会发展之间的矛盾。它既遵循立法者的法律规则主义，又赋予司法者一定程度的自由裁量权。综而论之，情节犯所具有的灵活性、时代性、多样性与实用性，不仅使得司法者根据案件的实际情况作出决断成为可能，而且使得我国犯罪构成理论的发展有了赖以生存的土壤和更为广阔的空间。

　　情节犯作为我国刑法中的一种犯罪类型，和其他犯罪一样，以犯罪构成要件齐备作为认定其犯罪既遂的标准。关于情节犯的未完成形态——犯罪未遂、犯罪预备和犯罪中止，笔者认为在理论上和实践中都具有成立的可能性。同时，情节犯的未完成形态亦具有可罚性。但是，对情节犯未完成形态在司法实践中并不都完全处罚。对于情节加重犯的罪数形态应当是一罪，但是由于其特殊性，情节加重犯所包含的罪数形态也呈现出多元性，可能是法定的一罪，也可能实质的一罪。由于情节犯不像其他犯罪类型那样有一个相互对应的概念，例如行为犯与结果犯、危险犯与实害犯，所以可以认为它是一类综合型的犯罪类型，在基本犯罪构成要件之外加入了"情节严重（情节恶劣）"的评价要素，从而使行为在总体上的社会危害性达到应受刑罚处罚的程度。情节犯与结果犯、目的犯、数额犯等犯罪类型具有相似性。如果从不同的角度对犯罪类型进行划分，情节犯既可能是危险犯也可能是实害犯，既可能是行为犯也可能是结果犯。此外，它还可能与数额犯、目的犯等犯罪类型存在并列、包容和转化等关系。但是，情节犯具有与其他犯罪类型完全不同的本质区别，并具有独立存在的必要性和价值。

　　情节犯这种犯罪类型的设置是具有重要价值的，但是由于情节犯在立法的设置上有时候表现出来的某些随意性——缺乏必要的科学分析和论证，在司法上也表现出解释主体的多元化、解释内容的任意化以及犯罪化思想泛化等不足，因此在刑事立法上，需要以统一性、科学性、紧缩性和适时性为原则，对情节犯的立法模式进行必要的改造；在刑事司法中，也需要对情节犯的正确适用进行必要的完善，以最大限度地体现情节犯的价值和发挥情节犯的积极作用。

目 录

**第1章 情节犯本体论** //001
    1.1 我国刑法中的情节概述 //003
        1.1.1 观点聚讼及其评析 //003
        1.1.2 情节概念的科学界定 //007
        1.1.3 我国刑法中情节的特征 //010
        1.1.4 我国刑法中情节的分类 //014
    1.2 情节犯的概念、本质及特征 //019
        1.2.1 情节犯的概念 //019
        1.2.2 情节犯的本质 //021
        1.2.3 情节犯的特征 //024
    1.3 情节犯的分类 //026
        1.3.1 基本情节犯 //029
        1.3.2 情节加重犯 //030
        1.3.3 情节减轻犯 //031
        1.3.4 情节特别加重犯 //032
    1.4 本章小结 //034

**第2章 情节犯法治论** //037
    2.1 法治与刑事法治的分野 //039
        2.1.1 法治的内涵 //039
        2.1.2 刑事法治的简单界定 //044
    2.2 刑事政策视野中的情节犯 //046
        2.2.1 刑事政策之要义 //046
        2.2.2 刑事政策对情节犯的指导性意义 //049

2.3 罪刑法定视野中的情节犯 //052
  2.3.1 罪刑法定的当代诠释 //052
  2.3.2 情节犯与刑法明确性要求 //054
2.4 罪刑均衡视野中的情节犯 //061
  2.4.1 罪刑均衡的基本价值蕴含 //061
  2.4.2 罪刑均衡价值在情节犯中的体现 //064
  2.4.3 情节犯与刑法谦抑性要求 //066
2.5 本章小结 //067

## 第3章 情节犯价值论 //069

3.1 情节犯的立法价值 //071
  3.1.1 情节犯存在的必要性 //071
  3.1.2 情节犯的立法模式 //078
3.2 情节犯的司法价值 //092
  3.2.1 情节犯的出罪化价值——保障人权 //092
  3.2.2 情节犯的犯罪化价值——保护社会 //094
  3.2.3 情节犯与犯罪概念的定量分析 //098
3.3 本章小结 //105

## 第4章 情节犯构成论 //107

4.1 情节犯与犯罪构成理论概说 //109
  4.1.1 犯罪构成理论概览 //109
  4.1.2 情节犯与犯罪构成理论的关系 //112
4.2 定罪情节与犯罪构成要件 //113
  4.2.1 定罪情节与犯罪构成要件的关系 //114
  4.2.2 情节犯与可罚的违法性问题 //119
  4.2.3 情节犯与客观的处罚条件 //124
4.3 情节犯在外国刑事理论中的命运 //128
  4.3.1 情节犯的刑事实体意义 //129
  4.3.2 情节犯的刑事程序意义 //131
4.4 本章小结 //135

## 第 5 章 情节犯形态论 //137

### 5.1 情节犯的既遂形态 //139
#### 5.1.1 既遂形态标准的采用 //139
#### 5.1.2 情节犯既遂形态的认定 //141

### 5.2 情节犯的未完成形态 //143
#### 5.2.1 情节犯的预备形态 //143
#### 5.2.2 情节犯的未遂形态 //147
#### 5.2.3 情节犯的中止形态 //153

### 5.3 情节犯的罪数形态 //155
#### 5.3.1 情节加重犯的罪数表现 //156
#### 5.3.2 情节加重犯的罪数认定 //158

### 5.4 本章小结 //161

## 第 6 章 情节犯关系论 //163

### 6.1 情节犯与数额犯 //166
#### 6.1.1 数额犯之诠释 //166
#### 6.1.2 数额犯与情节犯之比较 //168

### 6.2 情节犯与结果犯 //175
#### 6.2.1 结果犯概念之争议 //175
#### 6.2.2 结果犯与情节犯之比较 //176

### 6.3 情节犯与行为犯 //179
#### 6.3.1 行为犯的简单界定 //179
#### 6.3.2 行为犯与情节犯之比较 //180

### 6.4 情节犯与其他犯罪类型之比较 //182
#### 6.4.1 危险犯与情节犯之比较 //182
#### 6.4.2 目的犯与情节犯之比较 //184

### 6.5 本章小结 //186

## 第 7 章 情节犯完善论 //189

### 7.1 情节犯的立法完善 //192
#### 7.1.1 情节犯的立法模式缺陷 //193

7.1.2　情节犯的立法构置原则 //197
　　　7.1.3　情节犯的立法重构模式 //200
　7.2　情节犯的司法完善 //203
　　　7.2.1　情节犯的司法适用缺陷 //203
　　　7.2.2　情节犯的司法适用原则 //205
　　　7.2.3　情节犯的司法认定依据 //207
　7.3　本章小结 //210

# 第8章　刑法总则中的情节与分则中的情节之关系 //211
　8.1　我国《刑法》第13条但书司法化之非 //213
　　　8.1.1　但书规定的再定位 //215
　　　8.1.2　犯罪构成定罪标准唯一性的再提倡 //220
　　　8.1.3　但书规定在司法领域之指引功能 //228
　　　8.1.4　结语 //233
　8.2　刑法分则中情节的具体应用
　　　——以醉驾型危险驾驶罪为例的分析 //234
　　　8.2.1　司法者尊重立法者了吗？ //234
　　　8.2.2　司法者应当尊重立法者：但书规定司法适用中的反思与检讨 //236
　　　8.2.3　司法者应当如何尊重立法者：回归规范主义 //237
　　　8.2.4　以醉驾入刑争议为例的阐释 //240
　8.3　醉酒型危险驾驶罪的缩限处罚路径
　　　——不宜以"情节"为要素 //242
　　　8.3.1　共同犯罪与谦抑精神 //242
　　　8.3.2　体系协调与罪刑关系 //244
　　　8.3.3　过失危险犯之否定 //249
　　　8.3.4　危险驾驶罪主观故意的认识内容 //251
　　　8.3.5　余论 //253
　8.4　本章小结 //254

**参考文献** //255

**后　记** //263

# 第 1 章

## 情节犯本体论

## 1.1 我国刑法中的情节概述

### 1.1.1 观点聚讼及其评析

概念是人类理性认识的结果,在我们研究任何一个问题时,首先要解决的就是概念问题,它是我们一切研究的逻辑起点。因此,作为研究情节犯的前提,我们首先应该关注的是情节的概念,解决和澄清我国刑法中情节的内涵和外延问题。"情节"虽然算不上是家喻户晓的名词,但是它对于人们来说绝对不是一个陌生的概念。与此同时,我们注意到,就是这些日常生活中的词,就像它们所表达的概念一样,始终是模棱两可的。所以,在我们进行研究时,一方面,由于对它的熟悉性给我们的研究带来一些便利条件;另一方面,也正是由于对它的熟悉性,容易按照人们所接收的惯用法来使用这个词,如果不给这个词另外作详细解释说明,就有可能陷入最严重的混乱。这就要求我们不能把那些符合日常用语的既成事实作为我们的研究对象,以避免"某些不同范畴的事实被不加区别地归为同一类别,或者性质相同的事实被冠以不同的名称"[①]。

"情节"一词,在汉语中是一个含义十分广泛的概念。"情",是指事物存在的空间位置;"节",是指事物的时间发展环节。"情"与"节"组合起来的"情节",古意作两种意义上的解释:一是指节操。《文选》之晋殷仲文《解尚书表》:"名义以之俱沦,情节自兹兼挠。"二是指事情的内容委曲。明戚继光《练兵实纪》杂集卷三:"凡有大事,申报上司,于文书之外,仍附以揭帖,备言其事之始末情节,利害缘由。"[②] 而《现代汉语词典》则把"情节"一词解释为"事情的变化和经过"[③]。因此,在通常意义上,可以认为"情节"是指事物存在、发展和变化等方面的情状和环节。情节在我国刑事立法领域的使用

---

[①] 〔法〕埃米尔·迪尔凯姆:《自杀论》,冯韵文译,商务印书馆 2001 年版,第 7 页。
[②] 《词源》(合订本),商务印书馆 1988 年版,第 612 页。
[③] 《现代汉语词典》(第 7 版),商务印书馆 2016 年版,第 1068 页。

范围之广泛，以及在我国刑事司法实践中的作用之大、地位之突出是令世界其他国家刑法叹为观止的。据笔者统计，1979年《刑法》中出现的"情节"二字有68处，而1997年《刑法》中出现的"情节"有293处之多。① 如果再加上各种附属刑法、补充规定（刑法修正案）以及立法司法解释等，"情节"更是不计其数。

当"情节"一词被引用到刑法学中的时候，它被赋予了新的含义，因为其与"犯罪"一词紧密相关联。因此，对于我国刑法中情节的表述，我国刑法学界一般称之为"犯罪情节"。② 而对于什么是犯罪情节，我国刑法学界则众说纷纭、表述不一，甚至几乎找不到相同的关于犯罪情节的概念。笔者根据手头所掌握的资料，归纳概括起来，代表性的观点有以下几种：

1. 比较早的对犯罪情节的理解是通过列举的方式对犯罪情节进行界定的。例如，有的学者就认为，所谓情节，是指案件的具体情况，犯罪者的动机、手段、过程、结果等。③ 还有的学者表述为：所谓情节，是"犯罪情节"的简称，是指犯罪过程中的各种事实情况。④

2. 情节，指的是事物存在与变化的情状与环节。犯罪作为一种社会现象，其情节即是指犯罪存在与变化的情状与环节。⑤

3. 刑法中的情节是与行为的整个过程和整个事实相联系着的，表现行为的性质和程度的各种事实、事件或者情况。⑥

4. 我国刑法中的情节，是指刑法规定或者认可的体现行为人主观恶性或者行为的社会危害程度，影响定罪量刑的主客观情况。⑦ 类似的表述还有：刑

---

① 有的学者统计认为：1979年《刑法》中出现的"情节"一词有65处；而1997年《刑法》中出现的"情节"一词有233处。参见彭泽君：《刑法情节论》，载《荆州师专学报》（社会科学版）1999年第1期。笔者无意去讨论是以该文统计还是本书统计为标准，只是说明"情节"一词在我国刑法中存在的广泛意义。

② 参见高铭暄主编：《刑法学原理》（第三卷），中国人民大学出版社1994年版；姜伟：《犯罪形态通论》，法律出版社1994年版。

③ 参见冯世名：《关于量刑问题》，载《政法研究》1957年第4期。

④ 参见姜伟：《犯罪形态通论》，法律出版社1994年版，第122页。

⑤ 参见高铭暄主编：《刑法学原理》（第三卷），中国人民大学出版社1994年版，第244页。

⑥ 参见敬大力：《正确认识和掌握刑法中的情节》，载《法学与实践》1987年第1期。

⑦ 参见胡云腾：《论我国刑法中的情节》，载《全国刑法硕士论文荟萃》（1981届—1988届），中国人民公安大学出版社1989年版，第79页。

法意义上的情节,是指依据刑法规定,被认为体现行为社会危害性和行为人主观危险性,足以影响罪刑关系的各种事实。①

5. 刑法中的情节,是指犯罪构成共同要件以外的,与犯罪人或者其侵害行为密切相关的,影响行为社会危害性和行为人人身危险性程度,进而影响定罪与量刑的各种具体事实情况。② 类似的表述还有:情节,是指犯罪构成的共同要件以外的,体现行为的社会危害性和行为人的反社会性程度,并影响定罪量刑和行刑的各种主客观事实情况。③

6. 刑法意义上的情节,是指依据刑事法律和刑事政策,被认为体现行为社会危害性和行为人人身危险性,影响定罪量刑的各种主客观事情情况。④

7. "情节"作为一个刑法术语,是指刑法规定或认可的表明行为是否具有社会危害性和行为人是否具有人身危险性,以及社会危害和人身危险程度轻重的主客观事实情况。⑤

8. 刑法中的情节,是指犯罪构成的确定性要件以外的,表明行为是否具有社会危害性和行为人是否具有人身危险性,以及社会危害性和人身危险性程度轻重的主客观事实情况。⑥

9. 刑法中的情节,是指用以评价行为人或者其侵害行为,体现行为的社会危害性和行为人的人身危险性,并影响定罪量刑和行刑的事实情况。⑦

............

以上种种观点,从不同侧面反映出对我国刑法中的情节内涵和外延的理解,也反映出我们刑法学界对情节研究逐步深入的轨迹。笔者对上述所列情节作简要评述。

较早的情节被通过列举的方式进行界定,尽管反映出情节的部分特征,但

---

① 参见王宗富:《略论我国刑法中的情节》,载《全国刑法硕士论文荟萃》(1981届—1988届),中国人民公安大学出版社1989年版,第84页。
② 参见王晨:《定罪情节探析》,载《中国法学》1992年第1期。
③ 参见胡学相:《量刑的基本理论研究》,武汉大学出版社1998年版,第24页。
④ 参见朱宗雄:《论情节对定罪的意义》,载《法学评论》1994年第5期。
⑤ 参见赵廷光:《论我国刑法中的情节》,载《中南政法学院学报》1994年第5期;赵廷光:《刑法情节新论》,载《检察理论研究》1996年第3期。
⑥ 参见金泽刚:《论我国刑法中的情节和情节犯》,载《湖南省政法管理干部学院学报》1999年第6期。
⑦ 参见王梓臣:《刑法中的情节问题研究》,西南政法大学2004年硕士论文。

是该定义把我国刑法中的情节和刑事案件中的情节相混淆，而且不符合逻辑学中关于定义的方法，无法让人准确理解情节的内涵和外延，或者说根本无法让人去判断刑法中的某种事实是否属于情节的范畴，所以其缺陷是较为明显的。

第二、三种定义从犯罪的客观方面去考察情节，忽视了犯罪人的人格考察，因为刑法中的行为是由行为人发出的，而且在评价行为整体社会危害性的时候也不能孤立地仅仅从行为本身去考察，必须把影响行为人的有关事实纳入情节的研究范畴。因此，笔者认为，这两种定义对我国刑法中的情节外延界定较为狭窄，亦不可取。

第四种定义注意到了情节的客观社会危害性因素和行为人的人身危险性因素，具有科学意义。但是，该种定义同时认为我国刑法中的情节必须由刑事法律规定或者认可，强调情节的法定性，笔者认为这也是不适当地限定了情节的原本意义。因为具有我国刑法意义上的情节未必都必须经过刑法的规定或者认可，尤其是具有量刑意义的情节应当包括酌定情节的情形，这已经成为我国刑法学界的共识。此外，该种定义也忽略了情节的"度"的因素。

第五种定义中的两种表述都是从犯罪构成要件的角度出发，限定情节的上位概念，防止不适当地扩大情节的外延，认为情节的上位概念应当是构成要件以外的事实情况。此外，二者还注意到了情节的客观社会危害性和行为人的主观要素，有可取之处。该定义中的后一种表述还把行刑阶段的因素考虑进来，更具有进步意义。但是，这两种表述都只片面强调了情节中的定性因素，而忽略了情节在定量因素上的功能，即行为客观危害性和行为人人身危险性的程度问题，因而这两种表述都还有不周延之处。

第六种定义具有特殊意义，注意到了第四种定义的缺陷——把情节限定在法定性上，从刑事政策的角度对其加以适当扩大，具有可取性。但是，该定义未能避免其他定义的缺陷。

第七种的定义既考虑了情节是行为客观社会危害性和行为人人身危险性的有机统一，同时还考虑了社会危害性和人身危险性的程度差别。遗憾的是，该定义还是从情节的法定性出发，忽略了情节的酌定性这个基本特征。

第八、九种定义对情节的界定，反映了我国刑法理论对我国刑法中的情节研究的深入和进步，避免了前述种种概念的弊端。

### 1.1.2 情节概念的科学界定

笔者认为，要正确界定我国刑法中的情节的概念，应当着重从以下几个方面来把握：

首先，我国刑法中的情节是否与刑事案件中的情节相同。有学者把刑事案件中的情节称为"情节因素"，并认为情节因素是据以定罪量刑和决定刑罚是否全部执行的事实根据。情节因素属于事实范畴，而情节属于法律标准，前者是具体的事实因素，后者具有综合性、抽象性；或者说，刑法中的情节是具有双重结构的概念，前者是司法概念，后者是立法概念。作为事实范畴的情节因素只能是作为法律标准的评价对象而不是法律标准本身。① 笔者认为，刑事案件中的情节，是刑事案件发展的事实范畴，但是并非所有刑事案件中的情节都应当被纳入到刑法中的情节领域中来。对于刑法中的情节，虽然笔者不主张其绝对意义上的法定性，但是并不否认其与刑事法律或者刑事政策的对应性和关联性。只有那些对定罪量刑甚至行刑有影响的案件事实情节才可以被认为是我国刑法中的情节。因此，在对我国刑法中的情节概念进行分析时，必须注意不能将其与刑事案件中的情节混同。

其次，我国刑法中的情节是否必须是刑事法律规定。笔者认为，情节与刑事法律相关联，而且绝大多数情节都是在刑法总则或者分则中规定的。例如，《刑法》第 13 条规定，"……但是情节显著轻微危害不大的，不认为是犯罪"；《刑法》第 61 条规定，"对于犯罪分子决定刑罚的时候，应当根据犯罪的事实、犯罪的性质、情节和对于社会的危害程度，依照本法有关规定判处。"在刑法分则中关于情节的规定就更多，这些情节规定，有的影响定罪，例如，《刑法》第 246 条第 1 款规定："以暴力或者其他方法公然侮辱他人或者捏造事实诽谤他人，情节严重的，处三年以下有期徒刑、拘役、管制或者剥夺政治权利。"《刑法》第 260 条第 1 款规定："虐待家庭成员，情节恶劣的，处二年以下有期徒刑、拘役或者管制。"分则中更多的情节影响量刑，例如，《刑法》第 264 条规定："盗窃公私财物，数额较大的，或者多次盗窃、入户盗窃、携带凶器盗窃、扒窃的，处三年以下有期徒刑、拘役或者管制，并处或者单处罚金；数额

---

① 参见王梓臣：《刑法中的情节问题研究》，西南政法大学 2004 年硕士论文。

巨大或者有其他严重情节的，处三年以上十年以下有期徒刑，并处罚金；数额特别巨大或者有其他特别严重情节的，处十年以上有期徒刑或者无期徒刑，并处罚金或者没收财产。"但是，笔者认为，情节并不必须是我国刑法中的规定。有的犯罪中并没有规定情节，我们在认定该罪或者量刑的时候，可以从刑事政策立场出发，考虑隐含在刑法条文中的情节问题，此时的情节同样具有刑法意义上的内容。

再次，情节是否包含行为客观危害性和行为人人身危险性的程度。犯罪情节反映了行为的社会危害性和行为人的人身危险性已经成为共识，但是笔者认为，情节同时还反映出社会危害性和人身危险性的程度。不同的犯罪情节，反映出不同程度的社会危害性和人身危险性，正是因为这种"量"上的变化，有时候才能影响定罪，有时候也会影响量刑。在影响定罪的场合，就是情节所反映的社会危害性的量的积累达到了质变；而在影响量刑的场合，则是使罪责刑相适应原则得以贯彻的立法和司法体现。

最后，情节是否包含行刑情节问题。现行刑法主要解决的是定罪量刑的问题，而对于刑事执行问题涉及较少。而刑法中的刑罚执行制度，例如减刑、假释等制度的设立，事实上考虑了行刑情节的问题。因为减刑、假释和缓刑等制度的具体适用必须考虑行为人犯罪所造成的实际社会危害性以及行为人的人身危险性问题，而这两个方面的问题又必须通过具体的犯罪情节来反映，所以刑法中的情节应当包含行刑情节。例如，2016年《最高人民法院关于办理减刑、假释案件具体应用法律的规定》第19条规定："对在报请减刑前的服刑期间不满十八周岁，且所犯罪行不属于刑法第八十一条第二款规定情形的罪犯，认罪悔罪，遵守法律法规及监规，积极参加学习、劳动，应当视为确有悔改表现。对上述罪犯减刑时，减刑幅度可以适当放宽，或者减刑起始时间、间隔时间可以适当缩短，但放宽的幅度和缩短的时间不得超过本规定中相应幅度、时间的三分之一。"第20条规定："老年罪犯、患严重疾病罪犯或者身体残疾罪犯减刑时，应当主要考察其认罪悔罪的实际表现。对基本丧失劳动能力，生活难以自理的上述罪犯减刑时，减刑幅度可以适当放宽，或者减刑起始时间、间隔时间可以适当缩短，但放宽的幅度和缩短的时间不得超过本规定中相应幅度、时间的三分之一。"以上这些规定就是从假释适用的对象上考虑了未成年、老年以及身体有残疾的罪犯在进行假释时的情节因素。此外，把行刑情节作为我国刑法中的情节的观点与当今倡导刑事一体化的大趋势也是一脉相承的。例如，我国《监狱法》① 第57条规定："罪犯有下列情形之一的，监狱可以给予表扬、物质奖励或者记功：（一）遵守监规纪律，努力学习，积极劳动，有认罪服法表现的；（二）阻止违法犯罪活动的；（三）超额完成生产任务的；（四）节约原材料或者爱护公物，有成绩的；（五）进行技术革新或者传授生产技术，有一定成效的；（六）在防止或者消除灾害事故中作出一定贡献的；（七）对国家和社会有其他贡献的。被判处有期徒刑的罪犯有前款所列情形之一，执行原判刑期二分之一以上，在服刑期间一贯表现好，离开监狱不致再危害社会的，监狱可以根据情况准其离监探亲。"第58条规定："罪犯有下列破坏监管秩序情形之一的，监狱可以给予警告、记过或者禁闭：（一）聚众哄闹监狱，扰乱正常秩序的；（二）辱骂或者殴打人民警察的；（三）欺压其他罪犯的；（四）偷窃、赌博、打架斗殴、寻衅滋事的；（五）有劳动能力拒不参加劳动或者消极怠工，经教育不改的；（六）以自伤、自残手段逃避劳动的；（七）在生产劳动中故意违反操作规程，或者有意损坏生产工具的；（八）有违反监规纪律的其他行为的。"以上这些规定，虽然是用"情形"一词来表示，但是笔者认为这些都可以看作是行刑情节，其中的"情形"与"情节"应当是可以替换的。据此，对于我国刑法中情节的考察，如果忽略了行刑情节，那么对这个概念的理解是不周延的。

有的学者认为，"情节"是一个具有中国特色的刑法范畴。② 但是，笔者并不认同。"情节"其实并不是我国刑事法律领域的一个特有的概念和范畴。在大陆法系很多国家的刑法典中都有类似情节的规定，例如《德国刑法典》第12条第3项规定："总则中对加重处罚或减轻处罚，情节特别严重或者情节较为严重的规定，不影响犯罪的分类。"在分则中也有很多关于情节加重或者情节减轻的规定，例如第239条（剥夺他人自由）第5项规定："犯第3款（应为第3项——引者注）之罪情节较轻的，处6个月以上5年以下自由刑；犯第4款（应为第4项——引者注）之罪情节较轻的，处1年以上10年以下自由

---

① 本书从刑事一体化的角度出发，认为刑法的外延包括所有刑事法律，当然包括涉及行刑的有关法律，故在此以《监狱法》来举例说明。

② 参见赵廷光主编：《中国刑法原理》（总论卷），武汉大学出版社1992年版，第284页。

刑。"①《日本刑法典》第38条第3款规定："即使不知法律，也不能据此认为没有犯罪的故意，但可以根据情节减轻刑罚。"第66条规定："有值得酌量的犯罪情节时，可以减轻刑罚。"②《韩国刑法典》第53条规定："具有可宽恕的犯罪情节的，可以酌量减轻处罚。"③ 此外，还有很多诸如"事由""情状"一类的词汇，只是有时候由于翻译上的原因等因素使得表述有所不同，但是它们在功能定位上和我国刑法中的"情节"具有相似性。还有些刑法典通过隐含的内容来表达类似的量刑情节，例如《日本刑法典》第173条规定的对诬告罪的从宽处罚的情节等。由是观之，情节并不是我国刑法特有的现象，但是我国刑法中的情节应用较为广泛。要特别指出的是，在大陆法系国家的刑法中，情节问题大多是在量刑中出现，一般不涉及定罪的问题，即对行为性质不产生实质性的影响。这是由我国刑法中的犯罪构成理论与大陆法系国家刑法中的犯罪构成理论的差异所导致的，本书将在后面专门予以讨论。

综上所述，笔者认为，我国刑法中的情节，是指刑法规定的，或者基于刑事政策的考虑，对定罪、量刑或者行刑产生影响并反映行为的社会危害性和行为人的人身危险性及其程度的各种主客观事实。

上述情节是我国刑法中情节的基本内涵，但是本书所述情节犯之情节，则应从两个方面来把握。首先，情节犯之情节的范围要远远小于上述情节概念的界定。情节犯之情节的特征主要表现在定罪的立法模式上，即刑法分则明文规定的对犯罪的认定起到决定性作用的情节，其功能在于区分情节犯的成立与否，这也是针对纯正情节犯而言。在这个意义上可以把情节犯情节看作定罪情节。其次，对于情节减轻犯、情节加重犯和情节特别加重犯等类型，情节既可以看作量刑情节，也可以看作修正犯罪构成的要件，起到修正犯罪构成是否成立的作用。

### 1.1.3 我国刑法中情节的特征

**（一）主观性与客观性统一**

我国刑法中的情节应当是主观性与客观性的统一。通常意义上理解，我国

---

① 《德国刑法典》，徐久生、庄敬华译，中国法制出版社2000年版。
② 《日本刑法典》，张明楷译，法律出版社1998年版。
③ 《韩国刑法典及单行刑法》，〔韩〕金永哲译，中国人民大学出版社1996年版。

刑法中的情节应当包括犯罪对象、犯罪手段或者方法、犯罪时间、犯罪地点、犯罪动机、犯罪目的、加重结果、数额等因素。首先，这些情节因素有的是物质性，可以是被感知的或者具体计算的，例如数额犯中的犯罪数额和数量问题、被害人的物质性损害结果等等，这些情节是不以人的意志为转移的。其次，有些情节因素不具有可量化性，具有抽象性，要凭借综合因素判断，例如犯罪时间、地点、手段方法等等，这些情节在具体案件中也具有客观性，因为特定的犯罪只能存在于特定的时空范围内，但是就一般意义而言，这些因素又具有可变性。最后，有些情节因素存在于人的主观方面，具有主观性，例如犯罪目的、犯罪动机、犯罪以后的具体表现及其认罪态度等等，这些主观性的情节反映出行为人的人身危险性，对定罪量刑都会产生一定的影响。

**（二）社会危害性与人身危险性及其程度统一**

犯罪情节体现社会危害性已经在刑法学界达成共识，而对于犯罪情节是否体现人身危险性，我国刑法学界还存在肯定说和否定说两种观点。例如，有的学者认为，组成犯罪构成要件的各因素都在一定程度上体现着犯罪的社会危害性和犯罪人的人身危险性，两者是相互统一的，不可予以绝对地分割。那种把社会危害性和人身危险性割裂开来，认为犯罪构成要件只体现犯罪的社会危害性，而不体现人身危险性的观点是不妥当的。[①] 而我国刑法中的情节，尤其是定罪情节，在某些犯罪中应当被认为是作为犯罪构成的特殊要件而存在的。因为在我国刑法典中有很多犯罪除了应当具备基本的犯罪构成要件以外，还要具备"情节严重"或者"情节恶劣"作为其构成要件的补充要件，此时的犯罪情节当然就具备社会危害性和人身危险性的统一性特征。还有的学者从已然之罪和未然之罪的角度去理解犯罪情节体现行为人人身危险性的特征。该论者认为，犯罪包括已然之罪和未然之罪，刑事责任不仅应针对已然之罪，还应包括未然之罪，作为已然之罪内容的是行为的社会危害性，作为未然之罪内容的是行为人的人身危险性。[②] 笔者认为这种论断有失偏颇，因为无论是已然之罪，还是未然之罪，都应当体现出行为的社会危害性和行为人的人身危险性。否定论者认为，按照"应受惩罚的是行为，而惩罚的是行为人"的原理，"应受惩

---

① 参见王勇：《定罪导论》，中国人民大学出版社1990年版，第89、90页。
② 参见陈兴良主编：《刑事司法研究——情节·判解·解释·裁量》，中国方正出版社1996年版，第30页。

罚的是行为"是指定罪对象只能是行为，其评价的核心是社会危害性，刑事责任之所以能够产生，原因就在于行为人的社会危害性达到了犯罪的程度。"惩罚的是行为人"是指刑罚适用的对象是犯罪人，犯罪人是刑罚的承担者，其评价的核心是人身危险性，适用刑罚的目的在于预防犯罪人再次犯罪。因此，人身危险性只能是量刑的根据，而不能与社会危害性并列为定罪根据。[①]笔者认为该种观点本身与犯罪情节是否体现行为人人身危险性并不矛盾，其核心是定罪情节不反映行为人的人身危险性，量刑情节则应当是反映的，而无论是量刑情节还是定罪情节均属于情节范畴。需要说明的是，定罪情节应当也反映出行为人的人身危险性。例如，对于盗窃罪的数额要求反映了盗窃行为的社会危害性，但是审理盗窃案件，应当根据案件的具体情况认定盗窃罪的情节。2013年《最高人民法院、最高人民检察院关于办理盗窃刑事案件适用法律若干问题的解释》第2条规定："盗窃公私财物，具有下列情形之一的，'数额较大'的标准可以按照前条规定标准的百分之五十确定：（一）曾因盗窃受过刑事处罚的；（二）一年内曾因盗窃受过行政处罚的；（三）组织、控制未成年人盗窃的；（四）自然灾害、事故灾害、社会安全事件等突发事件期间，在事件发生地盗窃的；（五）盗窃残疾人、孤寡老人、丧失劳动能力人的财物的；（六）在医院盗窃病人或者其亲友财物的；（七）盗窃救灾、抢险、防汛、优抚、扶贫、移民、救济款物的；（八）因盗窃造成严重后果的。"从该司法解释可以看出，人身危险性在定罪中也起到一定的作用。此外，在认定情节是否恶劣或者情节是否严重的时候，人身危险性当然是题中应有之义。

### （三）法定性与酌定性统一

我国刑法中情节的法定性应当是肯定的，但是有人把情节的法定性唯一化，即认为情节只能是法定的，不能有其他的形式。例如，有论者认为，刑法意义上的情节，都应当是法定的，酌定情节是概括的、笼统的法定情节。这是罪刑法定原则的必然要求，只是考虑到犯罪现象的情状万千，才因立法技术的需要，对有些情节作确定的、具体的、详细的规定；而对另一些情节只能作概

---

[①] 参见曲新久：《试论刑法学的基本范畴》，载《法学研究》1991年第1期。

括的、原则的、笼统的规定，其具体内容由司法工作人员根据案情斟酌决定。① 笔者认为这种观点有不妥之处。我国刑法中的有些犯罪，除了法定的情节对定罪量刑产生影响以外，酌定情节也是存在的。酌定情节，又称"裁判情节"，是指刑法没有明文规定，根据立法精神从审判实践中总结出来的，反映犯罪行为的社会危害性程度和犯罪人的人身危险性程度，在定罪量刑时酌情适用的情节。酌定情节是多种多样的，概括起来，主要有：犯罪动机、犯罪手段、犯罪的时间和地点等当时的环境和条件、犯罪侵害的对象及所造成的损害结果、犯罪人的个人情况和一贯表现以及在犯罪后的认罪态度等。酌定情节既包括量刑情节，也包括定罪情节。这些酌定情节与法定情节相对应。在刑事司法过程中，司法工作人员可以从刑事政策的立场出发，对行为进行正确的司法评价。

**（四）概括性与具体性统一**

我国刑法中的情节本身就具有一定的概括性。因为社会中各种冲突形式具有复杂性和多样性，在立法过程中不可能穷尽所有细节，所以为了保证法律相对的周延性，情节的概括性不可避免，这也是在事实上赋予司法工作人员必要的自由裁量权的需要。但是，为了保证司法的平衡性，防止司法工作人员滥用自由裁量权，有时候立法者通过列举的方式来阐明情节的具体表现形式，或者有权解释的主体通过立法或者司法解释对情节进行细化。例如，对于抢夺公私财物数额较大，但未造成他人轻伤以上伤害，行为人系初犯，认罪、悔罪、退赃、退赔，且具有下列情形之一的，可以认定为犯罪情节轻微，不起诉或者免于刑事处罚；必要时，由有关部门依法予以行政处罚："（一）具有法定从宽处罚情节的；（二）没有参与公赃或者获赃较少，且不是主犯的；（三）被害人谅解的；（四）其他情节轻微、危害不大的。"② 所以，我国刑法中的情节，既表现出其概括性的特征，又表现出其具体性的特征。

**（五）单一性与多样（元）性统一**

情节的单一性表现在广义的情节含义如数额上。我国刑法中有很多数额犯

---

① 参见陈兴良主编：《刑事司法研究——情节·判解·解释·裁量》，中国方正出版社1996年版，第28页；赵秉志等编著：《全国刑法硕士论文荟萃》（1981届—1988届），中国人民公安大学出版社1989年版，第84、79页。

② 2013年《最高人民法院、最高人民检察院关于办理抢夺刑事案件适用法律若干问题的解释》第5条。

的规定，对于这些数额犯，根据《刑法》第266条的规定，诈骗公私财物数额较大的，构成诈骗罪。"诈骗公私财物价值三千元至一万元以上、三万元至十万元以上、五十万元以上的，应当分别认定为刑法第二百六十六条规定的'数额较大'、'数额巨大'、'数额特别巨大'。"① 这些数额的规定，都是具体的、单一的。但是，我国刑法中的情节更多表现为多样性。例如，实施抗税行为具有下列情形之一的，属于《刑法》第202条规定的"情节严重"："（一）聚众抗税的首要分子；（二）抗税数额在十万元以上的；（三）多次抗税的；（四）故意伤害致人轻伤的；（五）具有其他严重情节。"② 该司法解释中的情节包括犯罪主体在犯罪中的作用、数额、次数、危害结果等等。

### 1.1.4 我国刑法中情节的分类

对于我国刑法中的情节，存在不同的分类法。例如，有的学者就不同情节在整个犯罪事实中的不同地位把犯罪情节分为：（1）犯罪的基本情节；（2）犯罪的非基本情节。同时，该学者就不同犯罪情节的不同法律意义把情节分为：（1）犯罪的界限情节；（2）犯罪的轻重情节。③ 有的学者根据犯罪情节的性质和作用把犯罪情节分为三种：（1）成立犯罪的情节；（2）区别犯罪性质的情节；（3）量刑情节。其中，量刑情节又分为三种情况：一是法律因某种程度的情节设立量刑幅度；二是法律因不同情节设立另一量刑幅度或另一法定刑；三是转由有关部门处理。④ 有论者根据犯罪情节中情节的地位与作用的不同，将犯罪情节分为以下三种：（1）部分定罪情节；（2）部分量刑情节；（3）部分行刑情节。⑤ 还有的学者认为刑法中的情节是一个多层次的复杂系统，在顶层应作如下三种分类：（1）从刑法条款对情节的表述上划分，有确定性情节、概括性情节和隐含性情节三类；（2）从情节对定罪、量刑和刑罚执行的功能上划分，有非罪情节、定罪情节、量刑情节和行刑情节四类；（3）从情节与特定犯

---

① 参见2011年《最高人民法院、最高人民检察院关于办理诈骗刑事案件具体应用法律若干问题的解释》第1条。
② 参见2002年《最高人民法院关于审理偷税抗税刑事案件具体应用法律若干问题的解释》第5条。
③ 参见王希仁：《论犯罪情节》，载《政治与法律》1984年第5期。
④ 参见敬大力：《正确认识和掌握刑法中的情节》，载《法学与实践》1987年第1期。
⑤ 参见蒋明：《量刑情节研究》，中国方正出版社2004年版，第80—81页。

罪和具体刑罚的关系上划分，有罪外情节、罪前情节、罪中情节、罪后情节和罚后情节五类。① 有论者依据不同标准把刑法中的情节分为：（1）非罪情节、定罪情节、量刑情节和行刑情节；（2）罪前情节、罪中情节和罪后情节；（3）法定情节和非法定情节；（4）确定性情节和概括性情节；（5）总则情节和分则情节；（6）应当情节和可以情节；（7）主观情节和客观情节。② 笔者认为，以上对情节的种种分类法，都有可取之处，同时也存在不同程度的不足。但是，笔者并不打算对上述种种观点进行分别评述，而只是打算根据自己对情节的理解，对情节作出相应的分类，以便于更加深入地理解情节。情节在我国刑法中占有重要的地位，是一个复杂的系统，依据不同的标准，可以对情节作出不同的分类。对情节进行比较细致的分类有利于我们进一步理解情节，但是也没有必要为了分类而分类，那样不仅可能会出现重复、累赘的现象，而且徒增理解情节的困难性。笔者根据已掌握的资料，结合自己对情节的理解，从不同的角度或者依据不同的标准对情节作出如下分类：

**（一）根据情节的功能分类**

1. 定罪情节

所谓定罪情节，是指据以认定被审理的行为符合特定犯罪构成的起码要求，而使该行为成立某种犯罪所必需的主客观事实情况。根据情节对犯罪是否成立所产生的影响，又可以把定罪情节分为犯罪化情节和出罪化情节。

（1）犯罪化情节

所谓犯罪化情节，是指那些对犯罪成立与否以及犯罪轻重有直接影响的主客观事实情况，具体包括犯罪成立情节、犯罪加重情节和犯罪减轻情节三类。

① 犯罪成立情节

所谓犯罪成立情节，是指那些犯罪构成基本要件以外的对犯罪成立起决定性作用的主客观事实。例如《刑法》第435条第1款规定："违反兵役法规，逃离部队，情节严重的，处三年以下有期徒刑或者拘役。"这意味着，要成立逃离部队罪，除了要具备基本的犯罪构成要件以外，还要达到情节严重的标准。

---

① 参见赵廷光：《刑法情节新论》，载《检察理论研究》1996年第3期。
② 参见彭泽君：《刑法情节论》，载《荆州师专学报（社会科学版）》1999年第1期。

② 犯罪加重情节

犯罪加重情节，是指加重犯成立的各种主客观事实情况。例如，我国刑法中的结果加重犯、数额加重犯、情节加重犯、地点加重犯、对象加重犯等等。这些情节不是犯罪成立的因素，而是在基本犯罪成立的情形下，因为出现某种加重的因素而成立加重犯的情形，此时也相应地加重了对行为的处罚。

③ 犯罪减轻情节

犯罪减轻情节，是指减轻犯成立的各种主客观事实情况。在犯罪成立的基础上，因为具备某种主客观事实而成立减轻犯罪构成，从而减轻其处罚。

（2）出罪化情节

出罪化情节，是指决定某一行为不构成犯罪的主客观事实情况。出罪化情节包括但书情节、合法情节和无罪过情节。

① 但书情节

但书情节，特指我国《刑法》第13条规定的"但是情节显著轻微危害不大的，不认为是犯罪"的情形。该但书的规定，表明行为人的行为虽然形式上具备某种犯罪构成要件，但是因为犯罪情节显著轻微，而将该种行为排除在犯罪之外。但书情节除了在总则有规定以外，在分则或者相关的司法解释中也会存在类似的规定。例如，《刑法》第395条第2款（隐瞒境外存款罪）规定："国家工作人员在境外的存款，应当依照国家规定申报。数额较大、隐瞒不报的，处二年以下有期徒刑或者拘役；情节较轻的，由其所在单位或者上级主管机关酌情给予行政处分。"又如，2013年《最高人民法院、最高人民检察院关于办理抢夺刑事案件适用法律若干问题的解释》第5条规定："抢夺公私财物数额较大，但未造成他人轻伤以上伤害，行为人系初犯，认罪、悔罪、退赃、退赔，且具有下列情形之一的，可以认定为犯罪情节轻微，不起诉或者免于刑事处罚；必要时，由有关部门依法予以行政处罚：（一）具有法定从宽处罚情节的；（二）没有参与分赃或者获赃较少，且不是主犯的；（三）被害人谅解的；（四）其他情节轻微、危害不大的。"这里的规定就是将那些情节轻微的危害社会的行为（隐瞒境外存款、抢夺行为）出罪化，通过行政、经济或者其他法律的手段来调整，此时的出罪化情节与刑法的谦抑性原则一脉相承。

② 合法情节

合法情节，是指某种行为在表面上符合犯罪构成，但是因为具备某种特定的情节，而使得该行为成为合法行为。例如，我国刑法中排除犯罪性行为中的正当防卫、紧急避险、被害人承诺、执行法律行为等等。

③ 无罪过情节

无罪过情节，是指行为人的行为在客观上造成了某种损害，但是因为缺乏主观罪过，根据主客观相统一的定罪原则，而不把这种行为规定为犯罪。例如，我国刑法中的意外事件、不可抗力等等。

2. 量刑情节

所谓量刑情节，是指定罪情节以外的，据以在法定刑限度以内或者以下（上）对犯罪分子从重、从轻、减轻或者免除处罚的主客观事实情况。

（1）法定情节

① 法定从宽情节

法定从宽情节，是指法律明确规定的从宽处罚的情节，其中包括应当从宽情节和可以从宽情节。例如《刑法》第 68 条规定，"……又有重大立功表现的，可以减轻或者免除处罚"；第 390 条第 2 款规定，"行贿人在被追诉前主动交待行贿行为的，可以从轻或者减轻处罚。其中，犯罪较轻的，对侦破重大案件起关键作用的，或者有重大立功表现的，可以减轻或者免除处罚。"

② 法定从重情节

法定从重情节，是指法律明确规定的从重处罚的情节。例如，累犯、教唆未满 18 周岁的未成年人犯罪等等。

（2）酌定情节

酌定量刑情节，是指不是由法律明文规定，而是根据立法精神，从审判实践经验中总结出来的在量刑时由司法者灵活掌握的情节。常见的酌定量刑情节有以下几种：犯罪动机、犯罪手段、实施犯罪时的环境和条件、犯罪造成的损害结果的严重程度、犯罪侵害的对象、犯罪人的一贯表现、犯罪后的态度等等。酌定量刑情节中，根据该情节对刑事责任的影响，又可以分为酌定从宽情节和酌定从重情节。

3. 行刑情节

行刑情节，是指对犯罪分子判处某种刑罚后，司法机关据以决定是否实际执行该宣判的刑罚以及减轻刑罚、缩短刑期或者赦免全部或部分刑罚的各种主客观事实情况。

## （二）根据情节所属范畴分类

1. 主观情节

主观情节，是指在对行为人的犯罪行为以及犯罪后的表现产生影响的主观范畴的事实情况。主观情节应当包括犯罪动机、犯罪目的以及犯罪后的认罪悔罪态度等等。

2. 客观情节

客观情节，是指行为人的具体客观行为表现以及决定该行为的社会危害性及其程度的客观事实情况。客观情节包括犯罪的具体时间和场合、犯罪对象、犯罪手段以及产生的危害结果等等。

## （三）根据情节在犯罪过程中所处地位分类

1. 罪前情节

罪前情节，是指行为人实施犯罪行为以前的那些能够影响定罪量刑或者行刑的各种主客观事实情况。罪前情节包括行为人犯罪前的一贯表现、是否有犯罪前科、刺激行为人实施犯罪的犯罪动机等等。

2. 罪中情节

罪中情节，是指行为人在实施犯罪的全部过程中，包括犯罪预备阶段、犯罪行为实施阶段以及犯罪行为完成阶段，所表现出来的决定行为的社会危害性和行为人人身危险性及其程度的各种主客观事实情况。

3. 罪后情节

罪后情节，是指行为人实施犯罪以后对自己行为的认识及其具体表现。罪后情节包括积极情节和消极情节。积极情节是指对定罪量刑以及行刑产生积极影响，即有利于行为人的各种主客观事实，例如自首、立功、真诚悔罪等等；消极情节则是指对行为人定罪、量刑、行刑产生消极影响即不利于行为人的各种主客观事实，例如消极抵抗、拒绝认罪、通过毁灭证据或者串供等行为干扰司法机关正常办案等等。

## （四）根据情节在刑法条文中的表述方式分类

1. 确定性情节

确定性情节，也可称为"具体情节"，是指刑法条文对符合或违反刑法规范的事实情况，明叙其具体内容和表现形式的情节。

2. 隐含性情节

隐含性情节,是指刑法条文在表述符合或违反刑法规范的事实情况时,将有关情节隐含在其他类型的情节之中,其具体内容和形式要根据其他情节的含义和条款的上下文进行推定。

3. 概括性情节

概括性情节,是指刑法条文明确地使用笼统的概括性语言,表述符合或违反某种刑法规范的事实情况。是否具有这样的事实情况,授权司法机关根据具体案情酌情评价与选择。这类情节所指的事实情况在刑法规范中的表述主要是:情节严重、情节恶劣、情节特别严重、情节特别恶劣以及情节较轻等等。

## 1.2 情节犯的概念、本质及特征

### 1.2.1 情节犯的概念

我国刑法分则中有很多条文规定,在评价某一行为性质的时候,只有在认定行为"情节严重""情节恶劣"或者"数额较大""后果严重"等情况出现的时候,才能将其认定为犯罪或者确认其犯罪为既遂形态。这些概括性规定成了犯罪成立的特别要求。质言之,类似这些犯罪的成立,除了应当满足犯罪成立的一般构成要件以外,还必须具备这些概括性情节的条件时,犯罪才能成立或确认其既遂形态。我国刑法理论中的情节犯就属于此犯罪类型中的一种。情节犯是与结果犯、危险犯、行为犯等犯罪类型相关联又不相同的一种犯罪类型,在我国刑法中大量存在,可以说是我国刑法中的一个特色。对于什么是情节犯,我国学者有不同的看法,概括起来,总体上分为两大类观点:一种观点认为,所谓情节犯,是指刑法规定以"情节严重"或者"情节恶劣"为其成立条件的犯罪形态,我们可以将该种观点称为"犯罪成立标准说";另一种观点认为,所谓情节犯,是指刑法规定以"情节严重"或者"情节恶劣"为犯罪既遂条件的犯罪形态,我们可以将该种观点称为"犯罪既遂标准说"。但是,在这两大类观点中,对于情节犯概念又存在以下具体不同的表述方式:

1. 所谓情节犯,是指以一定的概括性定罪情节作为犯罪构成必备要件的犯罪。情节犯之情节只关系到行为的有罪性,它是区分罪与非罪的情节,与量刑无关，即不包括情节加重犯和情节减轻犯。概括性定罪情节必然存在于情节犯之中，凡是情节犯必定是指那些设立概括性定罪情节的分则条文。情节加重犯和情节减轻犯中的情节不是概括性定罪情节，不是情节犯。[①]

2. 把情节是否达到一定严重程度作为划分罪与非罪标准的犯罪称为情节犯。[②]

3. 针对刑法中情节的规定对具体犯罪认定的影响状况，将那些以刑法明文规定的"情节严重"或者"情节恶劣"作为构成犯罪的必备要件的犯罪叫作情节犯。情节犯成立的标志是具备刑法分则规定的"情节严重"或"情节恶劣"，如果刑法分则没有特别注明这一要件，则此种犯罪就不是情节犯。[③]

4. 情节犯是我国特有的犯罪形态，是指某种危害社会的行为以"情节严重"或者"情节恶劣"为犯罪成立要件的犯罪形态。情节犯包括数额犯。[④]

5. 情节犯，是指刑法规定以"情节严重"或"情节恶劣"作为犯罪既遂条件的犯罪。[⑤]

6. 在刑法分则中使用"情节严重"的并不都是情节犯的规定，只有将"情节严重""情节恶劣"置于法定刑之前的，才是情节犯。[⑥]

笔者认为，以上对情节犯概念的界定基本上代表了目前我国刑法学理论界对情节犯的研究程度。第一种观点中，情节犯的外延过于扩大。我国刑法中有很多诸如"数额较大""后果严重""违法所得数额较大"等概括性的表述，而这些概括性的规定尽管在功能和地位上与"情节严重（情节恶劣）"相类似，但是这些犯罪类型都有其特殊之处，因此不能一概称为"情节犯"。第二种观点的范围就更加宽泛了，如果照此理解，结合我国刑法对犯罪概念的规定，刑法中的所有犯罪都是情节犯了，显然不妥。第三、第四种观点都是从犯罪成立的角度出发，界定情节犯的范畴，但是此两种观点否认情节犯未完成形态的存在，所以亦不全面。第五种观点从犯罪既遂形态角度对情节犯加以界定，考虑到了情节犯未完成形态存在的可能性，但是同时忽视了作为犯罪成立要件的法

---

① 参见刘艳红：《情节犯新论》，载《现代法学》2002年第5期。
② 参见王美茜：《情节犯的立法完善》，载《松辽学刊（人文社会科学版）》2001年第6期。
③ 参见叶高峰、史卫忠：《情节犯的反思及其立法完善》，载《法学评论》1997年第2期。
④ 参见姜伟：《犯罪形态通论》，法律出版社1994年版，第122页。
⑤ 参见赵廷光主编：《中国刑法原理》（总论卷），武汉大学出版社1992年版，第418页。
⑥ 参见张波：《情节犯研究》，武汉大学2000年硕士论文。

定性。不可否认，仅仅就某些行为的实施而言，其社会危害性尚未达到严重程度，即应受刑罚惩罚的程度，此时即使其具有社会危害性，仍不能作为犯罪处理。对于这种情况，我国刑事立法（分则）中附加规定了一定严重程度的情节作为衡量该行为的社会危害性程度，并以此作为区分犯罪与否的标准之一。此外，我国刑法理论在传统意义上，对于犯罪完成与未完成形态的标准有犯罪目的实现说、犯罪结果达到说、犯罪构成要件齐备说等等。结果犯、危险犯、行为犯是根据犯罪的不同构成所作的分类。结果犯指的是犯罪的构成以某种危害结果的发生为条件；危险犯是指犯罪的构成以行为对所侵犯的客体造成了特定危险为条件；行为犯是指犯罪的构成不以危害结果的发生和特定危险的存在为条件，一旦实施了特定的危害行为即构成犯罪。而犯罪构成要件齐备说认为，结果犯、危险犯、行为犯是就犯罪既遂的不同情况所作的区分。结果犯指的是犯罪既遂以特定危害结果的发生为前提，危险犯指的是以特定危险的存在作为犯罪既遂的标志，行为犯则是指行为一旦实施就是犯罪既遂。据此，作为我国刑法中特有的一种犯罪类型——情节犯，应当从犯罪成立和犯罪既遂两个角度进行界定。所以，笔者认为，所谓情节犯，是指我国刑法分则中明确规定以"情节严重（情节恶劣）"作为犯罪成立的情节要求或者以此作为认定犯罪既遂形态的犯罪类型，这也是基本（纯正）情节犯的概念。

### 1.2.2 情节犯的本质

根据马克思主义犯罪观，任何犯罪的本质特征都在于其严重的社会危害性。情节犯作为我国刑法中的一类比较特殊的犯罪类型，其本质特征也在于该行为严重的社会危害性，强调犯罪成立之"量"的要求；其法律特征则在于我国刑法分则中对该类型犯罪的特别规定。因此，笔者认为，可以从两个角度去理解和把握情节犯的本质问题。

首先，从实质角度对情节犯进行理解，这即涉及犯罪的本质问题。关于犯罪的本质，在刑法学理论发展领域存在过各种学说：以费尔巴哈为代表的权利侵害说，该学说以启蒙主义的人权思想为背景，认为犯罪的本质在于对权利的损害，刑法的任务就是对权利进行保护。但是，由于自身的缺陷，它很快被法益侵害说所代替。法益侵害说认为，刑法是对社会生活上被认可的各种利益进行保护的，这种利益被称为"法益"，只有对法益的攻击行为即侵害法益或者使法益蒙受危险的行为才是犯罪。此外，义务违反说认为，犯罪的本质不是对法益的侵害，而在于对义务的违反；折中说认为，犯罪的本质基本上是对各类法益的侵害，同时在一定范围内，一定义务的违反可以作为本源。以上各种学说优劣均备，笔者不作具体评述。我国刑法学说以马克思主义为指导思想，马克思、恩格斯在《德意志意识形态》一书中科学阐述了犯罪的本质："犯罪——孤立的个人反对统治关系的斗争，和法一样，也不是随心所欲地产生的。相反地，犯罪和现行的统治都产生于相同的条件。同样也就是那些把法和法律看作是某种独立自在的一般意志的统治的幻想家才会把犯罪看成单纯是对法和法律的破坏。"① 犯罪行为是对现行统治关系的破坏，因此严重的社会危害性是犯罪的本质特征。我国刑法理论将犯罪的类型分为各种不同的表现形式，就是因为不同类型的犯罪严重的社会危害性的表现形式具有各自的特征。正是由于各种不同的特征，在法律上就存在不同的要求，进而反映出法律上的不同法律特征和构成形式，所有这些反映了立法者规定这些不同类型犯罪的价值取向的不同。所以，从犯罪本质出发来理解情节犯的本质，可以认为情节犯是那些对刑法所保护的社会关系造成一定严重程度损害的犯罪类型。从实质的情节犯的定义出发，结合我国刑法"立法定量，司法定性"的立法模式，可以认为我国刑法中规定的所有犯罪行为都是情节犯。因为《刑法》第13条但书规定："情节显著轻微危害不大的，不认为是犯罪"。也就是说，所有的犯罪都必须达到"不是'情节显著轻微，危害不大的，不认为是犯罪'"的时候，才能认定为犯罪。② 但是，这显然不是本书所主张的观点，这样情节犯的外延过于宽泛，从而使情节犯失去了其应有的独立品格，也使我们对情节犯的研究失去本源意义。

其次，从形式的角度来理解情节犯的本质，这就涉及情节犯的法律属性问题。笔者认为，情节犯首先只能表现在我国刑法分则的明文规定中，即如果某些行为在一般情况下具有社会危害性，而这种社会危害性又未达到刑法所规定的犯罪的程度，或者说没有达到应当受到刑罚惩罚的程度，此时又难以通过强调某一方面的具体内容或者要素来使它达到这种程度，甚至立法者无法预料具

---

① 参见《马克思恩格斯全集》第3卷，人民出版社1960年版，第379页。
② 关于《刑法》第13条但书和刑法分则中的"情节严重"或者"情节恶劣"的要求之间的关系，后文有专门论述，故在此不作详细阐发。

体情形，或者即使预料到，也无法具体详细描述其表现形式，那么立法者就要使用"情节严重"或者"情节恶劣"这样概括性词汇来使该行为在总体上达到应受刑罚惩罚的程度。这也表明了刑法要处罚行为的缩限性。因此，从这个角度上说，情节犯是指那些刑法分则明确规定了以"情节严重"或者"情节恶劣"作为犯罪成立的情节要求或者认定该罪为犯罪既遂形态的犯罪类型。

此外，情节犯还可以从立法和司法两个角度去理解。如果说立法上对情节犯的界定更多考虑的是实质情节犯的定义，即考虑犯罪圈的划定问题，那么司法上对情节犯的界定，则更多考虑的是形式情节犯的定义，即考虑犯罪的司法认定问题。

但是，笔者认为，无论哪一类型的犯罪，其本质都是对社会的严重危害性的实质要件和法律规定的形式要件的统一。本书的着眼点更侧重于从司法角度即形式概念来研究情节犯及其相关问题。这就要涉及另外一个问题，即从犯罪成立标准说还是犯罪既遂标准说去理解情节犯的问题。从目前已有的研究成果来看，情节犯更多地被界定在犯罪成立标准这一观点上。但是，无论是行为犯、结果犯还是危险犯，目前刑法学界通说的观点均采用犯罪既遂标准说。[①]刑法分则条文中对于具体的犯罪所规定的犯罪构成都是对该种犯罪既遂的法定条件的表述，据此，无论哪一种犯罪类型，包括情节犯，只要具备"情节严重"或者"情节恶劣"这一综合性要素，也就具备完全的犯罪构成要件，而根据犯罪既遂标准的通说观点——犯罪既遂的标准采用的是犯罪构成要件齐备说，此时就构成了犯罪既遂。从这个意义上说，笔者主张不应抛弃以犯罪成立为标准来理解情节犯，但是同时又不仅仅局限于犯罪成立标准说。因为有一部分情节犯同样存在未完成的犯罪形态，所以应当包括以某种情节的存在及其严重或者恶劣程度作为犯罪的成立条件，而且包括无该种情节或者该种情节未达到严重或者恶劣程度而构成其他犯罪停止形态——犯罪未完成的场合。因此，犯罪既遂标准也应当被视为情节犯概念的界定标准。换一个角度说，犯罪构成可以划分为基本的犯罪构成和修正的犯罪构成，而情节犯中的情节严重则是修正的犯罪构成要素。此外，情节犯无论采用犯罪成立标准或者犯罪既遂标准，

---

① 关于情节犯在犯罪类型中应当居于何种地位这个问题，笔者将其放在第七章情节犯的立法、司法完善内容中单独论述。

二者并不矛盾，相反是统一的。因为在认定刑法分则规定的犯罪既遂的前提下，再加上刑法以惩罚犯罪既遂为原则、以处罚未完成犯罪为例外的立法模式，符合刑法分则规定的犯罪构成要件，即表明是犯罪既遂。笔者之所以要强调兼顾犯罪既遂标准，就是考虑到了情节犯存在未完成形态的可能性。因为在有的情节犯中，如果未达到情节严重或者情节恶劣，则可以看作不具有刑罚可罚性，也就不成立犯罪；而有的情节犯，虽然未达到情节严重或者情节恶劣，但是同样具有严重的社会危害性，具有可罚性，从犯罪形态来看，又非处于既遂形态。

据以上分析，笔者认为，可以把情节犯从形式概念即法律特征角度分为狭义和广义两个基本概念。狭义的情节犯即基本情节犯，是指我国刑法分则中明确规定以"情节严重（情节恶劣）"作为犯罪成立的情节要求或者以此作为认定该罪既遂形态的犯罪类型。而广义情节犯除了包括基本情节犯之外，还包括刑法分则中将"情节严重"（情节恶劣）作为刑罚升格条件（情节加重犯）或者减轻处罚条件（情节减轻犯）的犯罪类型。本书重点研究的是狭义上的情节犯，兼而研究非典型情节犯。

### 1.2.3 情节犯的特征

要正确理解情节犯的基本内涵和外延，还应当从以下一些基本特征着手，并以此区分情节犯与其他犯罪类型：

1. 情节犯的法定性。犯罪情节是依附于犯罪而存在的，离开犯罪，就不存在所谓犯罪情节。当我们对犯罪进行定性或者定量分析的时候，所能接触到的就是一系列的犯罪情节，正是通过对这一系列犯罪情节的综合加工，从而在大脑中形成一个概念。因此，犯罪情节是构成犯罪的要素之一。情节犯就是依附于这些犯罪情节而存在的，没有情节，就不存在情节犯的问题。这些犯罪情节必须是由刑法分则明确加以规定的，否则，即使犯罪需要从情节因素加以认定，即所谓实质意义上的情节犯，笔者仍然不认为其属于本书所述的情节犯的范畴。

2. 情节犯表现形式上的多样性。犯罪情节的存在形式是多种多样的，但它们对于犯罪的存在与变化的意义并不相同。有些情节决定犯罪性质，离开了这些情节，犯罪就无从谈起。这些情节主要反映犯罪的质的规定性。对于这类犯罪，我们称之为"狭义的情节犯"。还有些情节并不决定犯罪性质，但它们的存在对于犯罪性质的变化存在一定影响。这种情节主要反映犯罪的量的规定性。对于这类犯罪，我们称之为"广义的情节犯"。因此，犯罪情节是质和量的统一，情节犯也就包括多种类型的表现形式。

3. 情节犯在刑法条文表述上的模糊性。犯罪情节是主观和客观的统一，我国刑法对犯罪情节的规定具有一定的模糊性。刑法规定的这类情节具有一定的模糊性，并不意味着不可理解或者难以捉摸。对于情节犯，应当从主观与客观两个方面把握。反映犯罪的主观方面的情节，包括犯罪动机、目的、罪过形式及其程度、认罪态度等等；反映犯罪的客观方面的情节，包括犯罪行为、行为方式、犯罪的时间和地点、犯罪结果等。

4. 情节犯范围的广泛性。情节犯在我国刑法中大量存在，不仅存在于刑事立法中，还存在于立法解释和司法解释中，即从刑法本来规定的条文上看并不属于情节犯，但是司法解释却将该种行为规定为情节犯。据不完全统计，目前我国刑法中规定的情节犯有93个罪名，这还不包括情节加重犯、情节减轻犯和情节特别加重犯，以及立法解释或者司法解释中所涉及的。

5. 情节犯的主观罪过为故意。[①] 对于情节犯是否存在过失的主观罪过的问题，我国有学者持肯定的态度：[②]《刑法》第398条（过失泄露国家秘密罪）规定："国家机关工作人员违反保守国家秘密法的规定，故意或者过失泄露国家秘密，情节严重的，处三年以下有期徒刑或者拘役；情节特别严重的，处三年以上七年以下有期徒刑。非国家机关工作人员犯前款罪的，依照前款的规定酌情处罚。"第432条第1款（过失泄露军事秘密罪）第1款规定，"违反保守国家秘密法规，故意或者过失泄露军事秘密，情节严重的，处五年以下有期徒刑或者拘役；情节特别严重的，处五年以上十年以下有期徒刑。"还有的过失犯罪，其构成要件既包括危害结果，又包括情节要件。对于这种情况，该论者认为这是立法竞合，既可以认为是结果犯，又可以认定为是情节犯。笔者认为这种观点值得商榷。虽然我国刑法中确实存在以上的规定，但是笔者认为，过失犯罪都是以危害结果为要件的，把过失犯罪规定为情节犯的情形，大多数是

---

[①] 参见叶高峰、史卫忠：《情节犯的反思及立法完善》，载《法学评论》1997年第2期；刘亚丽：《论情节犯》，载《河南省政法管理干部学院学报》2000年第4期；等等。

[②] 参见金泽刚：《犯罪既遂的理论与实践》，人民法院出版社2001年版，第134页。

因为对危害结果需要进行限制。首先,《刑法》第 398 条和第 432 条的规定本身就存在立法上的问题,对于故意和过失犯罪处以相同的法定刑,未能体现出罪责刑相适应这一刑法基本原则。对于过失泄露国家秘密罪和过失泄露军事秘密罪,应规定为结果犯。这是立法粗疏和立法技术不成熟的表现。因此,笔者在本书中排除了这两个所谓过失情节犯的情形。除此之外,我国刑法中还有情节犯的主观罪过为过失的罪名,它们分别是:武器装备肇事罪、传染病防治失职罪,而这些正是需要加以完善的地方。《刑法》第 441 条(遗失武器装备罪)规定的罪过形式值得研究,在本书后面关于情节犯的立法模式完善中再作论述。

## 1.3 情节犯的分类

对于我国刑法中的情节犯,可以从不同的角度将其分为不同的种类,这样更加方便我们全面把握和理解情节犯的含义。有的学者把情节犯分为基本的情节犯和派生的情节犯。该论者认为,具有基本罪的概括性定罪情节的情节犯,可称为"基本情节犯"。与以上情节犯相对应的还有由加重罪的概括性定罪情节所决定的情节犯即情节加重犯,由减轻罪的概括性定罪情节所决定的情节犯即情节减轻犯,它们也应当属于情节犯的范畴,统称为"派生的情节犯"。[①] 笔者认为,该论者对情节犯作出了相对比较细致的分类,对我们加深理解情节犯是有借鉴意义的。

我国刑法规定了各种罪刑关系。罪刑关系表现出一个国家对某一行为的政治和法律评价,一定的罪质需要有相对应的刑罚与之相适用,而这种关系是以刑事责任为纽带而联结起来的。所以,有的学者认为,如果说法条竞合主要是

---

① 该论者还进一步分析指出,我国刑法中应存在以下几种具体的情节犯分类:第一,单一犯罪构成的情节犯,如《刑法》第 190 条规定的逃汇罪。这种情节犯可称为《单纯的情节犯》。第二,基本罪为情节犯,即基本情节犯,其派生的重罪为情节加重犯,如《刑法》第 213 条规定的假冒注册商标罪。第三,基本罪为情节犯,即基本情节犯,但其派生罪不属于情节犯,如《刑法》第 336 条规定的非法行医罪和非法时行节育手术罪,这两罪的派生罪都是结果加重犯。第四,基本罪不是情节犯,但其派生罪为情节加重犯。如《刑法》第 125 至 128 条规定的个罪都属这种情况。第五,基本罪不是情节犯,但其派生罪为情节减轻犯。上述情节减轻犯都属于这种情况。如《刑法》第 112 条规定的资敌罪就是如此。参见金泽刚:《论定罪情节与情节犯》,载《华东政法学院学报》2000 年第 1 期。

从法条的横向联系上解决罪与罪之间的关系问题，那么量刑情节就是从法条的纵向联系上解决一个犯罪内部的重罪与轻罪之间的关系问题。法条竞合和量刑情节纵横交叉，形成了一个坐标体系，对于我们从宏观和微观两个角度把握我国刑法分则的条文体系具有重大意义。① 在我国刑法条文表述上，一般是根据每一个罪状设置一定的法定刑。例如，《刑法》第 262 条（拐骗儿童罪）规定："拐骗不满十四周岁的未成年人，脱离家庭或者监护人的，处五年以下有期徒刑或者拘役。"这种规定比较单一，只规定了一个罪刑单位。而每个犯罪与刑罚之间并不是简单的一一对应关系，有时候会表现出各种复杂的情形。因为同一个性质的犯罪，在客观上所造成的社会危害性或者行为人的人身危险性是不同的，所以，如果适用同样的或者单一的法定刑，则无法达到罪刑均衡的基本要求。为了区别对待同种罪质的不同社会危害性和行为人的人身危险性，我们设定了相应轻重不同的法定刑，以实现我国刑法中罪责刑相适应的基本原则要求。例如，《刑法》第 276 条（破坏生产经营罪）规定："由于泄愤报复或者其他个人目的，毁坏机器设备、残害耕畜或者以其他方法破坏生产经营的，处三年以下有期徒刑、拘役或者管制；情节严重的，处三年以上七年以下有期徒刑。"这个条文就规定了两个罪刑单位，一个是基本犯，即破坏生产经营罪及其法定刑；另外一个是在情节严重的情况下的破坏生产经营罪的法定刑，我们把这种情况称为破坏生产经营罪的情节加重犯。我国《刑法》中的这种规定还有诸如第 279 条（招摇撞骗罪）、第 282 条（非法获取国家秘密罪）等等，占有相当大的比重。《刑法》第 232 条（故意杀人罪）规定："故意杀人的，处死刑、无期徒刑或者十年以上有期徒刑；情节较轻的，处三年以上十年以下有期徒刑。"该条文同样规定了两个罪刑单位，第一个是故意杀人罪的基本犯及其法定刑；第二个是在故意杀人罪情节较轻的情况下的法定刑设置，我们把第二种情形称为故意杀人罪的情节减轻犯。诸如此类的规定还有第 112 条（资敌罪）等等。

此外，在我国刑法中对于同一个罪质还存在两个以上罪刑单位，而这些罪刑单位可以在同一个法律条文中规定，也可能基于立法技术上的考虑，立法者

---

① 参见高铭暄、王作富主编：《新中国刑法的理论与实践》，河北人民出版社 1988 年版，第 385 页。

把两个以上罪刑单位规定在不同的法律条文中。前者例如《刑法》第267条（抢夺罪）中规定："抢夺公私财物，数额较大的，处三年以下有期徒刑、拘役或者管制，并处或者单处罚金；数额巨大或者有其他严重情节的，处三年以上十年以下有期徒刑，并处罚金；数额特别巨大或者有其他特别严重情节的，处十年以上有期徒刑或者无期徒刑，并处罚金或者没收财产。"后者例如《刑法》第108条（投敌叛变罪）规定，"投敌叛变的，处三年以上十年以下有期徒刑；情节严重或者带领武装部队人员、人民警察、民兵投敌叛变的，处十年以上有期徒刑或者无期徒刑。"同时，《刑法》第113条第1款（危害国家安全罪的死刑适用）规定，本章（第一章"危害国家安全罪"）上述危害国家安全罪罪行中，除第103条第2款（煽动分裂国家罪）、第105条（颠覆国家政权罪、煽动颠覆国家政权罪）、第107条（资助危害国家安全犯罪活动罪）、第109条（叛逃罪）外，对国家和人民危害特别严重、情节特别恶劣的，可以判处死刑。从这些条文规定上看，在情节加重犯的基础上，因为情节特别严重，刑法再次升格其法定刑，我们把这种刑法的规定称为"情节特别加重犯"。

笔者认为，无论犯罪的情况多么复杂，总有个基本的罪刑单位，这个基本的犯罪我们就称之为"基本犯"。如果该基本犯的构成以"情节严重"或者"情节恶劣"为其犯罪构成要件，我们就称之为"基本情节犯"。在基本犯的基础上，根据犯罪情节的轻重又可以区分为情节减轻犯、情节加重犯和情节特别加重犯这几种犯罪类型。无论是情节减轻犯、还是情节加重犯，都是以基本犯为基础的。情节特别加重犯虽然也是以基本犯作为其成立的最基本前提，但是它的成立不仅仅以基本犯为前提，而且还要求存在情节加重犯的场合。

刑法之所以除了规定基本的情节犯以外还规定了情节减轻犯、情节加重犯和情节特别加重犯，是有一定的理由的。正如有的学者指出的那样：我国是一个幅员辽阔、人口众多的国家，各地情况千差万别，犯罪情节形形色色，我国刑法不可能包罗万象地列举各种减轻、加重或者特别加重的情节，否则，不仅使刑法冗长不堪，而且不利于司法机关掌握运用。所以，根据原则性和灵活性相结合的立法原则，我国刑法既分别情节轻重规定了相应的法定刑，又没有列举各种具体情节，而是概括性地规定情节较轻、情节严重或者情节特别严重，以便于司法机关在适用的时候具体灵活掌握。① 不同类型的情节犯的存在，也是我国刑法中罪责刑相适应原则在立法上的体现，有利于在事实上实现罪刑均衡。

### 1.3.1 基本情节犯

一定的犯罪总有一个基本的罪质，我们称之为"基本犯"。具有基本罪的概括性定罪情节的情节犯，可称为"基本情节犯"，也可称为"典型情节犯"，它是指我国刑法分则中明确规定以"情节严重（情节恶劣）"作为犯罪成立的情节要求或者以此作为认定该罪既遂形态的犯罪类型。我国刑法中规定的基本情节犯主要有以下几种情形：（1）以"情节严重"为构成要件或者以"情节恶劣"为构成要件。前者例如《刑法》第 251 条（非法剥夺公民宗教信仰自由罪、侵犯少数民族风俗习惯罪）规定，"国家机关工作人员非法剥夺公民的宗教信仰自由和侵犯少数民族风俗习惯，情节严重的，处 2 年以下有期徒刑或者拘役"；后者例如《刑法》第 261 条（遗弃罪）规定，"对于年老、年幼、患病或者其他没有独立生活能力的人，负有扶养义务而拒绝扶养，情节恶劣的，处五年以下有期徒刑、拘役或者管制。"对于我国刑法中的"情节恶劣"和"情节严重"的表述，有的学者认为，"似乎情节恶劣更多的包含伦理上的否定评价的意蕴"。笔者认为，其实刑法分则中"情节严重"和"情节恶劣"是可以被相互置换的，它们之间并没有本质区别。（2）数额犯兼情节犯，即不仅要以一定的犯罪数额为构成要件，而且同时规定以一定的犯罪情节为构成要件，两者可以选择。例如，《刑法》第 275 条（故意毁坏财物罪）规定，故意毁坏公私财物，数额较大或者有其他严重情节的，处 3 年以下有期徒刑、拘役或者罚金；数额巨大或者有其他特别严重情节的，处 3 年以上 7 年以下有期徒刑。（3）结果犯兼情节犯。例如，对于这种以数额或者结果与情节并列的条文表述形式，笔者认为此时的情节中应当排除已经明确规定的数额或者结果。作为情节犯的犯罪情节是构成犯罪的要素之一，决定着犯罪的性质，即决定着犯罪之罪质的有无，离开了这种情节，犯罪就无从谈起。对于基本情节犯这种概括性

---

① 参见高铭暄、王作富主编：《新中国刑法的理论与实践》，河北人民出版社 1988 年版，第 389 页。

的犯罪情节与犯罪构成要件的关系以及与犯罪构成要件中的其他要素之间的关系，将在本书第四章中予以讨论。

### 1.3.2 情节加重犯

情节加重犯，是指在基本犯成立的基础上，又出现了刑法规定的加重情节，因而对该行为处以较基本犯更重的刑罚的犯罪类型。或者说，情节加重犯，是指某种基本犯罪因具有某种严重情节或者特别严重的情节而被加重法定刑的犯罪形态。我国《刑法》许多条文都规定了这种情节加重犯。情节加重犯应以成立基本犯罪为其成立的前提条件，以法律明确规定的加重情节作为其加重构成为其法律特征。我们在分析情节加重犯的时候，有以下几个问题应当澄清：

首先，关于情节加重犯中的加重情节性质问题。笔者认为，情节加重犯中的加重情节，是反映一定犯罪的社会危害性和行为人的人身危险性及其程度并决定该罪质轻重，从而决定量刑问题的事实因素。该加重情节的认定同样应当以主客观相统一为标准。当法律明文规定了某一基本犯罪具备一定事实因素而加重对其处罚的情形时，被明确规定的该事实因素应当被排除出加重情节的范畴。例如，我国刑法中的结果加重犯、数额加重犯等等。所以，情节加重犯之情节在立法上的表现也只能是概括性的规定。当加重数额、加重结果等没有被明确地规定出来，只是代以概括性的加重情节规定时，加重情节中应当包含加重数额、加重结果等因素。

其次，关于情节加重犯的性质问题。情节加重犯与结果加重犯和数额加重犯在性质上不同，这也是由作为其构成要素之"加重情节"与"加重结果"或"加重数额"在性质上不同所决定的。结果加重犯中之加重结果和数额加重犯中之加重数额都属于客观的加重处罚条件，如果要把这些要素放在犯罪构成要件中加以明确分类，它们均属于犯罪构成要件中的犯罪客观方面；而情节加重犯中之加重情节则并不全部属于客观加重处罚的要素，加重情节中还包括犯罪目的、犯罪动机等属于主观加重处罚的因素。因此，情节加重犯中的加重情节所涵盖的范围更加宽泛。

此外，情节加重犯的情节认定也是一个重要的问题。有观点认为，情节加重犯是以基本犯为基础的，其加重不能否定基本犯的罪质。所以，一定的加重情节要受其罪质的制约。情节加重犯中的情节严重或情节恶劣，也只能是在基本犯的罪质之内的、加重其罪责的主观和客观的事实因素。凡超出其罪质的范围，则该情节构成其他犯罪，这时要解决的是犯罪的单复数的问题，而不是情节加重犯的问题了。所以，情节犯中的情节是决定罪质有无的情节，而情节加重犯的情节是在基本犯的基础上，决定罪质加重的情节。但是，二者的罪质是相同的，只是程度上后者大于前者。[①] 不可否认，因为加重犯和基本犯具有同一罪质，所以属于同一个罪。那么它们的犯罪构成是否也同属一个呢？把情节加重犯视为一个独立的罪刑单位，从而具有特殊的犯罪构成，还是仅仅把它视为法定刑轻重的问题？笔者认为，情节加重犯和基本犯之间是存在罪质上的差别的，它们在犯罪构成上也表现出不同的要求。所以，根据我国刑法中情节加重犯的规定，在犯罪构成的分类上，可以分为基本的犯罪构成、加重的犯罪构成和特别加重的犯罪构成。从刑法理论上说，情节加重犯不仅是罪责的加重，而且是犯罪构成的加重。情节加重犯是指在基本犯成立的基础上，因具有一定的加重情节，刑法为此加重其法定刑的犯罪；而情节特别加重犯也应当具备相对独立的、修正的犯罪构成。可见，情节加重犯以基本犯的成立为前提，不能在基本犯不成立的情况下仅以具有加重情节而认为某种犯罪成立，这种修正的犯罪构成一旦构成即具有独立的评价功能，因此加重构成也就有相对独立性。

### 1.3.3 情节减轻犯

情节减轻犯，是指某种犯罪行为由于具备某种情节，立法者依法减轻其法定刑的犯罪形态。情节减轻犯也是以基本犯罪的成立为其成立的前提条件，以法律明文规定的减轻情节作为其成立的法律特征。情节减轻犯在我国刑法中所占比重不大。例如，《刑法》第112条（资敌罪）规定："战时供给敌人武器装备、军用物资资敌的，处十年以上有期徒刑或者无期徒刑；情节较轻的，处三年以上十年以下有期徒刑。"像《刑法》第110条（间谍罪）、第232条（故意杀人罪）都是这种情况，属于情节减轻犯的范畴。

对于情节减轻犯的立法模式设置的理由，笔者认为，这是由该类犯罪的罪

---

① 参见田银行：《本案情节是强奸还是轮奸？》，http：//www.feilan.com/showarticle.asp?id=311&sort=％D0％CC％B7％A8％C6％C0％D2％E9。

质的严重性以及立法者对该类犯罪的基本犯的评价取向所决定的。从当前刑事立法来看，情节减轻犯的基本犯都属于较重的犯罪，即该类犯罪行为一经实施就反映出其极为严重的社会危害性特征。刑法为了强调对该类犯罪的重点打击，根据罪责刑相适应的刑法基本原则，对其设置了较重的法定刑，表明了国家对该犯罪行为的谴责和非难的程度。但是，与此同时，立法者考虑到犯罪行为的复杂性，如果一概处以较重的刑罚，可能导致量刑畸重的法律后果，而且不利于在司法实践中贯彻罪刑均衡原则，所以规定当出现反映行为人主观恶性较小、人身危险性较小或者客观上所造成的社会危害较小的情节时，对其适用较轻的刑罚，体现出刑罚的阶梯性。从制度设置上看，这也有利于行为人减少对社会的危害。情节减轻犯的构成与情节加重犯的构成一样，在法律上具有独立的评价功能，属于修正的犯罪构成之范畴。情节减轻犯中的减轻情节，是反映一定犯罪的社会危害性和行为人的人身危险性及其程度并决定该罪质轻重，从而决定量刑问题的事实因素，该减轻情节的认定同样应当以主客观相统一为标准。

对于我国刑法中情节减轻犯的认定问题，有学者认为，《刑法》第395条第2款（隐瞒境外存款罪）的规定也属于情节减轻犯。① 笔者认为这种观点值得商榷。情节减轻犯也是一种犯罪形态，其前提要放在犯罪中来研究，决定情节减轻犯的特别犯罪事实是犯罪的情节要件。行为人实施基本罪的犯罪行为，构成基本罪。当犯罪行为又符合特定的情节要件时，刑法对此规定比基本罪要轻的法定刑，就是情节减轻罪。而隐瞒境外存款罪中规定，"情节较轻的，由其所在单位或者上级主管酌情给予行政处罚。"显然，这时候情节的作用已经不是情节减轻犯的情节要求了，而是出罪化的情节了，既然是给予行政处罚，就不能认定为情节减轻犯。

### 1.3.4 情节特别加重犯

《刑法》第295条（传授犯罪方法罪）规定："传授犯罪方法的，处五年以下有期徒刑、拘役或者管制；情节严重的，处五年以上十年以下有期徒刑；情节特别严重的，处十年以上有期徒刑或者无期徒刑。"从这个条文的规定来看，

---

① 参见金泽刚：《论定罪情节与情节犯》，载《华东政法学院学报》2000年第1期。

其中包括三个罪刑单位,而当行为构成第三个罪刑单位时,我们称之为"情节特别加重犯"。也有的学者把这种犯罪形态叫作"情节再加重犯"。[①] 有的学者把情节特别加重犯也归入情节加重犯的范畴。该论者认为,所谓情节加重犯,是指某种基本犯罪因具有某种严重情节或者特别严重情节而加重其法定刑的犯罪形态。加重情节包括抽象的加重情节和具体的加重情节,它是指能够决定行为的社会危害程度较之基本犯罪增加的主观和客观相统一的事实因素。[②] 笔者认为,情节加重犯与情节特别加重犯在性质上的确有相似之处,但是把情节加重犯放在情节特别加重犯的范畴内加以研究有不妥当之处。正如前文分析指出的那样,虽然情节特别加重犯应当以情节犯和情节加重犯为成立前提,但是情节加重犯中之加重情节与情节特别加重犯中之特别加重情节不仅仅反映出量的区别,在某种程度上还反映出罪质的轻重,它们应当具有不同的犯罪构成形式。情节特别加重犯的犯罪构成具有独立的法律评价功能,不是必须依附基本犯的犯罪构成。因此,不能仅仅认为特别加重的情节是处罚条件。情节加重犯既是对基本犯的刑罚加重,也是对基本犯的罪的加重。据此,笔者认为,情节加重犯和情节特别加重犯虽然也属广义的情节犯之一,但是在考察情节加重犯中的加重情节或者情节特别加重犯中的特别加重情节时应当把握,它们是以主观和客观相统一的形式,体现一定犯罪的社会危害性程度,从而决定加重罪质和罪责的事实因素。这是刑法对于特定行为事实所具有的人身危险性和社会危害性所给予的特别规定,这些事实的明确规定既对法官的自由裁量进行了限制,同时又为责任个别化原则的实现提供了保障。因此,不能认为加重情节仅仅对量刑起作用,它与量刑中的加重处罚存在不同。加重情节加重了罪质和罪责,具有区分重罪与轻罪的功能。为此,刑法将其规定为独立的罪刑单位并配置了相对确定的量刑幅度。当然,从我国刑法来看,这种加重构成也存在依附基本构成的一面。也正因如此,情节特别加重犯与基本犯采用的是同一罪名,但这并不能改变情节特别加重犯具有重罪构成这一独立性的一面。此外,笔者认为,情节加重犯的基本犯不能是情节犯。例如,《刑法》249 条(煽动民族仇恨、民族歧视罪)规定:"煽动民族仇恨、民族歧视,情节严重的,处三年

---

[①] 参见姜伟:《犯罪形态通论》,法律出版社 1994 年版,第 392 页。该论者指出,情节再加重犯,是指刑法在加重构成基础上设置的再次加重法定刑的情节加重犯。

[②] 参见高铭暄主编:《中国刑法学》,中国人民大学出版社 1989 年版,第 170 页。

以下有期徒刑、拘役、管制或者剥夺政治权利；情节特别严重的，处三年以上十年以下有期徒刑。"此处的"情节特别严重的"之表述才是情节加重犯。因此，认定情节加重犯不能仅仅以条文中的表述是"情节严重（恶劣）"还是"情节特别严重（恶劣）"为标准，还应当结合具体基本犯加以认定和考察。

在我国刑法中还存在这样的法律条文，即在同一个法律条文中首先规定一个基本罪刑单位，这个基本的犯罪不是情节犯，但是紧接着没有规定情节严重的罪刑单位，而是直接用"情节特别严重"来规定一个加重的罪刑单位，并且在同一条文中还规定了情节减轻犯的罪刑单位。例如，《刑法》第133条（交通肇事罪）规定："违反交通运输管理法规，因而发生重大事故，致人重伤、死亡或者使公私财产遭受重大损失的，处三年以下有期徒刑或者拘役；交通运输后逃逸或者有其他特别恶劣情节的，处三年以上七年以下有期徒刑；因逃逸致人死亡的，处七年以上有期徒刑。"对于这种情况，笔者认为，对第二个罪刑单位的规定并不能被认为是情节特别加重犯，而应当认定为情节加重犯。因为情节特别加重犯是相对于情节加重犯而言的，如果根本就不存在情节加重犯的情形，即使适用的是"情节特别严重"或者"情节特别恶劣"的字眼，也不能认为这种规定是情节特别加重犯，因为它所参照的是基本犯的罪刑单位。

此外，我国刑法中还有在同一个法律条文中，既规定情节加重犯又规定情节减轻犯的情形。例如，《刑法》第111条（为境外窃取、刺探、收买、非法提供国家秘密、情报罪）规定："为境外的机构、组织、人员窃取、刺探、收买、非法提供国家秘密或者情报的，处五年以上十年以下有期徒刑；情节特别严重的，处十以上有期徒刑或者无期徒刑；情节较轻的，处五年以下有期徒刑、拘役、管制或者剥夺政治权利。"在这个条文中，第一个罪刑单位，是关于交通肇事罪的基本犯的罪刑关系；而第二个罪刑单位，基于前文的分析，笔者认为虽然条文中使用了"情节特别严重"的字眼，但是应当属于情节加重犯而不是情节特别加重犯，罪刑单位则规定了情节减轻犯的罪刑关系。

## 1.4 本章小结

我国刑法中的情节，是指刑法规定的，或者基于刑事政策的考虑，对定罪、量刑或者行刑产生影响并反映行为的社会危害性和行为人的人身危险性及其程度的各种主客观事实。它具有主观性与客观性统一、社会危害性与人身危险性及其程度统一、法定性与酌定性统一、概括性与具体性统一、单一性与多样（元）性统一等基本特征。根据不同的标准，我们可以把我国刑法中的情节分为很多种类。在我国刑法的犯罪类型中，有一类犯罪就是在刑法分则中明确规定以"情节严重（情节恶劣）"作为犯罪成立的情节要求，或者以此作为认定该罪既遂形态的犯罪类型，我们把这种犯罪类型称为"情节犯"。情节犯在我国刑法中占有很大的比例。在本书中，笔者把情节犯分为基本情节犯、情节加重犯、情节减轻犯和情节特别加重犯等四种类型，以基本情节犯作为主要研究对象，兼而论及其他情节犯的犯罪形式。

情节犯作为我国刑法中的一种犯罪类型，其犯罪本质可以从实质和法律形式两个方面把握。一方面，它以行为的客观社会危害性和行为人的人身危险性作为其"质"的规定性；另一方面，它又以刑法分则明文规定的"情节严重（情节恶劣）"作为其"量"的限定性。情节犯具有与其他犯罪类型完全不同的本质区别并具有独立存在的必要和价值。它具有法定性、条文表述上的模糊性、涵盖范围的广泛性等基本特征。

# 第 2 章

# 情节犯法治论

## 2.1 法治与刑事法治的分野

### 2.1.1 法治的内涵

"法治"作为与"人治"相对应的概念的提出,当首推古希腊的亚里士多德,他在其著名的《政治学》一书中明确指出:法律是有道德的文明的生活的一个必不可少的条件,是导致城邦"善"的一个条件。在此基础上,他认为法治的基本要素在于"法治",应包含两重含义:已成立的法律得到普遍的服从,而大家服从的法律又应该是本身制定得良好的法律。① 他认为法治优越于人治,指出:"凡是不凭感情治事的统治者总是比凭感情治事的人们优良,法律正是没有感情的。"因此,"谁说应该由法律来遂行其统治,这就有如说,唯独神祇和理智可以行使统治;至于谁说应该让一个个人来统治,这就是在政治中混入了兽性的因素。"② 所以,他认为,法治的内涵是多层次、多方面的,法律必须得到实际遵守,也就是具有实际最高权威的地位,并贯彻到社会生活当中;另外,法律本身形式必须完善,逻辑严密、概念清晰等理性化要求在法律规范里得到充分体现。根据他对法律的分类理论,实行法治的法律还必须是"良法",必须符合自然法要求,必须符合人类理性,必须是体现社会正义或者个人正义的正义之法。

继洛克提出法治国理想的第一项原则——法律面前人人平等原则以后,卢梭指出:"一个自由的人民,服从但不受奴役,有首领但没有主人;服从法律但仅仅服从法律。"③ 主权在民或者人民主权的政治主张,在社会契约论和天赋人权论的转化下,就表现为法律至上的法治原则。这一原则就是法治原则的核心内容,也揭示了法治的实质精神——法律的统治(rule of law)。此外,司

---

① 参见〔古希腊〕亚里士多德:《政治学》,吴寿彭译,商务印书馆1981年版,第167—168页。
② 同上书,第169页。
③ 〔法〕卢梭:《社会契约论》,何兆武译,商务印书馆1980年版,第51页。

法独立也被提出来作为法治国理想的一个基本原则。因此，我国学者夏勇认为："滥觞于近代革命以前的法治观念至少有三：其一，法律至上。……其二，权力分立与制衡。……其三，法律来源于某种超越于现实政治权力结构的实在，因而，法律被视为普遍、客观而公正的。这种超验的实在在当时被理解为神意和自然正义，在后世的法治理论里则通过自由、人权、民主等价值来解说。"①

就法治理论而言，19 世纪的英国法学家戴雪通常被视为近代西方法治理论的奠基人。戴雪第一次比较全面地阐述了法治概念，这一阐述乃是以已有的法治体制及其经验为根据的。在《宪法性法律研究导言》里，他写道：构成宪法基本原则的所谓"法治"有三层含义，或者说可以从三个不同的角度来看。② 首先，法治意味着与专横权力的影响相对，正规的法律至高无上或居于主导，并且排除政府方面的专擅、特权乃至宽泛的自由裁量权的存在。其次，法治意味着法律面前的平等，或者意味着所有的阶层平等地服从由普通的法院执掌的国土上的普通的法律。此一意义上的"法治"排除这样的观念，即官员或另类人可以不承担服从管治着其他公民的法律的义务，或者说可以不受普通审判机构的管辖。作为其他一些国家所谓的"行政法"之底蕴的观念是，涉及政府或其雇员的事务或讼争是超越民事法院管辖范围的，并且必须由特殊的和或多或少官方的机构来处理。这样的观念确实与我们的传统和习惯根本相忤。最后，法治可以用作一种表述事实的语式。这种事实是，作为在外国自然地构成一部宪法典的规则，我们已有的宪法性法律不是个人权利的来源，而是其结果，并且由法院来界定和实施。要言之，通过法院和议会的行动，我们已有的私法原则得以延伸至决定王室及其官吏的地位。因此，宪法乃国内普通法律之结果。

在我国，对于法治含义的理解也是仁者见仁、智者见智。例如，有的人认为，法治的基本理念是强调平等，反对特权，注重公民权利的保障，反对政府滥用权力。法治应有几个最基本的特征：第一，法治不只是一种制度化模式或社会组织模式，而且也是一种理性精神和文化意识；第二，法治作为特定社会

---

① 夏勇：《法治是什么？——渊源、规诫与价值》，载《中国社会科学》1999 年第 4 期。
② See Albert. V. Dicey, Introduction to the Law of the Constitution (1885), 1960, pp. 202—203. 转引自夏勇：《法治是什么？——渊源、规诫与价值》，载《中国社会科学》1999 年第 4 期。

人类的一种基本追求和向往，构成了工业化和民主化的秩序基础；第三，法治的最重要的含义，就是法律在最高的、终极的意义上具有规限和裁决人们行为的力量，既是公民行为的最终导向，也是司法活动的唯一准绳。① 随着法律在国家政治生活中作用改变，法律向社会生活诸多领域的渗透，以及法治概念在知识阶层乃至一般民众当中的传播，有的学者就将法治同一个当下非常流行的词语——现代化——相关联，认为"只有同时实现法治的形式合理性与价值合理性，中国的法治现代化才能真正实现。"② 显而易见，该学者把法治的内涵界定于形式合理和价值合理的范畴，并且将这种内容的实现作为其现代化的标准。关于法治的各种含义，笔者并不打算在本书中全面细致地考察所有这些既有的理论。我国学者梁治平从实质性的法治理论和程序性或者形式化的法治理论角度探讨法治的含义，这种比较分析法在法治含义的理解中的运用应该说是有积极性和富有成效的。③ 他认为，根据其字面之义，所谓法治，即是相对于"人治"（rule of men）的"法律之治"（rule of law 或 governance of law）。前者意味着专断和任性；后者则力图确立某种非人格的统治，以去除人性中固有的弱点。然而，法律之治并不能在人的参与之外自动实现，反之，"人治"也并不排斥法律的运用。因此，人治与法治的区别与其说在于法律之有无，不如说在于法律之运用方式。换言之，"法治"包含一些基本原则，正是这些基本原则使之成为区别于"人治"的另一种秩序类型。那么，法治究竟包含哪些基本原则？它的主要内容都是什么？对于这些问题，人们的看法不尽相同。实质性的法治理论者把确保个人权利视为法治的核心，还有人认为法治必须体现平等、实体上的公正等价值观念。换言之，他们都强调法治中的"法"，把"善法""良法"或曰"公正的法律体系"视为实现法治的前提。另一些人的看法则与之相左，即所谓的程序性的或形式化的法治理论者虽然也信奉自由主义原则、推重自由民主的制度和价值，但他们更强调程序公正或者形式正义的重要性，认为这些就是法治的基本内容。

实质性的法治理论者认为法治内容的涵盖范围比较广泛，尤其强调善法和良法的重要性，指出并且强调当代法治所欲保护和促进的诸多基本价值，在认

---

① 参见秦前红：《论法治的原则》，http://www.lawbreeze.net/2004/5-3/234831.html。
② 田成有、肖丽萍：《法治模式与中国法治之路》，载《法学》1998年第9期。
③ 参见梁治平：《法治：社会转型时期的制度建构》，载《当代中国研究》2000年第2期。

定国家保障人权和个人自由的实现方面所做贡献的同时，由于行政权力的膨胀和扩张，又可能对法治本身形成一种威胁，所以限制政府权力成为实质性法治理论的重要内容。此外，实质性法治理论者强调实现法的公平、正义等价值追求。因此，实质法治理论对于法律所追求实现的社会价值具有非常重要的意义。而程序性法治论者则从法律和道德的内涵角度阐明程序性法治理论：有的强调法律的道德性，认为法治所具有的内在道德价值限制了它的使用范围；有的则注重法律与道德的分野，认为法律的概念不应当以道德为前提。但是，两种观点殊途同归，都强调法治的程序性意义。例如，富勒就是从法治的道德性角度出发，提出了法治的八种基本特征：法律具有一般性和公开性、法律不溯及既往、法律规定清晰明了、法律不自相矛盾、法律不要求不可能之事、法律具有稳定性、官员所为与公布的规则相一致。他力图阐明法律是程序性的，不涉及法律规则的实质目标。而有的学者在讨论法治的内涵或者原则时，则认为应当注重法律本身的职能。例如，约瑟夫·拉兹根据"法治"概念的字面含义去推论法治的基本原则。他指出，"法治"一词有两种含义：其一，人们应当受法律统制并且遵从法律；其二，法律应当安排得让人们能够依法行事。那么，法律必须具备什么样的品格才能实现其指导人们行为的职能呢？在拉兹看来，至少应该做到以下八条：第一，所有法律都应公布于众，且不应溯及既往；第二，法律应保持相对稳定；第三，具体法律的制定应当遵循公开、稳定、清晰和一般性的规则；第四，必须确保司法独立；第五，自然正义诸原则必须得到遵守；第六，法院应对立法及行政活动拥有审查权；第七，诉讼应当易行；第八，遏止犯罪机构所拥有的自由裁量权不得侵蚀法律。[①] 同时，程序性法治论者假定人是能够理解和遵守规则，并且能对自己的行为负责、具有个体尊严的能动主体。因此，有学者总结认为，所谓形式意义上的法治，意味着通过恰当的解释和应有众所周知的形式规则，在可行范围内对公民间及公民与政府间的基本社会关系进行得到认可的管理，全体官员的活动方式和范围受规则的限定，公民和官员如违反规则，要由公正独立的法院或者类似的司法法庭施行惩罚或其他补救措施；而实质意义上的法治，则指形式法治的必要条件加

---

[①] See Joseph Raz, The Authority of Law, p. 213. 转引自梁治平：《法治：社会转型时期的制度建构》，载《当代中国研究》2000 年第 2 期。

上全部其他理想社会法律秩序的传统成分，诸如福利国家、某种市场经济、基本人权的保护以及民主等。[①]

1959 年在印度德里召开的国际法学家会议集中了各国法学家对法治的一般看法，在《德里宣言》中将法治归纳为以下几点：第一，根据全面正义的法治精神，立法机关的职能在于创造和维持使个人尊严、个人发展得到维护的各种条件；第二，法治原则不仅要防范行政权力的滥用，也要有一个有效的正义来维持法律秩序，借以保障人们具有充分的社会和经济生活条件；第三，要有正当的刑事审判程序；第四，司法独立和律师自由是实施法治原则必不可少的条件。

现在我们所说的社会主义法治，则是指社会主义国家依法治国的原则和方略，即与人治相对的治国理论、原则、制度和方法。对于把"法治"冠以"社会主义"的修饰，有学者认为，官方的"法治"论说特别突出"社会主义"这一限定语，这意味着共产党一党执政地位的不可动摇。"社会主义法治"的提法同时也被用来抵制"法治"理论的普遍主义诉求。这时，"法治"又被冠以"中国特色"一词，从而与主要是源于西方社会的法治理论和实践区别开来。[②] 在笔者看来，理解法治的基本精神和范畴，应从"法治"的实质性和程序性两个方面去理解，综合起来应当包括以下三个层次的含义：

第一，"法治"一词明确了法律在社会生活中的最高权威。在国家治理的方式上，有一个基本的区别，就是法治与人治的区别。人治指统治者的个人意志高于国家法律，国家的兴衰存亡取决于领导者个人的能力和素质。人治不可能实现国家的长治久安。而法治乃众人之治，是与民主相联系的。在社会主义国家，法律是在党的领导下，通过人民代表大会制度制定的，是党的主张和人民意志的统一。因此，社会主义法治是指一切国家机关、各政党、武装力量、各社会团体、各企事业单位和全体公民都必须在宪法和法律的范围内活动，不允许任何人、任何组织凌驾于法律之上。在所有对人的行为有约束力的社会规范中，法律具有最高的权威。

第二，"法治"一词显示了法律介入社会生活的广泛性。法制主要强调法

---

① 参见〔英〕萨莫斯：《形式法治理论》，载夏勇主编：《公法》（第三卷），法律出版社 2001 年版，第 113 页。
② 参见梁治平：《法治：社会转型时期的制度建构》，载《当代中国研究》2000 年第 2 期。

律和制度及其实施。狭义地说，它仅指相对于政治制度、经济制度的一种制度；广义地说，它也只是包括法律实施在内的一种活动，对法律在社会生活中的作用范围从字面上是无法界定的。而"法治"一词的含义比较明确，就是在全部国家生活和社会生活中都必须依法办事。法律不仅在社会生活中具有重大作用，而且在国家的政治生活中也同样具有重要作用。因此，法治要求法律更全面地、全方位地介入社会生活。

第三，"法治"一词蕴含了法律调整社会生活的正当性。法制所包含的法律和制度，其含义从字面看是中性的。历史上，法律长期被少数人用作镇压人民，维护自己统治地位和腐朽政权的工具；法律和制度也曾经被德国纳粹政权作为实施种族暴行的工具。"法治"一词则蕴含了正当性。首先，法治是与专制相对立的，又是与民主相联系的，可以体现社会主义制度下人民当家做主的要求。其次，法治要求社会生活的法律化，可以从根本上改变我国社会生活中强制性社会规范过多、过滥的弊端，维护公民的自由。最后，法治符合社会生活理性化的要求，使人们的社会行为和交往活动具有可预测性和确定性，也使人们的正当要求有了程序化、制度化的保证，增强了社会成员的安全感等。

### 2.1.2 刑事法治的简单界定

刑事法治作为法治的重要内容之一，近年来被广泛使用，以至于有的学者指出："目前，中国法治首要解决的问题，就是刑事法治问题。"[①] 对于刑事法治的相关问题，我国刑事法学者进行了有益的探索性研究。例如，陈兴良教授认为，按照"木桶原理"，水桶的容量取决于最短的一片木板，而刑事法治就是最短的那片木板，是最低限度的法治标准。在法治建设中，理念是先行的，首先要树立正确的刑事法治理念，才能达到刑事法治乃至全面的法治。在刑事法治视角下，要解决三个问题：（1）形式合理性与实质合理性；（2）法律真实与客观真实；（3）程序正义与实质正义。卢建平教授认为，刑事法治主要涉及处置犯罪刑事处置权[②]的来源与性质、刑事处置权的功能与目的、刑事处置权

---

[①] 参见陈兴良：《刑事法治的理念建构》，载北京大学法学院编：《刑事法治的理念建构》，法律出版社2002年版。

[②] 刑法的功能不仅仅在于惩罚，故在这里没有沿用"刑事惩罚权"的概念，而选择了较为中性的"刑事处置权"（原文作者注）。参见卢建平：《论法治国家与刑事法治》，载《法学》1998年第9期。

的归属与运用以及刑事处置的手段与对象等问题。① 该论者结合我国1997年《刑法》进一步指出，首先，刑事处置权具有法定性，即强调罪刑法定主义；其次，刑事处置权并非国家专有，因为正当防卫等权利的设置表明公民在特定的情况下仍然可以依照法律的规定自主地行使防卫国家、集体、他人或自身权益的行为；再次，不能以刑事不法对付犯罪以及刑事处置权必须依法行使，从而强调刑事程序合法；又次，他提出了刑事处置权的合理性，即强调轻刑主义，反对奉行刑罚重刑主义；最后，国家（机关）也不能免除刑事处置，即国家的权力机关、行政机关、司法机关、党的各级机关、各级政协机关以及军队的各级机关都可以成为犯罪主体。还有的学者从形式和实质意义上区分刑事法治并认为："在宪政基础上的刑事法治，无疑属于实质意义上的（刑事）法治。"②

笔者认为，要研究刑事法治问题，首先要树立的理念就是昔日神圣而又崇高的国家也要受到法律的管束。刑事法治又意味着国家（政府）和人民（公民）在刑事法律面前一律平等。刑法作为社会主义法律体系中的保障法，受传统刑法泛化思想的影响，过多地介入社会生活，侧重于惩罚犯罪、保护国家的社会保护机能，而忽视了它同时也具有保障公民权利、保障犯罪人合法权益的人权保障机能；为保护社会利益之需要，常常使刑罚的发动具有随意性，③ 过分强调刑法的政治性和阶级性，忽视了刑法的谦抑性品格。法治国家中重视刑事法治不等于盲从刑法及相关的法律规定，不等于无意义地崇拜刑法的权威。我们始终确信一点，即刑法是反犯罪斗争不可或缺的武器，但不是唯一的武器。"刑罚该是国家为达其保护法益与维护法秩序的任务时的'最后手段'。能够不使用刑罚，而以其他手段亦能达到维护社会共同生活秩序及保护社会和个人法益之目的时，则务必放弃刑罚的手段。"④ 笔者认为，罪刑法定主义是刑事法治的首要内容。不可否认，刑法既具有事后惩戒的功能，也具有事先防范、教育的功能；既具有震慑的功能，又具有以儆效尤、有效制裁的功能。我

---

① 参见卢建平：《论法治国家与刑事法治》，载《法学》1998年第9期。
② 刘树德：《宪政维度的刑法思考》，法律出版社2002年版，第5页。
③ 例如，我国1979年《刑法》所保留的"类推"制度，包括司法解释权的滥用以及司法解释内容上对立法的僭越等等，都是反映刑法强调社会保护功能、弱化人权保障机能的表征。
④ 林山田：《刑罚学》，台湾商务印书馆1983年版，第128页。

们在树立刑法人权保障功能这一观念的同时,绝不能因此弱化刑法的社会保护功能,那种过分强调严格意义上的罪刑法定主义,并以此强调过分保障人权,从而弱化刑法的社会保护功能的观点是对刑事法治的片面理解。

对于刑事法治的内涵、原则、精神、范畴等问题,本书在此不作太多阐述。但是,无论如何,刑事政策、罪刑法定主义和罪刑均衡原则均应是刑事法治的题中应有之义,笔者拟选取这三个角度来对情节犯进行尝试性研究。

## 2.2 刑事政策视野中的情节犯

### 2.2.1 刑事政策之要义

对于刑事政策的概念,迄今为止国内外并没有一个统一的认识,甚至有的学者指出:"可以这样认为,至今几乎所有关于刑事政策的著述,找不到两个完全相同的刑事政策定义。"[1] 有的学者分析指出,刑事政策在结构上应该包括以下要素:刑事政策的上位概念;刑事政策主体,其中包括刑事政策的制定主体(决策主体)和刑事政策的执行主体;刑事政策的目的;刑事政策的对象,其中包括认识对象和实践对象;刑事政策的内容及其载体;刑事政策的根据。我国的刑事政策,是指国家和社会基于对犯罪现象和犯罪规律的把握,依据权力为背景,依照法定的程序,为实现一定时期的任务,以保障公民自由和社会秩序的和谐统一为终极价值目标而制定的行为规则。[2] 笔者认为,这种对于刑事政策的概念界定相对来说是比较科学的。

一般认为,刑事政策的概念最早出现在 18 世纪末 19 世纪初德国法学教授克兰斯洛德和费尔巴哈的著作中。此后,"刑事政策"一词常被视为刑法理论与实践的同义词。如克兰斯洛德认为,刑事政策是立法者根据各个国家的具体情况而采取的预防犯罪、保护公民自然权利的措施。而费尔巴哈则认为,刑事

---

[1] 储槐植:《刑事政策:犯罪学的重点研究对象和司法实践的基本指导思想》,载《福建公安高等专科学校学报(社会公共安全研究)》1999 年第 5 期。

[2] 参见黄京平、李翔:《刑事政策概念的结构分析——兼评刑事政策法治化》,载《刑法评论》第 6 期,法律出版社 2004 年版。

政策是国家据以与犯罪做斗争的惩罚措施的总和,是"立法国家的智慧"①。由此可见,当时的刑事政策还被限定在"立法"范围内。刑事政策的内容是基于个人主义立场,反对罪刑擅断,提出罪刑法定、罪刑相适应、无罪推定等刑事近代化主张,并以此为中心建构现代意义上的刑法体系,这就是我们现在所说的"刑事政策刑法化"的开端。19 世纪后,随着西方资本主义的发展,刑事古典学派面对常习犯、累犯、少年犯等犯罪现象激增的社会现实束手无策,实证学派在批判古典学派的基础上应运而生。实证研究方法被引入刑事政策领域,刑事政策的研究领域大大拓宽,扩展到整个社会政策领域。1882 年,李斯特的"马堡计划"从目的刑理论出发,建立了刑事政策的全新体系。"刑法之刑事政策化"开始成为刑事法学的重要特征。刑法不再是过去古典学派所坚持的那种纯粹规范意义上的理性化的刑法,越来越多的实证研究成果被纳入刑法之中。目前,西方国家刑罚在总体上趋于缓和,刑罚网疏缓,出现了"轻轻重重"的战略调整,强调控制死刑、废除死刑,主张轻刑化和非刑罚化。"轻轻"指对轻微犯罪实行轻刑化,"重重"指对重罪及人身危险性大的罪犯更多地使用更长的监禁刑。质言之,即做到轻罪轻处,重罪重处。

中国刑事政策近代化的过程可以从晚清刑罚体系的变革起算,即从以肉刑为中心向以自由刑为中心的刑罚体系的嬗变。而新中国的刑事政策和策略则是在长期革命实践的基础上独立发展而来的。无论是在新民主主义革命时期,还是在中华人民共和国成立初期,或是改革开放的今天,我们都非常重视政策的运用。所谓政策,按照通常解释,就是国家或者政党为实现一定时期的路线而制定的行动准则。在革命根据地时期和中华人民共和国成立初期,我国的政策主要倾向于党内或者政治上的含义。例如,毛泽东同志在 1948 年 3 月 20 日的《关于情况的通报》中指出:"政策和策略是党的生命,各级领导同志务必充分注意,万万不可粗心大意。"中华人民共和国成立后相当长时期内,刑事政策大多出现在国家主要领导人的讲话中。例如,"首恶必办,胁从不问,立功受赏";"坦白从宽,抗拒从严";"惩办与宽大相结合"等等。

惩办与宽大相结合是我国基本的刑事政策,其核心是实事求是、具体问题

---

① 转引自〔法〕米海依尔·戴尔玛斯-马蒂:《刑事政策的主要体系》,卢建平译,法律出版社 2000 年版,第 1 页。

具体分析。我国基本刑事政策的内容应当包括以下几个方面：①

（1）首恶必办，胁从不问。所谓"首恶必办"，意思是共同犯罪中的首要分子、罪行重大的犯罪分子要予以严厉打击。② 因此，此处的"首恶"一般指罪大恶极，不思悔改③，包括两层含义：一是指首要分子，即在犯罪集团或者聚众犯罪中起组织、策划、指挥作用的犯罪分子；二是指罪行严重、情节恶劣的犯罪分子。所谓"必办"，是指必须予以追究，按照其罪行给以应得的惩罚，并非一律采取处以死刑。④ "胁从不问"是指对那些被欺骗、收买、裹胁、强迫参加犯罪的分子，未做或基本未做较大坏事，凡是能够放弃先前立场，不继续为害的，均给以宽大处理，包括释放、不逮捕或者免予追究。⑤ 此处"胁从"，是指被威逼、裹胁而实行犯罪，或者由于对实际情况不了解或误信谎言而上当受骗以致参与犯罪活动。"不问"，并非一概不咎。⑥ 我国现行《刑法》第28条规定："对于被胁迫参加犯罪的，应当按照他的犯罪情节减轻处罚或者免除处罚。"可见，被胁迫参加犯罪的人，虽然其社会危害性程度小，应当宽恕，但不是一律不加追究，而是根据情况减轻处罚或者免除处罚。

（2）坦白从宽，抗拒从严。这是实行惩办与宽大相结合政策的一个核心内容。在历次惩办反革命分子和严重刑事犯罪分子的斗争中，党和国家都把其作为体现惩办与宽大相结合原则的重要内容，具体实施。所谓"坦白从宽"，是指犯罪人如实交代自己的犯罪事实的，予以从轻、减轻处罚或者免除处罚。"坦白"有两层含义，广义的坦白包括自首在内，狭义的坦白则仅指不包括自首的坦白。从政策的角度来讲，此处的"坦白"应该是广义的坦白。从宽是指与不坦白相比，给予一定的宽大处理，但并不等于不用承担刑事责任。至于从宽到何种程度，则要结合具体的情况予以认定。坦白从宽中的"从宽"从量刑

---

① 参见廖万里：《论我国基本刑事政策》，中国人民大学2005年博士论文。
② 参见马克昌：《关于"严打"的刑法学思考》，载高铭暄、马克昌主编：《刑法疑难问题探讨》（上册），中国人民公安大学出版社2002年版，第238页。
③ 参见肖扬主编：《中国刑事政策和策略问题》，法律出版社1996年版，第71页。
④ 参见杨春洗主编：《刑事政策论》，北京大学出版社1994年版，第237—238页。
⑤ 参见肖扬主编：《中国刑事政策和策略问题》，法律出版社1996年版，第74页。
⑥ 在"胁从不问"政策提出之初的战争年代，该政策是指，对于被胁迫参加犯罪活动的，不必追究刑事责任。这主要是针对敌对阵营中存在大量被胁迫参加者，为了缩小打击面，分化瓦解敌人而采取的策略。

上讲，包括从轻、减轻处罚或免除处罚，也包括宣告缓刑；从行刑上讲，包括对确有悔改表现的罪犯，依法给予减刑或假释。所谓"抗拒从严"，是指犯罪人对抗侦查，在确凿的证据面前拒不认罪、拒不悔改，表明了其主观恶性较大，因此应当予以从重处罚。抗拒的表现形式多种多样：犯罪者畏罪潜逃，行凶拒捕，交代时避重就轻，嫁祸于人；或者在确凿的证据面前狡猾抵赖，拒不认罪，阻止同案犯坦白交代，订立攻守同盟，毁灭罪证，对证人、报案人、被害人或有关的司法工作人员以及制止违法犯罪行为的人行凶报复；或者教唆他人行凶报复，破坏公共财物或者公开抗拒劳动，屡教不改等等。[①] 但对于那些依法进行正当辩护，提出有利于己的反证，或依法提出上诉或申诉的，则不应视为抗拒。"从严"是指除法律另有加重处罚规定外，一般是从重处罚，即在刑法规定的范围内，判处较重的刑种或较长的刑期。

（3）立功折罪，立大功受奖。立功折罪，是指犯罪人在犯罪后不仅坦白交代自己的罪行，而且还检举揭发其他犯罪事实或线索，因此应当较之坦白给予更为宽大的处理，有些可以减轻或免除处罚；有些可以撤销原判刑罚，不以犯罪论处。[②] 立大功受奖，是指在犯罪分子检举揭发的犯罪事实或提供的重要线索经查证核实，确实破获了重特大案件，捕获了重要案犯，挽回了重大损失等情形下，对犯罪人给予比一般立功更为宽大的处理，包括减轻或免除处罚，裁定减刑或假释，以及在精神上或物质上给予必要的奖励。

### 2.2.2 刑事政策对情节犯的指导性意义

**（一）刑事政策对情节犯立法的指导作用**

我国刑法中的情节犯，正是与上述基本刑事政策一脉相承的。在我国刑事立法中，情节犯及其派生的犯罪类型，就是贯彻这一基本刑事政策。刑事政策对我国刑法中确立情节犯具有重要的指导性作用。具体来说，就是将具有可罚性的严重危害社会的行为规定为犯罪，将轻微的危害社会的行为非犯罪化，对

---

① 参见赵秉志主编：《刑法基础理论探讨》，法律出版社2002年版，第344页。
② 但是，对立功不应作如此狭义的理解。根据2016年《最高人民法院关于办理减刑、假释案件具体应用法律的规定》，罪犯在刑罚执行期间，阻止他人实施犯罪活动的；检举、揭发监狱内外犯罪活动，或者提供重要的破案线索，经查证属实的；协助司法机关抓捕其他犯罪嫌疑人的；在生产、科研中进行技术革新，成绩突出的；在抗御自然灾害或者排除重大事故中，表现积极的；对国家和社会有其他较大贡献的，可以认定为"立功表现"。

危害严重的行为规定重的法定性，对危害社会相对较轻的行为规定相对较轻的法定刑。情节犯的最大特点就是刑法规范中情节严重内涵的模糊性，而这种模糊性并不完全是立法者被动选择的结果。恰恰相反，在有些情况下，正是基于对特定历史阶段的刑事政策的考虑，立法者主动地、积极地选择并利用刑法规范的模糊性以实现其立法目标。情节犯的立法模式实现了我国基本刑事政策的两种价值取向：一方面，由于情节犯的存在，可以使那些严重危害社会的行为得到刑罚的制裁，有利于缓解社会变化和实现刑法稳定性之间的紧张关系；另一方面，情节犯通过"情节严重"的情节要求，限制和缩小刑法调控社会矛盾的范围，这正与当前的刑法价值取向相吻合——实现政治国家刑法向市民社会刑法的转变。刑事政策具有灵活性和开放性等特点，在我国特定的历史时期曾经在政治经济生活中处于主导地位，但是刑事政策的这些特点又容易催生随意性等不利因素。因此，应当把刑事政策的基本精神通过法律的形式固定下来，从而更有利于发挥其积极作用。"刑事政策是刑法的灵魂与核心，刑法是刑事政策的条文化与定型化。"[①] 刑事政策的价值判断标准决定刑事立法的价值走向。因此，刑事政策应当对刑事立法起到积极的指导性作用，反过来，刑事立法应当体现刑事政策的基本内涵和基本精神。情节犯作为我国刑事立法中特定的一种立法模式或曰"犯罪类型"，在与刑事政策的互动关系上体现了上述的辩证关系。

首先，情节犯的立法宗旨符合我国基本刑事政策在定罪上的区别对待原则。我国基本刑事政策的精神内涵包含区别对待的内容，即针对各种犯罪行为的社会危害性或犯罪行为人的主观恶性的不同，分别施以不同的处罚或处遇。区别对待包括定罪上的区别对待、量刑上的区别对待和行刑上的区别对待三个方面。

其次，情节犯体现了我国基本刑事政策宽严相济的基本精神。宽严相济的内容，一是惩办与宽大不可偏废，既不能宽大无边，也不能一味惩罚，忽视惩办与宽大其中任何一方面的倾向都是错误的。二是"宽中有严，严中有宽"。宽和严是相对而言的。"宽"不是绝对的宽，"严"也不是绝对的严。在讲严或惩办的时候，不能不考虑到应当重罚的罪犯可能有从轻处罚的情节；在讲宽或

---

[①] 参见陈兴良：《刑事政策视野中的刑罚结构调整》，载《法学研究》1998年第6期。

宽大的时候，不能不考虑到应当轻罚的罪犯可能有从重处罚的情节。三是宽和严有张有弛。

再次，情节犯符合刑事政策灵活性的基本要求。灵活性是刑事政策的灵魂。根据整个社会政治经济形势及治安形势的变化，或者根据有效揭露打击犯罪的策略需要，以及党和国家中心工作的需要，在一定时期较强调惩办，在一定时期又较强调宽大，符合实际地掌握宽严的节奏和范围，有的是在条件发生根本变化之下政策的根本转变，有的则是适应斗争需要在政策上的临时调整和安排。

最后，情节犯反映出刑事政策开放性的特点。刑事政策是一个开放的体系，随着社会的变迁而不断被赋予新的内涵。所以，在刑事政策的体系中，其内容不是一成不变的。而情节犯本身的构成模式就具有开放性，其"情节严重"的要求也随社会变化而被赋予不断变化的内涵，这也与刑事政策的特点相辅相成。此外，情节犯符合惩办少数、改造多数的基本刑事政策精神。惩办少数、改造多数有两层含义，其中之一就是明确刑法严惩的对象，将刑法打击的锋芒主要指向那些严重危害国家安全、严重危害社会治安和严重破坏经济秩序的犯罪分子。

### （二）刑事政策对情节犯司法适用的指导意义

刑事政策贯穿于刑事实践的全过程，它不仅对刑事立法起到指导性作用，而且对刑事司法同样具有指导性作用。这里主要讨论我国基本刑事政策对情节犯在司法适用过程中所起的作用，以及情节犯在司法适用过程中如何体现刑事政策的基本内涵和基本精神问题。

首先，刑事政策对情节犯司法适用的价值观具有指导性作用。现代刑事政策的两极化趋势决定了在刑事司法过程中应当强调重其重者，轻其轻者。情节犯作为我国刑法中的轻罪类型，[①] 在刑事司法中应体现刑事政策轻刑化的一极。因此，在情节犯的司法认定中，应尽量考虑以权利为本位，以限制刑罚权的使用为原则。这体现在公诉机关和审判机关两个环节上。在公诉机关起诉时，公诉机关对情节犯之行为性质的判断当属于阶段性认识，此时对情节犯之

---

① 按照我国当前通常意义上的理解，法定最高刑为三年以下有期徒刑或者拘役的，就可以看作轻罪了，而我国刑法中的情节犯除了极少数几个犯罪的法定最高刑是五年有期徒刑外，其他情节犯的法定最高刑都是三年以下。所以，总体上，情节犯应当属于轻罪的范畴。

"情节严重"的考察应当体现刑事政策"轻其轻者"的基本理念；而在刑事审判阶段，即对情节犯性质进行最终司法判断的时候，也应当以这种刑事政策的基本理念为指导。

其次，情节犯的司法适用体现了刑事政策对刑事司法活动的调节性作用。社会政治、经济和文化等因素总处于相对变动中，其中还包括社会治安形式等短期性的变化。这些因素都在某种程度上对刑事政策的调整产生直接的影响，而且都在某种程度上影响对行为"社会危害性"的判断。情节犯之"情节严重"尤其反映了这一点。在不同阶段，社会对"情节严重"判断的标准也不一样，而这在一定程度上取决于刑事政策重点的调整。刑事政策的调整对情节犯司法适用的表现贯穿于刑事司法的全过程。另外，司法资源的有限性等原因决定了司法资源的配置要求强调其有效性。所以，对情节犯之"情节严重"的考察也放在特定的刑事政策背景下进行全面分析，才能得出正确的结论。例如，在"严打"的刑事政策下，司法者在对情节犯之"情节严重"判断的时候就会降低标准，入罪化倾向会占主导性地位。

最后，情节犯的司法适用还体现了刑事政策对刑事司法的灵活性指导作用。具体而言，这主要表现在对情节犯之"情节严重"的司法解释上。任何一部法律，一旦制定出来就具有滞后性，因为社会总是处在不断的变动中，而法律需要稳定性，不能朝令夕改。此时，在某种程度上就需要依据刑事政策的基本内涵和基本精神对法律作出相对合理的解释，以适应不断发展变化的社会，并有利于解决新的社会冲突。情节犯的司法适用尤其反映出这种特点。情节犯的模糊性需要司法者对其适用的时候对情节犯之"情节严重"作出解释，这种解释不是孤立的就事论事的解释，而应该结合刑事政策的基本精神进行解释。这种解释性适用体现了刑事政策的指导性作用。

## 2.3 罪刑法定视野中的情节犯

### 2.3.1 罪刑法定的当代诠释

罪刑法定主义在我国刑法领域，早在1910年《大清新刑律》中就得以规定，其中第10条规定："法无正文者，不论何种行为不为罪。"此后，在民国时期即 1911 年《暂行新刑律》，1928 年、1935 年《刑法》中都有类似规定。但是，这些规定也仅仅限于"规定"，实际上并未得到真正贯彻执行，可以说罪刑法定主义被肆意践踏。中华人民共和国成立后，1997 年《刑法》中确立了罪刑法定主义原则，该原则最核心的要求就是立法者在立法的过程中要将"罪"与"刑"明确规定。罪刑法定原则的确立标志着有两千多年历史的类推制度最终退出了历史舞台，这一基本原则标志着现代刑事法治观念的确立。但是，作为刑事法治的重要内容之一，对于罪刑法定主义的正确理解与贯彻实施十分重要。陈兴良教授指出："罪刑法定不是一条简单的法律标语，它在刑事立法与刑事司法中都应当得以切实的贯彻。尤其在刑事司法中，应当转变观念，加强刑法的人权保障机能，严格依法定罪处刑。对于法律没有明文规定的行为，即使有较大的社会危害性，也不应随意套用其他罪名定罪。否则，罪刑法定原则仍然有被虚置的危险。"[①] 有学者从刑法文化的角度认为，由于传统刑法文化的影响，罪刑法定原则的法律化，并不等于它的现实化、"活法化"。对于立法者、司法者、法学学者、普通民众来说，罪刑法定主义所蕴含的民主、人权、制衡权力等价值内涵，都还存在着一个从深刻体认到法律规定再到社会化的艰难的转化过程。对中国的社会现实而言，肃清人治主义传统的影响，进行罪刑法定主义的价值启蒙，仍然是一项急迫的任务。[②]

罪刑法定原则是资产阶级针对中世纪盛行的罪刑擅断而提出的，具有深刻的政治、经济、文化背景。在我们用发展的眼光去理解和适用罪刑法定时，如果说罪刑法定主义在刑法中确立之初是为了强调保障人权，那么随着社会的发展，它的功能也在发生变迁，即在保障人权的同时也开始注重对社会的保护。绝对的成文法主义和构成要件的精确性，是早期罪刑法定主义的要求。我们的时代正在步入个人和社会利益并重的历史时期，无论是侧重强调个人本位还是侧重强调社会本位的国家都正在价值取向上趋于融合。情节犯作为一种立法模式，既提供了判断行为罪与非罪的标准，又给予法官一定的自由裁量权。情节犯满足了罪刑法定主义人权保障和社会保护的双重功能，而这两个方面的功能是相辅相成的。如果画一个犯罪圈，情节犯强调情节严重，就是缩小犯罪圈，

---

① 陈兴良：《本体刑法学》，商务印书馆 2001 年版，第 96 页。
② 参见许发民：《刑法文化与刑法现代化研究》，中国方正出版社 2001 年版，第 241—242 页。

对于犯罪圈外的人则是保障他们最大的自由度，体现了保障人权的功能；与此同时，对犯罪圈内的人处以刑罚，则体现了保护社会的功能。中国特定环境中法律文化、法律观念、刑事法律的科学性、刑事立法和刑事司法解释、司法过程等方面内容的特定性，决定了将罪刑法定主义移植到我国法律体系之中时，只有正确理解和科学对待它，而不是教条主义的理解，才能发挥其积极功效，实现刑事法治的基本要求。

罪刑法定原则以自然法理论、三权分立和心理强制理论为其理论基础，经历了绝对主义和相对主义的发展阶段，在不同的发展阶段存在不同的基本内容。西方学者提出了罪刑法定主义的四个派生原则：排斥习惯法，排斥绝对不定期刑，禁止有罪类推，禁止重法溯及既往。这是传统罪刑法定原则的内容，被称为"形式的侧面"，又被称作罪刑法定原则的"形式主义理解"。随着民主主义的高涨与对人权保障重视程度的加强，有的学者还进一步提出了明确性原则、严格解释原则、实体的正当程序原则等，即要求禁止不明确刑罚法规、禁止处罚不当罚的行为、禁止残虐刑。这被视为罪刑法定主义的"实质的侧面"，又被称作罪刑法定原则的"实质主义理解"。情节犯所招致最多的批评莫过于，由于情节犯具有"不确定性"，所以认为情节犯不符合罪刑法定主义之明确性要求，并据此认为情节犯是对罪刑法定主义的冲击。笔者认为，从古典罪刑法定的人权保障精神，到现代罪刑法定的社会保护要求来看，情节犯与罪刑法定主义都不相违背。情节犯不仅不是对罪刑法定主义的冲击，恰恰相反，情节犯的存在与罪刑法定主义是不相冲突的，甚至正是对罪刑法定主义的正确诠释。

### 2.3.2　情节犯与刑法明确性要求

法律规则的重要特征之一是其明确性。法律规则是否明确，决定着立法技术的高低和法律制度的完善程度。而情节犯中的"情节严重"在某种程度上可以说是模糊的表述。那么，这种模糊性表述是否就意味着情节犯与刑法明确性要求是相冲突的？模糊性是否就意味着缺陷？回答是否定的。

明确性（definiteness）是罪刑法定主义的派生原则之一。我国台湾地区学者林山田认为，所谓明确性原则，是指："刑事不法行为之法律条件及其法律效果之种类与程度之规定务必力求明确性，含糊不清与模棱两可之规定，应能尽量避免，而且此等明确之规定要能在行为前即已存在……违背此一原则之条款,是为无效条款,故明确性原则也可称为'不明确即无效原则'。此一原则可以说是罪刑法定原则之灵魂,它提示立法者,务必明白而确定地规定犯罪行为之'法律条件'及其'法律效果'"①。美国刑法学家在20世纪初就提出了"不明确而无效的理论"(vagueness doctrine),是指政府如果要限制人民的私人行为,所凭借的法律依据必须是意旨明白、清晰无误的规则,否则政府等于可以毫无顾忌地仰仗不受拘束的裁量权去为所欲为。据此理论,罪刑虽然是法定的,但其内容如不确定,就无法防止刑罚权的滥用,罪刑法定主义保障公民自由的目的也就无法实现。为此,刑法规范必须明确,不明确的刑法规范应该被认为是违宪无效的。20世纪70年代初期,美国佛罗里达州杰克森维尔市仍然有一条禁止游荡法规,被限制在该市活动的人包括:流民和流浪者、四处乞讨的行为放荡之人、一般赌徒、一般酗酒者、一般夜行人、无合法目的或目标四处游荡之人、惯常游手好闲之人、有工作能力但惯常依赖妻子或未成年子女生活之人……该条款最大的缺陷就在于对"游荡者"的定义过于宽泛,几乎无所不包。警方根据这条法规,将同车在市里活动的两名白人女子和两名黑人男子逮捕。此四人不服,官司一路打到美国联邦最高法院。最高法院以游荡法规违宪为由撤销下级法院不利的判决,给四人洗刷了罪名。这就是著名的1972年"帕帕克里斯多诉杰克森维尔案"。联邦最高法院在判决书中指出,杰市的市政法规与美国宪法的正当程序条款相抵触。正当程序条款见诸美国宪法第五修正案(管辖联邦政府的行为)和第十四修正案(管辖州政府的行为),规定政府剥夺人民的生命、自由和财产,必须依照法定正当程序。宪法条款需要判例加以解释。有关法定正当程序条款的判例,一般要求制定明确的规则或类似的条文,禁止政府以类推比附的技巧或制定标准、提示要素等非规则性质的立法,剥夺人民的生命、自由或财产。法官认为,一般人无从得知杰市有这样一种法规,而且即使知道也无法从定义过广的条款中清楚地辨明法规的意旨。再进一步说,这种游荡行为按现代标准根本当属无罪。道格拉斯大法官在这份由其主笔的判词里,以特有的个人风格写下如此罕见的句子:四处游荡是诗人惠特曼所讴歌的行为,……素来是怡情的人生小品,如何能以此入人于罪?判决书中指出,游荡法的规定不能明确而公允地让人知道哪种行为属于违法,它使

---

① 林山田:《刑法特论》(上),台湾三民书局1980年版,第12页。

得警方可以借此而任意对不受欢迎的人进行逮捕,违反了法治所保障的平等正义精神,应属违宪无疑。在美国宪法修正案第 5 条"正当法律程序"的影响下,日本学者团藤重光、平野龙一等人根据日本宪法第 31 条"法定程序的保障"中对于处罚的正当性的要求,提出了"实体的正当",即"刑罚法规正当"的原则。此原则的第一要义就是明确性的原则,即立法者必须具体且明确地规定刑罚法规的内容,否则该法规就违反罪刑法定主义。

  刑事法治要求刑事立法应当具备明确性的特征,据此,有学者指出,情节犯的构成要件即"情节严重"或"情节恶劣"在表面上看似十分明确,然而其内容却是不确定的,与犯罪构成主客观要件相连,却不局限于某一方面要件,而有可能是任何一方面的要件,因而它实际上属于一种模糊、笼统的概念,最后必须经过司法机关加以选择、判断、确定才能适用。除其中某些"情节"由司法解释外,其余"情节"都是由办案人员凭实践经验加以定夺,这种状况的存在在刑事立法和司法上均有很大的缺陷。该论者进一步指出,情节犯之情节的模糊性带来了其他缺陷:其一,情节犯刑事立法权的旁落。情节犯作为一种刑事立法事实,在一定程度上也反映了上述现象的存在。因为立法者虽然规定了其构成要件是"情节严重"或"情节恶劣",但这种要件的内容却是有赖于司法机关确定的,这就意味着情节犯构成要件的定义是二者共同完成的。值得注意的是,由于情节犯所涉及的是罪与非罪的界限,从根本上讲,这属于立法权要解决的问题,因此对其构成要件的评价委诸司法机关,可以说是刑事立法权的旁落,是司法权僭越立法权的表现。其二,情节犯刑事司法权的擅断。由于立法权的旁落,司法权便失去了应有的制约,罪行擅断便会乘虚而入。情节犯构成要件的概括性决定了其在认定上的任意性,往往会因司法人员的素质或能力较低而导致出入法律,随意扩大或缩小情节犯的适用范围,而且还为一些贪赃枉法之徒枉法裁判提供了可乘之机。迈耶认为,内容不确定的构成要件不可避免地导致法的类推使用,孕育刑法滥用的危险,有损刑法的完整性。可以说,情节犯的存在一日不消,这种滥用刑法的危险就会相随而生。[①] 不可否认,情节犯中的情节规定,在客观上确实存在一定的模糊性。我国 1997 年《刑法》修订的时候,立法者也已经注意到这一点,即强调行为是否具有刑事

---

[①] 参见叶高峰、史卫忠:《情节犯的反思及其立法完善》,载《法学评论》1997 年第 2 期。

违法性的界限应当是明确的,这是罪刑法定原则的要求,也是刑事违法性作为一种评价标准的价值所在。有的学者指出:"遗憾的是,在我国的刑法中,有一些规定忽视刑事违法性的明确性,有片面倚重社会危害性标准的倾向。主要表现在,由于规定的模糊性,以致在判断一些行为是否具有刑事违法性时出现很大分歧,乃至得出截然相反的结论。比如新口袋罪问题(如非法经营罪)、情节犯规定过多等。"① 但是,笔者认为刑法规范的模糊性的存在不仅是客观的,而且是必要的。在法律规定不明确的情况下,司法者可能会从两种立场出发,分别得出两种不同甚至截然相反的结论。如果从国家本位的立场出发,强调刑法的保护社会功能,可能会得出对被告人不利的结论;反之,如果基于个人主义立场,即强调刑法的人权保障功能,则应当作出有利于被告人的解释。

关于法律规范的模糊性,卢埃林指出,法律是不断变化的规则,是法官或其他官员处理案件的行为或对这种行为的预测,因而是不确定的。② 其后,英国法学家哈特也对法律规范的不明确性进行了研究并得出结论,认为法律规范具有不明确性。美国法学家博登海默也指出:"数个世纪的经验告诉我们,任何法律制度都不能也不可能达到如此之明确无误的程度。"③ 我国也有学者撰文指出,明确性是相对的,模糊性是绝对的,各有其独立存在的必然性、必要性与生存空间。在刑事立法中,既要以刑法规范的明确性为目标,又要注意利用和发挥刑法模糊性规范的积极功能,二者的协调与平衡是刑事立法的理想目标,而整合机制则是实现刑法规范的模糊性与明确性之平衡的基本途径之一。刑法规范明确性与模糊性的整合机制,是指立法者在设计刑事规范时,将刑事规范明确性与模糊性有机结合起来,扬长避短,从而确保并保持二者的平衡与和谐。④

首先,语言的模糊性和对后果缺乏预见性决定了刑法情节犯模糊性的客观存在。世界上可能没有一个国家的刑事法在文字上是无可挑剔的。语词是刑法规范的外在表现形式,而人类语词本身具有先天的局限性。这不仅表现为语词

---

① 赵秉志:《应坚持犯罪行为评价的双重标准——解析社会危害性与刑事违法性标准之争》,载《检察日报》2004年4月15日第4版。
② 参见王晨光:《法律运行中的不确定性与"错案追究制"的误区》,载《法学》1997年第3期。
③ 〔美〕E. 博登海默:《法理学、法律哲学与法律方法》,邓正来译,中国政法大学出版社1999年版,第128页。
④ 参见杨书文:《刑法规范的模糊性与明确性及其整合机制》,载《中国法学》2001年第3期。

的具体含义取决于其使用的具体语境,它是语境的一种功能;① 而且表现为任何语词,包括法律语词本身都不是精密的表意工具。博登海默指出,法律概念是人类语言而非自然客体的产物,然而人类语言的丰富程度和精妙程度还不足以反映自然现象在种类上的无限性、自然要素的组合与变化以及一个事物向另一个事物的逐渐演变过程,而这些演变具有如我们所理解的那种客观现实的特性。也就是说,无论我们的词汇是多么详尽完善、多么具有识别力,现实中始终有一些为严格和明确的语言分类所无能为力的细微差异与不规则情形。② 哈特进一步指出,语言具有空缺结构(open texture)的特征——每一个字、词组和命题在其"核心范围"内具有明确无疑的意思,但随着由核心向边缘的扩展,语言会变得越来越不确定。在一些"边缘地带",语言根本是不确定的。

其次,立法者有意用语义模糊的规则给法官执行法律时留下进退自如的空间。这可以说是立法者的一种积极的立法模式。绝对的明确性意味着绝对的僵化与刻板。甚至可以说,在某些情况下,过于追求刑法规范的明确性会适得其反,不仅没有达到罪刑法定之明确性要求,甚至使司法者无所适从,有时候又不得不借助扩张解释来解决司法实践中遇到的问题。例如,《刑法》第 263 条规定:"以暴力、胁迫或者其他方法抢劫公私财物的,处三年以上十年以下有期徒刑,并处罚金;有下列情形之一的,处十年以上有期徒刑、无期徒刑或者死刑,并处罚金或者没收财产:(一)入户抢劫的;(二)在公共交通工具上抢劫的;(三)抢劫银行或者其他金融机构的;(四)多次抢劫或者抢劫数额巨大的;(五)抢劫致人重伤、死亡的;(六)冒充军警人员抢劫的;(七)持枪抢劫的;(八)抢劫军用物资或者抢险、救灾、救济物资的。"其中,对于冒充军警人员抢劫的,将之作为加重构成要件,那么对于军警人员抢劫的,是否也可以适用加重条款呢?对于持枪抢劫的,要适用加重条款,那么对于持有手雷、炸药包等爆炸物实施抢劫的,如何适用呢?对于抢劫银行或者其他金融机构的,要适用加重条款,那么对于其中的"银行或者其他金融机构"是地点加重还是对象加重呢?所以,这些规定看起来似乎很"明确",实质上却很模糊,当司法者遇到此类案件的时候,只好再通过司法解释来解决。例如,2000 年

---

① 参见张志铭:《法律解释操作分析》,中国政法大学出版社 1999 年版,第 128 页。
② 参见〔美〕E. 博登海默:《法理学、法律哲学与法律方法》,邓正来译,中国政法大学出版社 1999 年版,第 486 页。

《最高人民法院关于审理抢劫案件具体应用法律若干问题的解释》对部分用语的含义进行了解释，其中"入户抢劫"，是指为实施抢劫行为而进入他人生活的与外界相对隔离的住所，包括封闭的院落、牧民的帐篷、渔民作为家庭生活场所的渔船、为生活租用的房屋等进行抢劫的行为；"在公共交通工具上抢劫"，既包括在从事旅客运输的各种公共汽车，大、中型出租车，火车，船只，飞机等正在运营中的机动公共交通工具上对旅客、司售、乘务人员实施的抢劫，也包括对运行途中的机动公共交通工具加以拦截后，对公共交通工具上的人员实施的抢劫；"抢劫银行或者其他金融机构"，是指抢劫银行或者其他金融机构的经营资金、有价证券和客户的资金等；抢劫正在使用中的银行或者其他金融机构的运钞车的，视为"抢劫银行或者其他金融机构"等等。所以，适度的模糊性是刑法规范保持其生存所需要的合理张力的必要条件。

再次，刑法规范模糊性的存在是保证刑法规范的稳定性所必需的。在保持刑法稳定性上，与明确的刑法规范相比，显然模糊性刑法规范更有利于使刑法保持完整持久。在我国刑法中存在大量的行政犯，这些犯罪的成立依赖于相对应的行政性、经济性法规，而这些法规的政策性很强，它们经常由于经济的发展变化和政策性调整而处于变动之中，所以调整、补充、修改成为其基本特征。这通常表现为某一违法类型随着时间变迁，其中一部分合法化，或有新的行为方式增列入此一违法类型。所以，有学者指出，如果刑事立法只追求短期效应，将某类违反行政性、经济性法规的行为犯罪化时，采用完全刑法（表现为叙明罪状）立法方式，遇有下列情形即较为尴尬：同一罪名（指具体罪名）下，立法时认为犯罪的行为随形势发展，一部分在行政性、经济性法规调整后合法化，或行政性、经济性法规调整后增列了同类新的违法行为，而对其情节严重的亦应治罪的。刑法会因稳定性需要而对此类情形反应迟钝，从而显得滞后，导致该非犯罪化的行为未被及时被刑法剔去，该犯罪化的行为未及时吸入刑法。[①] 而刑法规范必要的模糊性则以概括的方式只规定违反哪类法规及罪名和法定刑，使立法富于弹性，既具短期效应，又具长期效应，既能应付现阶段出现的犯罪情况，又能适应未来之发展，满足了刑事立法超前的需要，从而保

---

① 参见张宝华：《空白刑法·明确性·稳定性——兼及刑法修改对空白刑法态度之探讨》，http://www.hicourt.gov.cn/theory/artilce_list.asp? id=742&l_class=2。

持了刑法的相对稳定性。这正如有学者指出的那样：目前，我国正处于转轨时期，作为刑法调整对象的社会关系表现出明确的变动性、复合性与错综性等特点，刑事立法既要保持刑法规范的权威性与稳定性，又要尽量避免出现刑法真空。如何处理这个矛盾？刑法规范的模糊性恰好为立法者提供了一个重要解决方案。因为具有模糊性的刑法规范可以最大限度地将社会变革中已经存在或将要出现的须予以刑法规制的社会关系纳入刑法的调整范围之内，从而保障社会变革的顺利、有序进行。[①]

最后，立法者的预见能力的局限性和社会发展变化之间的矛盾决定了任何刑事立法所谓"明确性"都只能是相对的，而模糊性才是绝对的。诚如我国著名刑法学家高铭暄教授指出的那样："对于那些经验不成熟的，没有把握的，先不给予规定"；"逐项列举很不容易列举得全，如果解释不好，反而弊多利少"[②]。现代社会生活的复杂性对刑事法律提出了许多不同类型的要求；同时，面对这种复杂性，刑事法律也表现出其不可避免的局限性。换言之，现代社会中的刑事法律既不是只有一种使命和职能，也不是无所不在、无所不能的。如何认识刑事法律在现代社会中的功能、力量与限度，了解中国社会今天正在建立的刑事法律制度对这个社会及生活于其中的人民可能具有什么样的意义，是每一个刑事法治论者都必须关注的问题。情节犯的存在，正是在这种思想指导下的两全选择的结果。我国台湾地区学者林山田先生曾经针对刑法规范模糊性指出，这种表面上明确，但实质上却不明确之刑法条款，其"构成要件即欠缺明确性"。但是，笔者认为，情节本身的内容确有其模糊的一面，但是这种模糊不等于情节犯的构成要件也具有模糊性，因为情节犯的构成与其他犯罪类型的构成一样，其基本要件都是明确的，这并未给司法留下难以捉摸的难题。因此，有学者指出，社会生活的丰富和无限使得法律规则永远处于新的语境之中，语言词汇的明确内核与模糊边缘也是法律规则永远处于一种明确与模糊的转换和张力之中的原因，因此法律规则在任何一个新的案件中总是同时具有明确性和模糊性。发现特别是运用法律规则的明确性和模糊性恰恰是法律实践中最有意思、最令人心动和陶醉、最具有创造性的地方。高明的律师和法官绝对

---

[①] 参见杨书文：《复合罪过形式论纲》，中国法制出版社2004年版，第167页。
[②] 高铭暄：《中华人民共和国刑法的孕育和诞生》，法律出版社1981年版，第19—20页。

不会为模糊性的存在而灰心丧气，反而会由衷地欢迎其出现，从而进入具有挑战性的创新过程。①

此外，正如有学者指出的那样，无论是"明确性"还是"模糊性"，都有其独特的存在价值与功用。比如，就价值取向而言，如果说刑法规范的明确性旨在限制刑罚权的运用与法官的自由裁量权，着重体现刑法的人权保障功能，那么刑法规范的模糊性则有利于推动刑罚权的运用，重在体现刑法的社会保护功能。人权保障固然重要，社会保护同样不可轻视。特别是在社会治安形势比较严峻，各类犯罪特别是有组织犯罪、跨国犯罪日趋严重的形势下，适度设立一些空白罪状或者柔软的、概括性的规定，即所谓"规范性的构成要件""开放的构成要件"，对于强化刑法的适时性、灵活性和超前性是很有必要的。②甚至有些学者主张经济刑法的立法者应有意识地定出一些界限不明确的行为构成要件，而使潜伏着的犯罪行为人不能明确地知道刑罚的范围，在这种情况下，可使具有犯罪意图的行为止于合法的领域里。③ 这就是说，模糊性所具有的"可以有效地严密刑事法网、严格刑事责任"的特殊功用有时恰恰是立法者所需要而"明确性"所不具备的。*

## 2.4 罪刑均衡视野中的情节犯

### 2.4.1 罪刑均衡的基本价值蕴含

我国《刑法》第 5 条规定："刑罚的轻重，应当与犯罪分子所犯罪行和承担的刑事责任相适应。"这就是通常所说的罪刑均衡原则。罪刑均衡原则，又

---

① 参见王晨光：《法律规则的明确性与模糊性》，载《法制日报》2003 年 2 月 24 日。
② 参见杨书文：《刑法规范之模糊性探源》，http://www.cncid.cn/article/printpage.asp?ArticleID=506。
③ 参见林山田：《经济犯罪与经济刑法》，台北三民书局 1981 年版，第 103 页。
* 有人曾提出，1997 年《刑法》和 1979 年《刑法》相比，情节犯在增加，那么你认为在《刑法》修订过程中是要增加情节犯还是要增加一些明确性？
笔者认为，由于情节犯本身也是存在变化的，例如偷税罪、抗税罪，1979 年《刑法》规定的是情节犯，1997 年《刑法》则分别改变为数额犯和行为犯，所以上述问题的核心取决于立法者对社会矛盾冲突以及行为的认识程度。因此，没有必要刻意去追求两种模式。当然，刑法明确性始终应当是立法者追求的价值目标。

称"罪刑相当原则""罪刑相适应原则",是指刑罚的轻重应当与犯罪的社会危害性相适应,刑罚的轻重应与犯罪人的人身危险性相适应。其基本含义是:罪轻规定轻刑、轻判,罪重规定重刑、重判,罪刑相当则罚当其罪。正确适用这一原则,必须以行为的社会危害性为基础,并适当考虑行为人的人身危险性。罪刑均衡原则一方面保证行为人的权利不受超越其罪责程度的干预和剥夺,另一方面也可以使社会公众认为实现了社会正义,体现了刑罚公正和正义的基本要求。这一原则是犯罪与刑罚之间关系的调节器,在量刑中准确适用就能够达成刑罚惩罚犯罪及社会预防之双重目的。罪刑关系经历了长期的历史发展,从血亲复仇到同态复仇,又进一步发展成为罪刑均衡思想,追求合理的罪刑关系。从反映朴素的公正观念到现代社会的探求功利刑罚的合理界限,从古典学派基于犯罪行为的研究到近代学派对人身危险表征的探求说明,使犯罪与刑罚之间的关系趋向公正合理的理想状况,这种追求自身有着很高的社会价值。罪刑均衡的价值蕴含至少应当包括两大方面:

首先,罪刑均衡的社会伦理维护作用。实现罪刑的合理关系,追求罪刑的均衡关系,根源于人天生的追求平等的深刻情感特性。实现罪刑均衡能够满足人的这种情感要求。这种天生的追求对等性的本能体现了人类对公正追求的朴素情感,是人类追求公正性价值的最原始表现。19世纪英国著名刑法史家詹姆斯·斯蒂芬说,报复情感之于刑法与性欲之于婚姻具有同样重要的关系,对犯罪处以刑罚是普通冲动的合法发泄方式。如果不能对犯罪予以相应的刑罚,那么就会践踏人类这种追求公正的朴素情感,从而无法实现刑法的公正价值。这种朴素的对平等和公正的要求也是社会伦理(社会正义)的核心内容。每一个社会都有其特定的价值体系,而实现与当时社会价值观念相对应的以平等和公正为内容的社会正义也是社会价值体系得以维系、现实社会结构能够存在的依据。而正义不仅仅是抽象的正义,应该说,正义在任何一种社会体系中都有特定的数量内容,以人们心目中存在的此物与彼物的一定比例关系为标准。正义的这种比例关系具体表现为:平等交换,包括等利交换和等害交换。等利交换指的是一定量的利换取另一定量的利,如合法的市场交易等便是;而等害交换则指的是一定量的害换取另一定量的害。被认为是破译法律产生的密码本的《圣经》相当推崇等害交换的原则:"若有别害,就要以命偿命,以眼还眼,以牙还牙,以手还手,以脚还脚,以烙还烙,以伤还伤,以打还打。"罪刑均衡对社会伦理的维持作用就表现了实现正义所要求的等害交换。以国家的强权为后盾,对实施侵害行为的个体施加相应的刑罚,这种由国家施加的刑罚给实施侵害行为的个体带来了与其实施的侵害相对应的侵害,从而满足了遭受侵害的个体或者其亲属的报应情感,在他们及社会公众看来,社会正义实现了,从而在其内心产生了对社会正义的确信。因此,立足于一定的社会价值观念基础之上的公正合理的犯罪与刑罚之间的关系能够产生社会伦理维持作用。

其次,罪刑均衡具有保障人权的作用。由于犯罪是个人的反社会行为,而刑罚是具有法定刑罚权的国家以社会名义对犯罪作出的反应,因而罪刑均衡就含有限制刑罚权的意蕴。就此而言,罪刑均衡与罪刑法定具有共同的价值内容。罪刑法定不仅要求在立法上明确规定犯罪和刑罚以限制任意出罪入罪,更要规定合理的犯罪与刑罚的比例关系以防止犯罪与刑罚比例严重不对称。罪刑均衡原则要求立法上规定合理的刑罚范围,从而把国家的刑罚权限制在一个合理公正的范围之内,禁止与犯罪相比较过于严厉的,特别是过于残酷的刑罚,保证国民不受过分严厉乃至严酷刑罚的危害。在奴隶社会、封建社会,崇尚"刑不可知,则威不可测",统治者恣意擅断罪刑,严刑峻法。刑罚成为统治者恐吓、镇压、专断的工具。为了反对不公正的封建刑法,实现刑法上的正义和公平,保障人权,资产阶级启蒙思想家基于自由、平等、博爱的思想,极力倡导罪刑均衡观念。国家只有在必要的时候才能行使罪刑罚权,而且刑罚应与犯罪相适应。"处罚每一种犯罪的程度和轻重,以是否足以使罪犯觉得不值得犯罪,使他知道悔悟,并且警戒别人不犯同样的罪行而定。"① 国家应尽量适用轻刑,不用酷刑,不到万不得已,不得动用死刑,"除去只是那些腐败到足威胁到全体的生命和安全的部分;否则任何严峻的刑罚都是不合法的。"② 孟德斯鸠认为,公民的精神是受刑法的精神影响的,刑法的精神应该体现宽和,"治理人类不要用极端的方法;我们对于自然所给予我们领导人类的手段,应该谨慎地使用"③。

---

① 〔英〕洛克:《政府论》(下篇),叶启芳、瞿菊农译,商务印书馆1964年版,第108页。
② 〔英〕霍布斯:《利维坦》,黎思复、黎廷弼译,商务印书馆1985年版,第105页。
③ 〔法〕孟德斯鸠:《论法的精神》(上册),张雁深译,商务印书馆1993年版,第85页。

### 2.4.2 罪刑均衡价值在情节犯中的体现

犯罪情节对于定罪与量刑都有重大影响，对于实现罪刑均衡也同样产生重大影响。由于我国以往在刑事立法中奉行宁粗勿细、宁疏忽密的原则，因而刑法条文粗疏之处所在多有。刑法条文的粗疏，严重地影响了司法机关正确地适用刑法。为给司法机关定罪量刑提供一套严密的规范体系，在刑事立法上使犯罪情节细密化就显得十分重要。陈兴良教授指出，犯罪情节的细密化有以下两个方面的内容：第一，减少模糊性，增加确切性。现行《刑法》大量采用情节严重、情节较轻这样一些缺乏确切内容的规定。这些规定虽然赋予司法机关较大的自由裁量权，以便于灵活掌握，但这种模糊规定也极易使量刑失去统一的标准，由于法官对各种情节的不同理解而造成量刑上的偏差。因此，立法机关应当及时总结司法实践经验，更多地采用列举性规定，增加犯罪情节的确切性，便于司法机关一体遵守。第二，减少酌定性，增加法定性。量刑情节有酌定情节与法定情节之分，两者相比较，法定情节由于是立法者认可并明文规定的，对于法官量刑更有制约性；而酌定情节由于法无明文规定，因而在适用上具有一定的随意性。论者认为，在条件成熟以后，应当尽可能地把那些较为定型的酌定情节予以法定化。应当说，量刑情节的法定化，也是各国刑法发展的共同趋势。[①] 从表面上看，情节犯的存在似乎与上述观点刚好相违背。如果从实质的角度出发，笔者认为，情节犯是有利于实现罪刑均衡的价值观念的。首先，在基本情节犯中，情节严重的要求具有概括性的特点，方便司法者根据案件的具体情节，决定适用与之最相适应的刑罚；其次，在情节加重犯或者情节减轻犯中，就更体现了立法者追求罪刑均衡的价值目标。如前文所述，无论是在情节加重犯还是情节减轻犯中，立法者根据加重情节或者减轻情节来决定刑罚的适用。从国外刑事立法来看，例如日本在对刑法进行全面修改的过程中，

---

[①] 参见陈兴良：《刑法的价值构造》，中国人民大学出版社1998年版，第667页。

也提出了关于设定刑罚量定基准的建议。① 尽管酌定情节法定化以及情节具体化的立法模式，可以为罪刑均衡的实现提供法律保障，但是我们也应该看到，情节犯本身的灵活性实际上更有利于在千差万别的案件中实现罪刑均衡。

从基本的刑法理论上看，一方面，一个国家的物质生活条件体现的经济基础、政治、法律体制等因素会影响到罪刑均衡的实现，我们可以将这些因素称为"宏观因素"。由于时代的变迁、社会的发展甚至体制的调整，国家对同一行为的评价会发生转变。即使对行为性质的判断没有变化，对其处罚可能也会发生变化。另一方面，每个案件的发生都有特定的犯罪行为及其存在的时空条件、动机、目的、对象、地域、认罪悔罪态度等因素，甚至有特定的社会背景。所有这些对行为的社会危害性以及行为人的人身危害性都会产生影响，我们可以称之为"微观因素"。情节犯内容的概括性和可变性适应了罪刑均衡的基本价值理念，既有利于对人权的保障，又有利于对社会的保护。那些对社会危害性产生各种影响的事实因素总是处于不断的变动之中，从国家本位的基本立场出发，对"情节严重"的危害行为的判断和评价标准仍然可以在保证法律稳定性的基础上作出罪刑均衡的价值评判；而从个人权利本位出发，对"情节严重"的内容判断则可以从保障人权的角度作出符合罪刑均衡的价值考量。因此，可以说，情节犯与我国刑法中罪刑均衡的基本价值理念是具有内在关联性的，而且情节犯在某种意义上保证了罪刑均衡的功能性蕴含得以实现，它是罪刑均衡在立法和司法上的体现。

此外，从对广义的情节犯概念的考察来看，情节减轻犯、情节加重犯和情节特别加重犯更体现了情节犯对于罪刑均衡的价值意义。

---

① 量刑基准的立法化始于1931年的刑法修改试案，该试案列举了单就量刑而言应被考虑的8个项目的情节。1961年的刑法修改准备草案17条提出了量刑的一般基准。1974年的刑法修改草案48条也大致蹈袭了试案47条。草案48条展示了关于刑罚适用的一般基准，该条第1项规定："刑罚必须对应于犯人的责任加量定"，明确表示将"犯人的责任"作为量刑基准而给予最大的重视。接着，第2项规定："在适用刑罚时，必须考虑犯人的年龄、性格、经历和环境、犯罪的动机、方法、结果及对社会的影响、犯罪后犯人的态度及其他情况，必须以有利于犯罪的抑制和犯人的改恶从善及更生为目的"，明确提出了刑罚适用应加进关于一般预防、特别预防的刑事政策的目的的考虑。参见〔日〕曾根威彦：《量刑基准》，载苏惠渔等：《中日刑事法若干问题——中日刑事法学术讨论会论文集》，上海人民出版社1992年版，第51—52页。

### 2.4.3 情节犯与刑法谦抑性要求

德国刑法学家耶林说:"刑罚如两刃之剑,用之不得其当,则国家与个人两受其害。"[①] 正因为如此,刑法的谦抑性原则才备受瞩目。所谓刑法的谦抑性,日本学者平野龙一曾概括为:"即使行为侵害或威胁了他人的生活利益,也不是必须直接动用刑法。可能的话,采取其他社会统制手段才是理想的。可以说,只有在其他社会手段不充分时,或者其他社会统制手段过于强烈,有代之以刑罚的必要时,才可以动用刑罚。"这提醒我们,在进行刑事立法时,应严格抑制刑罚适用的范围,全面考虑行为的性质、代替刑罚的手段、处罚的目的与效果等方面的因素,来决定是否将某种行为作为犯罪处罚以及处罚的前提条件。而情节犯的规定,显然与此原则的精神不相符合,它轻易地把刑罚处罚的范围"寄挂"在一个伸缩性很大的"情节严重"上,实则是推卸立法时本应有的全面、慎重、细致地选择处罚对象,尽可能节约刑罚使用的职责,忽视了其他社会措施在控制违法犯罪中的作用。谦抑性原则,又称"必要性原则",指立法机关只有在该规范确属必不可少——没有可以代替刑罚的其他适当方法存在的条件下,才能将某种违反法秩序的行为设定成犯罪行为。

一般而言,下列情况下没有设置刑事立法的必要:其一,刑罚无效果。也就是说,假如将某种行为设定为犯罪行为后,仍然不能达到预防与控制该项犯罪行为的效果,则该项立法无可行性。其二,可以他法替代。如果某项刑法规范的禁止性内容可以用民事、商事、经济或其他行政处分手段来有效控制和防范,则该项刑事立法可谓无必要性。英国哲学家边沁有一句名言,称"温和的法律能使一个民族的生活方式具有人性;政府的精神会在公民中间得到尊重"。这句话可谓刑法之所以要奉行谦抑性原则的法哲学基本理论。因此,那种将人民群众的违法行为动辄规定为犯罪的立法法,不是立法在民的表现,殊不可取。其三,无效益。即立法、司法与执法的耗出要大于其所得收益。西方国家有"不合格磅秤罪"的规定,这在中国显然会"无效益"。"实在说,在中国这样人口众多的国家,对'不合格磅秤'行为,即便逐一施以一般违法处分,都

---

[①] 转引自林山田:《刑罚学》,台湾商务印书馆1985年版,第127页。

无效益,更甭说将其设定为刑事犯罪行为了。"①

　　谦抑性原则主要发生于刑事立法环节。立法过程中,的确存在当刑事立法与民商或经济行政立法"等效"时,即不作刑法设置的"谦抑性"立法选择。对情节犯来说,情节是否严重(或是否恶劣)是区分罪与非罪的标准之一。而判断情节是否严重(或是否恶劣)的过程就是进行社会危害性评价的过程,评价的结果是刑事违法性的有无。由此可见,判断情节是否严重(或是否恶劣)以区分情节犯之罪与非罪的过程,也是社会危害性与刑事违法性评价标准相结合发挥作用的过程。大量情节犯在我国立法上的存在,就是表明立法者要从犯罪圈上控制犯罪,把大量轻微的危害社会的行为排除于犯罪圈之外,这也是刑法效益观的立法体现。因此,情节犯的存在与刑法谦抑性的价值观是一脉相承的。

　　刑法谦抑性作为一种价值观念,虽然主要存在于刑事立法过程中,但是同时还应该存在于刑事司法和执法过程中。情节犯的立法模式对定罪中的定量问题作了概括性规定,其他问题交给司法者,司法者在对行为定性时必然要考虑到刑法谦抑性问题。然而,在司法、执法环节,当民商、经济及刑事立法均对某种行为作出相关规定时,假若某行为因其危害程度严重,不仅触犯了有关民商或经济法规范,而且触犯了刑法规范,司法机关就不能以刑法谦抑性为借口,不适用刑法而仅适用民商法或经济法,甚至以"罚"(非刑罚措施)代"刑"(刑罚措施)。这就要求我们在考虑尽量避免使用刑法规范的同时,还要考虑刑法的张力,这样才能真正发挥刑法的双重功能。而情节犯的规定,就是一方面将那些危害社会程度相对较轻的行为非犯罪化,另一方面使那些严重危害社会的行为无法逃避刑罚的制裁。

## 2.5　本 章 小 结

　　在我国提出"依法治国"的今天,刑事法治作为依法治国最重要的内容之一,应当受到应有的重视。刑事政策、罪刑法定和罪刑均衡都在不同程度上折射出刑事法治的内涵、精神和范畴。我国刑法中情节犯制度的设置,从刑事政

---

　　① 屈学武:《刑法谦抑性原则的正确解读及其适用》,载《光明日报》2003 年 11 月 4 日理论版。

策的精神和内容上看，与我国基本刑事政策一脉相承，可以说是我国刑事政策法治化的集中体现和重要途径。情节犯自身表述上的模糊性不可避免，"书不尽言，言不尽意"乃是整个人类社会普遍存在并且无法解决的问题。刑法明确性的要求不能过分，模糊性的法律语言同样具有刑事法治价值内涵。刑事法治内容的实现，以及在保护社会和保障人权的价值冲突中以谁为主导或者并重的取向，并不在于刑法规范表述上的明确性和模糊性的差异，而在于我们以什么样的价值观作为运用法律的逻辑起点。再明确的法律也可能被不正确的观念利用，侵犯人权的危险并不因为刑法规范的明确性而消除，更何况"明确性"只能是我们追求而无法达到的海市蜃楼，"水至清则无鱼"的生活道理同样适用于刑事法治追求的基本价值理念。因为刑事法治的内涵并不只是高高在上的、抽象的、无生活背景的知识体系。刑法中的情节犯符合我国刑法的罪刑法定主义精神，并且满足刑法谦抑性的要求。情节犯尤其是情节加重犯、情节减轻犯和情节特别加重犯的存在，使罪刑均衡的价值理念得以在立法上体现并在司法中正确贯彻执行。所以，在刑事法治背景下存在的情节犯有其特定的意义和价值。

# 第 3 章

## 情节犯价值论

"价值"一词，古已有之，含义丰富。按照马克思的说法，"'价值'这个普遍的概念是从人们对待满足他们需要的外界物的关系中产生的"[①]。价值问题是人的每一个认识活动的动力因素，推动实践和认识不断深化的根本因素是人的需要的不断发展。对于价值的含义，哲学家、经济学家和法学家们都孜孜以求，但是各种理论家们并没有就此达成关于价值定义一致的概念。笔者认为，无论是哪一种对价值的定义，都离不开价值的本质属性，即价值是主体需要与客体属性之间的一种关系性范畴，是客体属性满足主体需要的关系。从价值的这个本质属性出发，笔者认为，情节犯的价值就在于立法者和司法者与情节犯的认知和需要以及情节犯自身属性之间的关系性问题。情节犯无论在立法立场还是司法立场上，都有其特定的价值。

## 3.1 情节犯的立法价值

### 3.1.1 情节犯存在的必要性

纵观世界各国刑事立法，纯粹以"情节严重"或者"情节恶劣"认定犯罪成立或者犯罪既遂的立法例并不多见。鉴于此，我国刑法学界有些学者提出，应当借鉴大陆法系例如德国、日本、法国等国家的刑事立法模式，考虑在我国取消情节犯的立法例。笔者从来不反对"拿来主义"，对于国外先进的立法模式和立法经验应该加以借鉴，为我所用，也唯有如此，我们才可以进步和超越。但是，与此同时，笔者也从来不赞成那种认为"国外怎么样我们就应该怎么样"的"照单全收"的单一思维模式。因为我们有我们的国情、我们的法律运行背景、我们的法律体系和我们的司法体制。国家本位即国家占主导地位的犯罪观念、法律体系结构和刑法自身的体系构造等因素，决定了在我国刑事法

---

① 《马克思恩格斯全集》第19卷，人民出版社1963年版，第406页。

治条件下，情节犯具有实质的合理性。对情节犯持完全否定的态度是不可取的，简单地认为应当在我国取消情节犯的做法断不可行。我国刑法规定情节犯具有其必然性。

**（一）情节犯在我国刑法中大量存在，是由我国刑事立法以马克思主义犯罪观为指导并强调犯罪由"质"和"量"相结合所决定的**

马克思主义经典作家认为："蔑视社会秩序的最明显最极端的表现就是犯罪。"[①] 根据这一指导思想，我国《刑法》第13条规定："一切危害国家主权、领土完整和安全、分裂国家、颠覆人民民主专政的政权和推翻社会主义制度，破坏社会秩序和经济秩序，侵犯国有财产或者劳动群众集体所有的财产，侵犯公民私人所有的财产、侵犯公民的人身权利、民主权利和其他权利，以及其他危害社会的行为，依照法律应当受刑罚处罚的，都是犯罪，但是情节显著轻微危害不大的，不认为是犯罪。"这一但书规定，表明立法上明确了犯罪是定性和定量的统一。理论上，我国大多数学者也强调犯罪的本质特征是行为的严重社会危害性，犯罪的法律特征是行为的刑事违法性。行为的严重社会危害性，意味着犯罪在"质"上是危害社会的行为，在"量"上是危害严重的行为，是质和量的统一。这种犯罪概念的存在，是我国刑法中情节犯大量存在的前提条件。

**（二）情节犯在我国刑法中大量存在，是由我国刑法运行的基本环境和背景所决定的**

情节犯在我国第一部刑法典中大量存在，绝非偶然，而是有着特定的时代背景和思想基础。针对新中国第一部刑法中存在大量情节犯的现象，陈兴良教授指出："情节犯的规定是不得已的，是立法粗疏的一种表现。"[②] "宁疏勿密"或者"宜粗不宜细"原则，作为当时所奉行的刑事立法指导思想，深深地影响着情节犯的规定，可以说是其诞生的思想根源。具体来说，社会生活纷繁复杂，犯罪现象千差万别、形式多样，且我国地广人多，各地风貌很不相同，用具体的规定无法概括可能发生的各种情节严重的情况，"不能预见所有犯罪情况，而又无法具体规定"。因此，用"情节严重"的综合性规定，可以避免有

---

① 《马克思恩格斯全集》第2卷，人民出版社1963年版，第416页。
② 陈兴良主编：《刑法各论的一般原理》，内蒙古大学出版社1992年版，第33页。

的严重危害行为漏脱刑罚的惩处。对于这一点,有学者批评指出,实际上,这种观点是不全面的。这种观点仅看到规定"情节严重"作为构成某种具体犯罪的要件,可以避免各种严重危害行为漏脱刑罚惩处的一面,但却忽略了"情节严重""情节恶劣"的抽象概念内容具有不确定性和伸缩性大、标准难以把握这一面。把"情节严重""情节恶劣"交给法官自由裁量,随意性大,有可能把一些危害并不严重的行为当作"情节严重"而认定为犯罪,从而导致混淆罪与非罪的界限,这种情况已为司法实践所证明。某种行为是否达到严重危害社会的程度,是否构成犯罪,应当以法律明文规定的具体标准和条件来认定。如果对某种行为是否构成犯罪,法律未规定具体的衡量标准,就不能认为是犯罪,更不能用刑罚惩罚,而应该采用行政等其他手段来处置,只有这样才能做到准确打击犯罪、保护人民,才符合罪刑法定原则。① 笔者认为,这种观点实际上从严格罪刑法定主义出发,侧重强调刑法的人权保障功能,而弱化甚至忽视刑法的社会保护功能。该论者所提出的观点,只能是一种海市蜃楼式的美好愿望,况且过于追求刑法规定的明确性,会导致"水至清则无鱼"的法律后果。即最后既没有保障好人权,也没有保护好社会。

**(三)情节犯在我国刑法中大量存在,是由我国刑法的犯罪构成理论决定的**

毫无疑问,在任何国家,都不可能把任何危害社会的行为都界定为犯罪。大陆法系国家刑法理论依据"可罚的违法性理论",对轻微行为作是否具有实质的、可罚的违法性判断。按照这一理论,某些行为在外观上具备刑法规定的犯罪构成要件,但因为欠缺该当构成要件所预想的可罚性程度的违法性作为根据,而否定该行为具备构成要件该当性。当然,也有的学者提出,轻微行为由于不具备刑罚的相当性,因而不应当发动刑罚,不能将轻微行为作为犯罪处理。例如,在日本,不是通过刑法本身的规定而是通过司法实际处理的途径,将一些轻微行为排除在犯罪之外。因此,可以说,其刑法尽管没有规定侵犯财产犯罪要达到一定情节标准,但是其司法实践对于财产犯罪仍然是要求具备一定的情节的。

以德国为例,按照《德意志联邦共和国刑法典》的规定,财产犯罪和经济

---

① 参见叶高峰、史卫忠:《情节犯的反思及其立法完善》,载《法学评论》1997年第2期。

犯罪也没有明确要求以情节为构成条件。但是，德国的法律规定与司法实践中同样存在将轻微的侵犯财产的行为或者经济违法行为不作为犯罪处理的现象。与日本不同的是，在德国，一般采取以下三种方法将罪与非罪进行区分：[①] 一种是边缘构成加酌定起诉的方法；一种是轻微行为不处罚的方法；另一种则是谅解和协商的方法。其中，边缘构成加酌定起诉的方法在德国的司法实践中对于将轻微行为作非罪处理发挥了极大的作用。所谓边缘构成加酌定起诉的方法，是指在刑法典中规定一种罪与非罪的边缘构成，在刑事诉讼法中设立适用这一构成时的起诉制度，将两者有机结合起来，通过司法实践解决罪与非罪界限的一种方法。例如，《德意志联邦共和国刑法典》第248条a就规定："在第242条和第246条案件中盗窃和贪污轻微财产的，告诉的才处理；但是刑事追诉机关因为特殊的公共利益认为应当主动进行干预的除外。"该规定不仅适用于盗窃罪、贪污罪，而且也适用于诈骗罪、电信诈骗罪、背信罪等财产犯罪。检察机关可以根据《刑事诉讼法》第153条和第153条a的规定，对于没有规定最低自由刑的轻罪，如轻微盗窃罪、轻微贪污罪等，不经法院同意而终止追诉。这两条避免刑事诉讼的途径具有巨大的、越来越重要的实践意义。即使在检察机构提起公诉之后，法院在同等条件下，经检察机关和被告人同意的，同样可以终止诉讼程序。同时，《刑事诉讼法》第153条和第153条a关于轻微犯罪的处理规定，因（根据两德统一条约）联邦德国仍然有效的1990年9月13日《乡镇仲裁处法》而得到补充。根据该法第40条的规定，如果有望通过非诉讼手段结案，尤其是以赔偿或者犯罪人与被害人和解的方式结案，且不提起公诉也不违背国家利益的，检察院可将情节轻微的案件委托仲裁处处理。如此规定的目的不是鼓励告诉，相反，是希望这种案件"以民事或非诉讼途径解决"。那么，什么标准的案件才是轻微的案件，而不作为犯罪处理呢？换言之，经济犯罪或者财产犯罪损失多大的情节可以作为非罪对待？根据德国近几年的司法实践，对德国检察机关近几年撤销案件的损失情节进行统计，作撤销案件处理的经济犯罪的损失情节大致是：有61.1%的案件，其每件损害情节在1000马克以下；有19.8%的案件，其每件损失情节在2000马克至5000马克左右；有5.1%的案件，其每件损失情节在6000马克至10000马克之间；还

---

[①] 参见王世洲：《德国经济犯罪与经济刑法研究》，北京大学出版社1999年版，第170页。

有 3.8% 的案件，其每件损失情节在 10000 马克至 20000 马克之间以及在 21000 马克至 30000 马克之间。可见，在德国作撤销案件处理的轻微案件的损失标准大致平均为 4000 马克至 6000 马克左右。① 这说明，事实上，德国的经济犯罪和财产犯罪是存在情节标准的，只是在其刑法典上没有作出明文规定而已。从日本、德国的情况看，尽管它们在刑法上都没有明确财产犯罪或者经济犯罪必须达到一定的情节标准才纳入犯罪处理，但是其司法实践仍然对财产犯罪或者经济犯罪作出一定的情节要求。这说明，日本、德国对于轻微行为采取"立法定性，司法定量"的处理模式，尽管凡是侵犯财产、破坏经济的行为在刑法典中都规定为犯罪，但是司法机关有权根据一定的情节数量将之作为非罪对待。与日本、德国不同，我国刑法采取的是"立法定性又定量"的模式，明确将一定的情节作为某些财产犯罪或者经济犯罪的成立条件，也就是将认定行为罪与非罪的界限直接在刑法上作出规定，司法机关只能根据刑法规定的罪与非罪的界限进行处理。我国虽然与日本、德国等国家采取了不同的立法模式，但是最终的结果或者目的是相同的，即都是将情节不大的或者损失较小的侵犯财产或者破坏经济的行为不作为犯罪对待。因此，笔者认为，如果以国外刑法上对财产犯罪或者经济犯罪没有明确情节的要求为理由，批评我国刑法上的情节犯存在的合理性，除了具有刑法立法模式上的比较意义外，并没有实质的意义。

既然中外都存在将轻微的行为不作为犯罪对待的情况，那么为什么我国要在刑法上设定情节来划分罪与非罪，国外却不在刑法上作规定而是将情节问题交由司法机关来解决？这是一个十分复杂的、需要深入研究的问题。对此，笔者将在"情节犯与犯罪构成"一章中专门论述。

**（四）刑法中适当适用"情节严重"的模糊概念是必要的和不可避免的**②

哈特就曾经站在新分析实证主义法学的立场上对法律模糊性问题作出判断，认为："对于什么是法律这一问题而言，除了一些明确的标准情况之外，还存在一些模糊的情况。"③ 而富勒则从另外一个角度出发，认为法的明确性要求是需要的，但是不能过分要求法的明确性，这甚至是有害的。他指出，对

---

① 参见王世洲：《德国经济犯罪与经济刑法研究》，北京大学出版社 1999 年版，第 173—174 页。
② 参见张明楷：《论刑法分则中作为构成要件的"情节严重"》，载《法商研究》1995 年第 1 期。
③ 〔英〕哈特：《法律的概念》，张文显等译，中国大百科全书出版社 1996 年版，第 4 页。

于法律的明确性要求不能过分，一种华而不实的明确性可能比老老实实的含糊不清更加有害。因此，可以说，我国刑法中情节犯之"情节严重"反映出法的模糊性是绝对的，而法的明确性是其相对的基本属性。

**（五）情节犯在我国刑法中大量存在，是由我国刑事制裁体系决定的**

我国对于危害社会的行为采取刑罚和治安处罚二级制裁体系，不同的制裁针对不同程度的社会危害性行为。情节犯中"情节严重（情节恶劣）"的要求就适应了我国递进式制裁体系，体现出我国法律制裁体系的特点。在我国的法律体系中，存在调整对象相同，仅仅因为危害社会的程度不同而适用不同处罚方式的情况。例如，我国《治安管理处罚法》第 2 条规定："扰乱公共秩序，妨害公共安全，侵犯人身权利、财产权利，妨害社会管理，具有社会危害性，依照《中华人民共和国刑法》的规定构成犯罪的，依法追究刑事责任；尚不够刑事处罚的，由公安机关依照本法给予治安管理处罚。"所以，情节犯的存在在形式和实质上都与其他法律规定相衔接，体现并保持了法律体系的统一性。

**（六）情节犯在我国刑法中大量存在，是因为其具有适应性大的特点，便于司法机关打击犯罪，同时也是给予法官自由裁量权限的需要**

对于法官而言，拥有一定的自由裁量权限是合理的，也是必要的。这对法官的素质提出了更高的要求。[①] 从我国的实际情况来看，由于不同司法人员业务水平、法律意识、社会经验、道德品质等的不同，对于同一条文的理解可能存在很大的差异。法官的素质也参差不齐。但是，我们也应该看到，这些年来，这些情况正在一步步得到改善。我们应当相信我们的法官。同时，大量情节犯的存在反过来又促使执法者不断地思考问题，提升自身的业务素质，对于改变长期以来所形成的依赖思想——很多任务等待立法者去执行将产生积极的促进作用。自始至终参与刑法起草工作的新中国著名刑法学家高铭暄教授在解释为什么有不少条文在叙述犯罪构成时，用了"情节严重"等比较笼统的词汇时说，这主要是考虑到条文规定得过细过死，缺乏必要的灵活性，反而容易发

---

① 我国刑法学界有学者概括认为，法律要得到正确的理解与执行，法官主要应当具备以下素质：(1) 法律条文的含义以及立法精神、立法意旨能为法官所正确理解；(2) 法官能公正评价犯罪行为的社会危害性和犯罪分子的主观恶性，从本质上看问题；(3) 法官能以对国家、法律、人民负责的态度无私地适用法律；(4) 所有法官都能有同样高的政治、业务素质、政策水平。参见张绍谦：《浅论法官量刑的"自由裁量权"》，载杨敦先等编：《刑法发展与司法完善》，中国人民公安大学出版社 1989 年版，第 259—260 页。

生偏差。因此，某些条文不得不规定得原则一些、概括一些，这样适应性就可大一些，运用起来可灵活一些，便于"因地制宜，因时制宜"。① 这就说明了立法给司法提供了充分的自由裁量空间，以适应打击犯罪的需要。

在现实生活中，有许多行为，其社会危害性虽然在一般情况下没有达到应当追究刑事责任的程度，却又难以通过强调犯罪构成的某一方面的具体内容来使之达到这种程度，或者不能预见所有情节严重的情况而无法具体规定，或者能预见但要作冗长的表述，使刑法失去简短的价值。于是，立法者作了一个综合性的规定，情节严重的就认定为犯罪，否则不以犯罪论处。② 我国 1979 年《刑法》仅 192 条，在世界各国刑法典中可以说非常少，其简短程度是十分突出的。但是，"少，也有好处，简明扼要，不烦琐，好掌握"，也成为这部刑法的特色。③ 随着社会变迁，原有的刑法典已经不能适用社会发展的需要，刑法某些条文的废、立、改已经为所必需。1997 年《刑法》在原来刑法典的基础上作出修改，但是仍然保留了大量的情节犯。为了适用刑法，对于"情节严重"等抽象性术语，司法机关不得不颁布大量的司法解释来加以补充、说明、解释。如果将现有司法解释的篇幅加起来，超过了刑法总量的数十倍，刑法条文基本上成了原则性的规定。针对这种情况，陈兴良教授认为，现在"不是在适用刑法，而是在适用司法解释。这种现象难道正常吗？"④ 鉴于这种状况的存在，有学者指出，倒不如在总结经验的基础上，将这些行之有效的司法解释上升为立法上的规定。从立法技术上看，人们对法律有简短价值的要求，但这是以便于了解、掌握和运用为前提的。同时，简短是相对而言的。刑法作为有关生杀予夺的大法，其简短价值应在明确规定构成要件的条件下，在尽量节约用语的基础上实现，不能仅仅依条文多少论优劣。如果刑法本身的规定连罪与非罪的界限问题都没有解决好，那么它再简短，又有何价值呢？因此，情节犯的规定虽然有简短之优点，但却缺乏构成要件之明确，这种非科学的刑事立法应当修正。⑤ 对于这种观点，笔者认为有商榷之处。任何法律都需要进行解

---

① 参见高铭暄：《中华人民共和国刑法的孕育和诞生》，法律出版社 1981 年版，第 134 页。
② 参见张明楷：《刑法学》（上），法律出版社 1997 年版，第 347 页。
③ 参见高铭暄：《中华人民共和国刑法的孕育和诞生》，法律出版社 1981 年版，第 20 页。
④ 陈兴良：《刑法哲学》，中国政法大学出版社 1992 年版，第 519 页。
⑤ 参见叶高峰、史卫忠：《情节犯的反思及其立法完善》，载《法学评论》1997 年第 2 期。

释，需要解释的法律条文不一定是有缺陷的法律条文，在任何时候、任何国家，我们都不能期待制定出一部不需要任何解释的刑法典。成文法具有局限性，具体表现为不合目的性、不周延性、模糊性和滞后性。① 刑法也不例外。刑事立法是依据一定程序，有前瞻性地创制规范的行为，其内容是一定历史条件下的产物。有学者在分析司法解释成因的时候指出，立法的局限性、法律的局限性、立法者与法律适用的分离以及法官职责要求等因素决定了司法解释的必要性。② 此外，司法者对情节犯之情节并非可以任意解释。因为司法者也必须依据客观现实的社会生活，依照相应的法律逻辑去阐述、揭示其真实含义，价值判断的标准虽然具有一定的主观性，但是绝不意味着具有随意性。相反，如果一味追求刑法规范的明确性，不仅会使刑法典成为一部百科全书，而且会使刑法机械教条，无法适应处于不断变化中的社会现实，不利于发挥司法者的主观能动性，甚至可能把司法者变为一个执行法律的机器。

### 3.1.2 情节犯的立法模式

情节犯的立法模式的确立，对于我们研究情节犯，尤其是正确划分情节犯的界限有非常重要的意义。我国刑法中的情节犯绝大多数是以"情节严重"或者"情节恶劣"来修饰行为的情节犯，但是还存在其他类型的情节犯。

对于情节犯的立法模式，陈兴良教授认为，我国刑法中规定的情节犯主要有以下三种情形：（1）以情节严重为构成要件。例如，《刑法》第246条第1款规定："以暴力或者其他方法公然侮辱他人或者捏造事实诽谤他人，情节严重的，处三年以下有期徒刑、拘役、管制或者剥夺政治权利。"在此，侮辱罪、诽谤罪就是以情节严重为构成要件的情节犯。（2）以情节恶劣为构成要件。这里的情节恶劣与上述情节严重没有本质区分，似乎情节恶劣更多地包含伦理上的否定评价的意蕴。例如，《刑法》第261条规定："对于年老、年幼、患病或者其他没有独立生活能力的人，负有扶养义务而拒绝扶养，情节恶劣的，处五

---

① 参见徐国栋：《民法基本原则解释》，中国政法大学出版社1992年版，第137—143页。
② 其中，立法的局限性具体包括：立法客体对立法者的制约、立法者的局限性和法律载体的局限性；法律的局限性是立法追求防范目标的必然结果，其根源在于立法的局限性和法律局限性的具体表现形式等；立法者与法律适用的分离表现为：其根源是分权，法官是实现立法意图的工具等；法官职责要求包括：法官不得拒绝审判案件，法律不完备的事实使法官选择解释法律成为必然。具体参见董皞：《司法解释论》，中国政法大学出版社1999年版，第78页以下。

年以下有期徒刑、拘役或者管制。"在此，遗弃罪就是以情节恶劣为构成要件的情节犯。(3) 数额犯兼情节犯，即不仅以一定的犯罪数额为构成要件，而且同时规定以一定的犯罪情节为构成要件，两者可以选择。例如，《刑法》第275条规定："故意毁坏公私财物，数额较大或者有其他严重情节的，处三年以下有期徒刑、拘役或者罚金；数额巨大或者有其他特别严重情节的，处三年以上七年以下有期徒刑。"在此，故意毁坏公私财物，数额较大或者情节严重，只要具备其中之一的，即可构成本罪。[①] 还有学者认为，我国刑法中规定的情节犯大致有以下三种形式：一是以情节严重为条件，例如《刑法》第281条第1款规定："非法生产、买卖人民警察制式服装、车辆号牌等专用标志、警械，情节严重的，处三年以下有期徒刑、拘役或者管制，并处或者单处罚金"；二是以"情节恶劣"为条件，例如《刑法》第261条规定："对于年老、年幼、患病或者其他没有独立生活能力的人，负有扶养义务而拒绝扶养，情节恶劣的，处五年以下有期徒刑、拘役或者管制"；三是与其他要件并在一起的情节犯，例如《刑法》第217条规定，"以营利为目的，有下列侵犯著作权情形之一，违法所得情节较大或者有其他严重情节的，处三年以下有期徒刑或者拘役，并处或者单处罚金；违法所得数额巨大或者有其他特别严重情节的，处三年以上七年以下有期徒刑，并处罚金：(一) 未经著作权人许可，复制发行其文字作品、音乐、电影、电视、录像作品、计算机软件及其他作品的；(二) 出版他人享有专有出版权的图书的；(三) 未经录音录像制作者许可，复制发行其制作的录音录像的；(四) 制作、出售假冒他人署名的美术作品的。"该论者进一步指出，在刑法分则条文中，并不能简单地认为凡是标明情节严重者都是情节犯。因为立法中"情节严重"所处位置不同，影响着犯罪的类型，无论是故意犯罪或是过失犯罪都有其适例，只有"情节严重""情节恶劣"置于法定刑之前的，才是情节犯。[②] 上述对于情节犯的分类对研究情节犯都有重要意义，但是这些分类相对来说又比较粗疏，把情节犯仅仅分为三种类型。当

---

① 参见陈兴良：《刑法哲学》（修订版），中国政法大学出版社1997年版，第584页。
② 参见张波：《情节犯研究》，武汉大学2000年硕士论文，第8—9页。

然，也有学者对我国刑法中情节犯作了较为详细的分类。① 其中，把"情节严重"

---

① 关于情节犯，我国还有学者从不同角度对其进行分类，笔者认为这些分类在某种程度上都具有一定的科学性，但是同时也存在不同程度的不足之处。

例如，有学者认为，情节犯分为以下几种类型：

第一，以情节严重为构成要件。如《刑法》第180条（此条注释中的法条皆出自《刑法》）规定的内幕交易、泄露内幕信息罪，第190条规定的逃汇罪，第213条规定的假冒注册商标罪，第216条规定的假冒专利罪，第222条规定的虚假广告罪，第223条规定的串通投标罪，第225条规定的非法经营罪，第226条规定的强迫交易罪，第227条第2款规定的倒卖车票、船票罪，第228条规定的非法转让、倒卖土地使用权罪，第229条规定的中介组织人员提供虚假证明文件罪，还有后面的第243条、第244条、第246条、第248条、第249条、第251条、第252条、第256条、第281条、第291条、第307条、第311条、第313条、第314条、第315条、第322条、第324条、第326条、第329条、第336条、第340条、第341条、第345条、第364条、第373条、第374条、第375条、第376条、第379条、第380条、第381条、第387条、第392条、第393条、第398条、第399条、第402条、第410条、第411条、第414条、第418条、第432条、第435条、第442条等，都是这类情节犯，涉及约60个罪名，占情节犯的绝大多数。

第二，以情节恶劣为构成要件。这类情节犯主要有：第255条规定的打击报复会计、统计人员罪，第260条规定的虐待罪，第261条规定的遗弃罪，第444条规定的遗弃伤病军人罪，以及第448条规定的虐待俘虏罪等。这类情节犯一般是以特定自然人的人身为侵害对象，以危害他人生命健康的动机、手段、方式、程度等为情节要件的主要内容。此外，第293条规定的寻衅滋事罪，当危害行为是"随意殴打他人"或"追逐、拦截、辱骂、恐吓他人"时，也须具备"情节恶劣"要件。

第三，以例示形式列举主要情节要件的情节犯。这又有几种情况：（1）情节要件为"数额巨大、后果严重或者有其他严重情节的"，如第158条规定的虚报注册资本罪，第159条规定的虚假出资、抽逃出资罪，第180条规定的内幕交易、泄露内幕信息罪；（2）情节要件为"违法所得数额较大或者有其他严重情节的"，如第217条规定的侵犯著作权罪；（3）情节要件为"给他人造成重大损失或者有其他严重情节的"，如第221条规定的损害商业信誉、商品声誉罪。这类情节犯都规定在刑法分则中的"破坏社会主义市场经济秩序罪"一章，情节要件以造成国家、集体或个人的经济损失为主要内容。此外，笔者认为，我国刑法规定的贪污罪和受贿罪也可看成这类情节犯，因为法律规定它们的犯罪构成虽然以犯罪情节为主要标准，但不是唯一标准。因为个人贪污、受贿情节虽不满5000元但"情节较重的"，仍应予以刑事处罚。所以，这几种犯罪实际上是以犯罪情节为情节要件之主要内容的情节犯。同时，从预防和打击这些犯罪来看，把它们当作情节犯看待也是大有必要的。有的论著指出，贪污贿赂罪"客观方面表现为侵害国家廉政建设制度情节严重的行为"。参见金泽刚：《论定罪情节与情节犯》，载《华东政法学院学报》2001年第5期。

还有学者认为，情节犯分为以下几种类型：

第一，行为＋情节严重。这是刑法分则中最常见的情节犯表现形式。我国《刑法》的大多数条文都是在描述行为的基础上，直接冠之以"情节严重"的字样作为情节犯的标志。如第216条规定："假冒他人专利，情节严重的，处三年以下有期徒刑或者拘役，并处或者单处罚金。"

第二，行为＋情节恶劣。"情节恶劣"与"情节严重"相比，使用频率较少，但二者在本质上并无差别。这类情节犯主要有：第255条规定的打击报复会计、统计人员罪，第260条规定的虐待罪，第261条规定的遗弃罪，第444条规定的遗弃伤病军人罪，以及第448条规定的虐待俘虏罪。这类情节犯一般以特定自然人的人身为侵害对象，以危害他人生命健康的动机、手段、方式、程度等为情节要件的主要内容。

和"情节恶劣"作为情节犯的不同类型也是不合适的。对于我国刑法中为什么要区分"情节恶劣"和"情节严重",笔者认为,规定"情节恶劣"的,虽然更多是从伦理道德角度考虑,但是实际上区分也没有那么严格,甚至可以说我国刑法中情节犯有的规定为"情节严重",有的规定为"情节恶劣",实际上是可以相互置换的。既然如此,也就没有必要再把"情节严重"和"情节恶劣"分别作为两种不同的立法模式了。

笔者通过对刑法分则条文进行梳理并分析认为,我国刑法中的情节犯应该包括以下几种类型:①

（一）单一式

该种类型的情节犯以"情节严重"或者"情节恶劣"作为犯罪成立要素。这是最为典型的情节犯,也是情节犯中为数最多的类型。该种类型的情节犯的构成模式是:"行为＋情节严重（情节恶劣）"。

在我国《刑法》中,有以下条文和罪名涉及:第130条（非法携带枪支、

---

第三,目的＋行为＋情节严重。这类情节犯有:第228条规定的非法转让、倒卖土地使用权罪,第326条规定的倒卖文物罪,第345条第3款规定的非法收购、运输盗伐、滥伐的林木罪。这类情节犯都是以牟利为目的而实施的犯罪行为,而且这些行为所指向的犯罪对象是法律上的禁止流通物。

第四,行为方式＋行为＋情节严重。如第246条规定的侮辱罪,第256条规定的破坏选举罪。

第五,行为＋某个情节或者行为＋其他严重情节。在这种情况下,其他严重情节是一个选择性要件。其特点在于,法律规定一个具体的严重情节,同时又规定一个概括的严重情节,只要具备其一,就可构成犯罪。如第441条规定:"遗失武器装备,不及时报告或者有其他严重情节的,处三年以下有期徒刑或者拘役。"通过语法分析,可以知道:立法者是把"不及时报告"的行为作为严重情节,只要遗失武器、未及时报告便构成此罪。虽然及时报告,但由于具有其他严重情节,也构成此罪。再如,第275条规定:"故意毁坏公私财物,数额较大或者有其他严重情节的,处三年以下有期徒刑、拘役或者罚金;数额巨大或者有其他特别严重情节的,处三年以上七年以下有期徒刑。"从字面上看,本罪在描述中使用了"其他严重情节"一词,这表明数额较大是严重情节之一。与其他情节犯不同的是,立法者更加强调数额较大这一情节在本罪中的特殊作用。

第六,情节严重＋结果。如第273条规定的挪用特定款物罪,第407条规定的违法发放林木采伐许可证罪,第436条规定的武器装备肇事罪。

第七,情节恶劣＋结果。如第250条规定的出版歧视、侮辱少数民族作品罪,第443条规定的虐待部属罪。参见王美茜:《情节犯的立法完善》,载《松辽学刊（人文社会科学版）》2001年第6期。

① 情节犯不仅仅存在于刑法分则条文中,在很多情况下,还大量存在于司法解释中,但是本书还是以刑法分则条文为依据对情节犯进行的分类,其中包括刑法修正案的内容。为方便研究起见,本书在对情节犯作分类的时候,除了在正文中将该罪名列出外,还将该条文内容以注释的形式列出。

弹药、管制刀具、危险物品危及公共安全罪)①、第152条第2款(走私废物境罪)②、第162条之一(隐匿、故意销毁会计凭证、会计账簿、财务会计报告罪)③、第180条(内幕交易、泄露内幕信息罪)④、第182条(操纵证券、期货市场罪)⑤、第213条(假冒注册商标罪)⑥、第215条(非法制造、销售非法制造的注册商标标识罪)⑦、第216条(假冒专利罪)⑧、第222条(虚假广

---

① 非法携带枪支、弹药、管制刀具或者爆炸性、易燃性、放射性、毒害性、腐蚀性物品,进入公共场所或者公共交通工具,危及公共安全,情节严重的,处三年以下有期徒刑、拘役或者管制。

② 逃避海关监管将境外固体废物、液态废物和气态废物运输进境,情节严重的,处五年以下有期徒刑,并处或者单处罚金;情节特别严重的,处五年以上有期徒刑,并处罚金。

③ 隐匿或者故意销毁依法应当保存的会计凭证、会计账簿、财务会计报告,情节严重的,处五年以下有期徒刑或者拘役,并处或者单处二万元以上二十万元以下罚金。单位犯前款罪的,对单位判处罚金,并对其直接负责的主管人员和其他直接责任人员,依照前款的规定处罚。

④ 证券、期货交易内幕信息的知情人员或者非法获取证券、期货交易内幕信息的人员,在涉及证券的发行,证券、期货交易或者其他对证券、期货交易价格有重大影响的信息尚未公开前,买入或者卖出该证券,或者从事与该内幕信息有关的期货交易,或者泄露该信息,或者明示、暗示他人从事上述交易活动。情节严重的,处五年以下有期徒刑或者拘役,并处或者单处违法所得一倍以上五倍以下罚金;情节特别严重的,处五年以上十年以下有期徒刑,并处违法所得一倍以上五倍以下罚金。单位犯前款罪的,对单位判处罚金,并对其直接负责的主管人员和其他直接责任人员,处五年以下有期徒刑或者拘役。内幕信息、知情人员的范围,依照法律、行政法规的规定确定。

⑤ 有下列情形之一,操纵证券、期货市场,情节严重的,处五年以下有期徒刑或者拘役,并处或者单处罚金;情节特别严重的,处五年以上十年以下有期徒刑,并处罚金:(一)单独或者合谋,集中资金优势、持股或者持仓优势或者利用信息优势联合或者连续买卖,操纵证券、期货交易价格或者证券、期货交易量的;(二)与他人串通,以事先约定的时间、价格和方式相互进行证券、期货交易,影响证券、期货交易价格或者证券、期货交易量的;(三)在自己实际控制的账户之间进行证券交易,或者以自己为交易对象,自买自卖期货合约,影响证券、期货交易价格或者证券、期货交易量的;(四)以其他方法操纵证券、期货市场的。单位犯前款罪的,对单位判处罚金,并对其直接负责的主管人员和其他直接责任人员,依照前款的规定处罚。

⑥ 未经注册商标所有人许可,在同一种商品上使用与其注册商标相同的商标,情节严重的,处三年以下有期徒刑或者拘役,并处或者单处罚金;情节特别严重的,处三年以上七年以下有期徒刑,并处罚金。

⑦ 伪造、擅自制造他人注册商标标识或者销售伪造、擅自制造的注册商标标识,情节严重的,处三年以下有期徒刑、拘役或者管制,并处或者单处罚金;情节特别严重的,处三年以上七年以下有期徒刑,并处罚金。

⑧ 假冒他人专利,情节严重的,处三年以下有期徒刑或者拘役,并处或者单处罚金。

告罪)①、第 223 条（串通投标罪)②、第 225 条（非法经营罪)③、第 226 条（强迫交易罪)④、第 227 条第 2 款（倒卖车票、船票罪)⑤、第 229 条第 1 款（提供虚假证明文件罪)⑥、第 230 条（逃避商检罪)⑦、第 243 条（诬告陷害罪)⑧、第 244 条（强迫劳动罪)⑨、第 244 条之一（非法雇用童工从事特定劳动罪)⑩、第

---

① 广告主、广告经营者、广告发布者违反国家规定，利用广告对商品或者服务作虚假宣传，情节严重的，处二年以下有期徒刑或者拘役，并处或者单处罚金。

② 投标人相互串通投标报价，损害招标人或者其他投标人利益，情节严重的，处三年以下有期徒刑或者拘役，并处或者单处罚金。投标人与招标人串通投标，损害国家、集体、公民的合法利益的，依照前款的规定处罚。

③ 违反国家规定，有下列非法经营行为之一，扰乱市场秩序，情节严重的，处五年以下有期徒刑或者拘役，并处或者单处违法所得一倍以上五倍以下罚金；情节特别严重的，处五年以上有期徒刑，并处违法所得一倍以上五倍以下罚金或者没收财产：（一）未经许可经营法律、行政法规规定的专营、专卖物品或者其他限制买卖的物品的；（二）买卖进出口许可证、进出口原产地证明以及其他法律、行政法规规定的经营许可证或者批准文件的；（三）未经国家有关主管部门批准非法经营证券、期货、保险业务的，或者非法从事资金支付结算业务的；（四）其他严重扰乱市场秩序的非法经营行为。另外，《关于惩治骗购外汇、逃汇和非法买卖外汇犯罪的决定》第 4 条规定："在国家规定的交易场所以外非法买卖外汇，扰乱市场秩序，情节严重的，依照刑法第二百二十五条的规定定罪处罚。"此外，非法经营罪已经成为新《刑法》的"小口袋罪"，此后有很多司法解释中涉及该罪，并且都有情节要求，在此不涉及其他司法解释的内容。

④ 以暴力、威胁手段，实施下列行为之一，情节严重的，处三年以下有期徒刑或者拘役，并处或者单处罚金；情节特别严重的，处三年以上七年以下有期徒刑，并处罚金：（一）强买强卖商品的；（二）强迫他人提供或者接受服务的；（三）强迫他人参与或者退出投标、拍卖的；（四）强迫他人转让或者收购公司、企业的股份、债券或者其他资产的；（五）强迫他人参与或者退出特定的经营活动的。

⑤ 倒卖车票、船票，情节严重的，处三年以下有期徒刑、拘役或者管制，并处或者单处票证价额一倍以上五倍以下罚金。

⑥ 承担资产评估、验资、验证、会计、审计、法律服务等职责的中介组织的人员故意提供虚假证明文件，情节严重的，处五年以下有期徒刑或者拘役，并处罚金。

⑦ 违反进出口商品检验法的规定，逃避商品检验，将必须经商检机构检验的进口商品未报经检验而擅自销售、使用，或者将必须经商检机构检验的出口商品未报经检验合格而擅自出口，情节严重的，处三年以下有期徒刑或者拘役，并处或者单处罚金。

⑧ 捏造事实诬告陷害他人，意图使他人受刑事追究，情节严重的，处三年以下有期徒刑、拘役或者管制；造成严重后果的，处三年以上十年以下有期徒刑。国家机关工作人员犯前款罪的，从重处罚。不是有意诬陷，而是错告，或者检举失实的，不适用前两款的规定。

⑨ 以暴力、威胁或者限制人身自由的方法强迫他人劳动的，处三年以下有期徒刑或者拘役，并处罚金；情节严重的，处三年以上十年以下有限徒刑，并处罚金。

⑩ （罪名为引者归纳）违反劳动管理法规，雇用未满十六周岁的未成年人从事超强度体力劳动的，或者从事高空、井下作业的，或者在爆炸性、易燃性、放射性、毒害性等危险环境下从事劳动，情节严重的，对直接责任人员，处三年以下有期徒刑或者拘役，并处罚金；情节特别严重的，处三年以上七年以下有期徒刑，并处罚金。

246条（侮辱罪、诽谤罪）①、第248条（虐待被监管人员罪）②、第249条（煽动民族仇恨、民族歧视罪）③、第251条（非法剥夺公民宗教信仰自由罪、侵犯少数民族风俗习惯罪）④、第252条（侵犯通信自由罪）⑤、第255条（打击报复会计、统计人员罪）⑥、第256条（破坏选举罪）⑦、第260条（虐待罪）⑧、第261条（遗弃罪）⑨、第281条（非法生产、买卖警用装备罪）⑩、第291条（聚众扰乱公共场所秩序、交通秩序罪）⑪、第293条（寻衅滋事罪）⑫、第307

---

① 以暴力或者其他方法公然侮辱他人或者捏造事实诽谤他人，情节严重的，处三年以下有期徒刑、拘役、管制或者剥夺政治权利。前款罪，告诉的才处理，但是严重危害社会秩序和国家利益的除外。
② 监狱、拘留所、看守所等监管机构的监管人员对被监管人进行殴打或者体罚虐待，情节严重的，处三年以下有期徒刑或者拘役；情节特别严重的，处三年以上十年以下有期徒刑。致人伤残、死亡的，依照本法第二百三十四条、第二百三十二条的规定定罪从重处罚。监管人员指使被监管人殴打或者体罚虐待其他被监管人的，依照前款的规定处罚。
③ 煽动民族仇恨、民族歧视，情节严重的，处三年以下有期徒刑、拘役、管制或者剥夺政治权利；情节特别严重的，处三年以上十年以下有期徒刑。
④ 国家机关工作人员非法剥夺公民的宗教信仰自由和侵犯少数民族风俗习惯，情节严重的，处二年以下有期徒刑或者拘役。
⑤ 隐匿、毁弃或者非法开拆他人信件，侵犯公民通信自由权利，情节严重的，处一年以下有期徒刑或者拘役。
⑥ 公司、企业、事业单位、机关、团体的领导人，对依法履行职责、抵制违反会计法、统计法行为的会计、统计人员实行打击报复，情节恶劣的，处三年以下有期徒刑或者拘役。
⑦ 在选举各级人民代表大会代表和国家机关领导人员时，以暴力、威胁、欺骗、贿赂、伪造选举文件、虚报选举票数等手段破坏选举或者妨害选民和代表自由行使选举权和被选举权，情节严重的，处三年以下有期徒刑、拘役或者剥夺政治权利。
⑧ 虐待家庭成员，情节恶劣的，处二年以下有期徒刑、拘役或者管制。犯前款罪，致使被害人重伤、死亡的，处二年以上七年以下有期徒刑。第一款罪，告诉的才处理，但被害人没有能力告诉，或者因受到强制、威吓无法告诉的除外。
⑨ 对于年老、年幼、患病或者其他没有独立生活能力的人，负有扶养义务而拒绝扶养，情节恶劣的，处五年以下有期徒刑、拘役或者管制。
⑩ 非法生产、买卖人民警察制式服装、车辆号牌等专用标志、警械，情节严重的，处三年以下有期徒刑、拘役或者管制，并处或者单处罚金。单位犯前款罪的，对单位判处罚金，并对其直接负责的主管人员和其他直接责任人员，依照前款的规定处罚。
⑪ 聚众扰乱车站、码头、民用航空站、商场、公园、影剧院、展览会、运动场或者其他公共场所秩序，聚众堵塞交通或者破坏交通秩序，抗拒、阻碍国家治安管理工作人员依法执行职务，情节严重的，对首要分子，处五年以下有期徒刑、拘役或者管制。
⑫ 有下列寻衅滋事行为之一，破坏社会秩序的，处五年以下有期徒刑、拘役或者管制：（一）随意殴打他人，情节恶劣的；（二）追逐、拦截、辱骂他人，情节恶劣的；（三）强拿硬要或者任意损毁、占用公私财物，情节严重的；（四）在公共场所起哄闹事，造成公共场所秩序严重混乱的。

条第 2 款（帮助毁灭、伪造证据罪）①、第 311 条（拒绝提供间谍犯罪、恐怖主义犯罪、极端主义犯罪证据罪）②、第 313 条（拒不执行判决、裁定罪）③、第 314 条（非法处置查封、扣押、冻结的财产罪）④、第 315 条（破坏监管秩序罪）⑤、第 322 条（偷越国（边）境罪）⑥、第 324 条第 2 款（故意损坏名胜古迹罪）⑦、第 329 条第 2 款（擅自出卖、转让国有档案罪）⑧、第 336 条第 1 款（非法行医罪）、⑨ 第 336 条第 2 款（非法进行节育手术罪）⑩、第 340 条（非法捕捞水产品罪）⑪、第 341 条第 2 款（非法狩猎罪）⑫、第 345 条第 3 款（非法收购、运输盗伐、滥伐的林木罪）⑬、第 362 条（包庇罪）⑭、第 364

---

① 帮助当事人毁灭、伪造证据，情节严重的，处三年以下有期徒刑或者拘役。

② 明知他人有间谍犯罪或者恐怖主义、极端主义犯罪行为，在司法机关向其调查有关情况、收集有关证据时，拒绝提供，情节严重的，处三年以下有期徒刑、拘役或者管制。

③ 对人民法院的判决、裁定有能力执行而拒不执行，情节严重的，处三年以下有期徒刑、拘役或者罚金；情节特别严重的，处三年以上七年以下有期徒刑，并处罚金。

④ 隐藏、转移、变卖、故意毁损已被司法机关查封、扣押、冻结的财产，情节严重的，处三年以下有期徒刑、拘役或者罚金。

⑤ 依法被关押的罪犯，有下列破坏监管秩序行为之一，情节严重的，处三年以下有期徒刑：（一）殴打监管人员的；（二）组织其他被监管人破坏监管秩序的；（三）聚众闹事，扰乱正常监管秩序的；（四）殴打、体罚或者指使他人殴打、体罚其他被监管人的。

⑥ 违反国（边）境管理法规，偷越国（边）境，情节严重的，处一年以下有期徒刑、拘役或者管制，并处罚金。

⑦ 故意损毁国家保护的名胜古迹，情节严重的，处五年以下有期徒刑或者拘役，并处或者单处罚金。

⑧ 违反档案法的规定，擅自出卖、转让国家所有的档案，情节严重的，处三年以下有期徒刑或者拘役。

⑨ 未取得医生执业资格的人非法行医，情节严重的，处三年以下有期徒刑、拘役或者管制，并处或者单处罚金；严重损害就诊人身体健康的，处三年以上十年以下有期徒刑，并处罚金；造成就诊人死亡的，处十年以上有期徒刑，并处罚金。

⑩ 未取得医生执业资格的人擅自为他人进行节育复通手术、假节育手术、终止妊娠手术或者摘取宫内节育器，情节严重的，处三年以下有期徒刑、拘役或者管制，并处或者单处罚金；严重损害就诊人身体健康的，处三年以上十年以下有期徒刑，并处罚金；造成就诊人死亡的，处十年以上有期徒刑，并处罚金。

⑪ 违反保护水产资源法规，在禁渔区、禁渔期或者使用禁用的工具、方法捕捞水产品，情节严重的，处三年以下有期徒刑、拘役、管制或者罚金。

⑫ 违反狩猎法规，在禁猎区、禁猎期或者使用禁用的工具、方法进行狩猎，破坏野生动物资源，情节严重的，处三年以下有期徒刑、拘役、管制或者罚金。

⑬ 非法收购、运输明知是盗伐、滥伐的林木，情节严重的，处三年以下有期徒刑、拘役或者管制，并处或者单处罚金；情节特别严重的，处三年以上七年以下有期徒刑，并处罚金。

⑭ 旅馆业、饮食服务业、文化娱乐业、出租汽车业等单位的人员，在公安机关查处卖淫、嫖娼活动时，为违法犯罪分子通风报信，情节严重的，依照本法第三百一十条的规定定罪处罚。

第 1 款（传播淫秽物品罪）①、第 373 条（煽动军人逃离部队罪、雇用逃离部队军人罪）②、第 374 条（接送不合格兵员罪）③、第 375 条第 2 款（非法生产、买卖武装部队制式服装罪）④、第 376 条第 1 款（战时拒绝、逃避征召、军事训练罪）⑤、第 376 条第 2 款（战时拒绝、逃避服役罪）⑥、第 379 条（战时窝藏逃离部队军人罪）⑦、第 380 条（战时拒绝、故意延误军事订货罪）⑧、第 381 条（战时拒绝军事征收、征用罪）⑨、第 387 条（单位受贿罪）⑩、第 392 条（介绍贿赂罪）⑪、第 393 条（单位行贿罪）⑫、第 399 条第 2 款（民事、行政枉法裁判罪）⑬、第 402 条（徇私舞弊不移交刑事案件罪）⑭、第 410 条（非法批

---

① 传播淫秽的书刊、影片、音像、图片或者其他淫秽物品，情节严重的，处二年以下有期徒刑、拘役或者管制。

② 煽动军人逃离部队或者明知是逃离部队的军人而雇用，情节严重的，处三年以下有期徒刑、拘役或者管制。

③ 在征兵工作中徇私舞弊，接送不合格兵员，情节严重的，处三年以下有期徒刑或者拘役；造成特别严重后果的，处三年以上七年以下有期徒刑。

④ 非法生产、买卖武装部队制式服装，情节严重的，处三年以下有期徒刑、拘役或者管制，并处或者单处罚金。

⑤ 预备役人员战时拒绝、逃避征召或者军事训练，情节严重的，处三年以下有期徒刑或者拘役。

⑥ 公民战时拒绝、逃避服役，情节严重的，处二年以下有期徒刑或者拘役。

⑦ 战时明知是逃离部队的军人而为其提供隐藏处所、财物，情节严重的，处三年以下有期徒刑或者拘役。

⑧ 战时拒绝或者故意延误军事订货，情节严重的，对单位判处罚金，并对其直接负责的主管人员和其他直接责任人员，处五年以下有期徒刑或者拘役；造成严重后果的，处五年以上有期徒刑。

⑨ 战时拒绝军事征收、征用，情节严重的，处三年以下有期徒刑或者拘役。

⑩ 国家机关、国有公司、企业、事业单位、人民团体，索取、非法收受他人财物，为他人谋取利益，情节严重的，对单位判处罚金，并对其直接负责的主管人员和其他直接责任人员，处五年以下有期徒刑或者拘役。前款所列单位，在经济往来中，在帐外暗中收受各种名义的回扣、手续费的，以受贿论，依照前款的规定处罚。

⑪ 向国家工作人员介绍贿赂，情节严重的，处三年以下有期徒刑或者拘役。介绍贿赂人在被追诉前主动交待介绍贿赂行为的，可以减轻处罚或者免除处罚。

⑫ 单位为谋取不正当利益而行贿，或者违反国家规定，给予国家工作人员以回扣、手续费，情节严重的，对单位判处罚金，并对其直接负责的主管人员和其他直接责任人员，处五年以下有期徒刑或者拘役，并处罚金。因行贿取得的违法所得归个人所有的，依照本法第三百八十九条、第三百九十条的规定定罪处罚。

⑬ 在民事、行政审判活动中故意违背事实和法律作枉法裁判，情节严重的，处五年以下有期徒刑或者拘役；情节特别严重的，处五年以上十年以下有期徒刑。

⑭ 行政执法人员徇私舞弊，对依法应当移交司法机关追究刑事责任的不移交，情节严重的，处三年以下有期徒刑或者拘役；造成严重后果的，处三年以上七年以下有期徒刑。

准征收、征用、占用土地罪，非法低价出让国有土地使用权罪)[1]、第411条（放纵走私罪)[2]、第414条（放纵制售伪劣商品犯罪行为罪)[3]、第418条（招收公务员、学生徇私舞弊罪)[4]、第435条（逃离部队罪)[5]、第441条（遗失武器装备罪)[6]、第442条（擅自出卖、转让军队房地产罪)[7]、第444条（遗弃伤病军人罪)[8]、第448条（虐待俘虏罪)[9]。

## （二）并列式

该种类型的情节犯以"情节严重"与犯罪成立的其他特殊要素相并列，用"或者"连接。该种类型的情节犯的构成模式是："行为＋数额巨大、后果严重或者其他严重情节"。

在我国《刑法》中，有以下条文和罪名涉及：第158条（虚报注册资本罪)[10]、第159条（虚假出资、抽逃出资罪)[11]、第160条（欺诈发行股票、

---

[1] 国家机关工作人员徇私舞弊，违反土地管理法规，滥用职权，非法批准征收、征用、占用土地，或者非法低价出让国有土地使用权，情节严重的，处三年以下有期徒刑或者拘役；致使国家或者集体利益遭受特别重大损失的，处三年以上七年以下有期徒刑。

[2] 海关工作人员徇私舞弊，放纵走私，情节严重的，处五年以下有期徒刑或者拘役；情节特别严重的，处五年以上有期徒刑。

[3] 对生产、销售伪劣商品犯罪行为负有追究责任的国家机关工作人员，徇私舞弊，不履行法律规定的追究职责，情节严重的，处五年以下有期徒刑或者拘役。

[4] 国家机关工作人员在招收公务员、学生工作中徇私舞弊，情节严重的，处三年以下有期徒刑或者拘役。

[5] 违反兵役法规，逃离部队，情节严重的，处三年以下有期徒刑或者拘役。战时犯前款罪的，处三年以上七年以下有期徒刑。

[6] 遗失武器装备，不及时报告或者有其他严重情节的，处三年以下有期徒刑或者拘役。

[7] 违反规定，擅自出卖、转让军队房地产，情节严重的，对直接责任人员，处三年以下有期徒刑或者拘役；情节特别严重的，处三年以上十年以下有期徒刑。

[8] 在战场上故意遗弃伤病军人，情节恶劣的，对直接责任人员，处五年以下有期徒刑。

[9] 虐待俘虏，情节恶劣的，处三年以下有期徒刑。

[10] 申请公司登记使用虚假证明文件或者采取其他欺诈手段虚报注册资本，欺骗公司登记主管部门，取得公司登记，虚报注册资本数额巨大、后果严重或者有其他严重情节的，处三年以下有期徒刑或者拘役，并处或者单处虚报注册资本金额百分之一以上百分之五以下罚金。单位犯前款罪的，对单位判处罚金，并对其直接负责的主管人员和其他直接责任人员，处三年以下有期徒刑或者拘役。

[11] 公司发起人、股东违反公司法的规定未交付货币、实物或者未转移财产权，虚假出资，或者在公司成立后又抽逃其出资，数额巨大、后果严重或者有其他严重情节的，处五年以下有期徒刑或者拘役，并处或者单处虚假出资金额或者抽逃出资金额百分之二以上百分之十以下罚金。单位犯前款罪的，对单位判处罚金，并对其直接负责的主管人员和其他直接责任人员，处五年以下有期徒刑或者拘役。

债券罪)①、第 179 条（擅自发行股票、公司、企业债券罪）②、第 221 条（损害商业信誉、商品声誉罪）③、第 268 条（聚众哄抢罪）④、第 275 条（故意毁坏财物罪）⑤。

### （三）包含式

该种类型的情节犯以目的犯中包含情节要求。该种类型的情节犯的构成模式是："目的＋行为＋（数额）＋情节严重（情节恶劣）"。

在我国《刑法》中，有以下条文和罪名涉及：第 217 条（侵犯著作权罪）⑥、第 228 条（非法转让、倒卖土地使用权罪）⑦、第 326 条（倒卖文物罪）⑧。

---

① 在招股说明书、认股书、公司、企业债券募集办法中隐瞒重要事实或者编造重大虚假内容，发行股票或者公司、企业债券，数额巨大、后果严重或者有其他严重情节的，处五年以下有期徒刑或者拘役，并处或者单处非法募集资金金额百分之一以上百分之五以下罚金。单位犯前款罪的，对单位判处罚金，并对其直接负责的主管人员和其他直接责任人员，处五年以下有期徒刑或者拘役。

② 未经国家有关主管部门批准，擅自发行股票或者公司、企业债券，数额巨大、后果严重或者有其他严重情节的，处五年以下有期徒刑或者拘役，并处或者单处非法募集资金金额百分之一以上百分之五以下罚金。单位犯前款罪的，对单位判处罚金，并对其直接负责的主管人员和其他直接责任人员，处五年以下有期徒刑或者拘役。

③ 捏造并散布虚伪事实，损害他人的商业信誉、商品声誉，给他人造成重大损失或者有其他严重情节的，处二年以下有期徒刑或者拘役，并处或者单处罚金。

④ 聚众哄抢公私财物，数额较大或者有其他严重情节的，对首要分子和积极参加的，处三年以下有期徒刑、拘役或者管制，并处罚金；数额巨大或者有其他特别严重情节的，处三年以上十年以下有期徒刑，并处罚金。

⑤ 故意毁坏公私财物，数额较大或者有其他严重情节的，处三年以下有期徒刑、拘役或者罚金；数额巨大或者有其他特别严重情节的，处三年以上七年以下有期徒刑。

⑥ 以营利为目的，有下列侵犯著作权情形之一，违法所得数额较大或者有其他严重情节的，处三年以下有期徒刑或者拘役，并处或者单处罚金；违法所得数额巨大或者有其他特别严重情节的，处三年以上七年以下有期徒刑，并处罚金：（一）未经著作权人许可，复制发行其文字作品、音乐、电影、电视、录像作品、计算机软件及其他作品的；（二）出版他人享有专有出版权的图书的；（三）未经录音录像制作者许可，复制发行其制作的录音录像的；（四）制作、出售假冒他人署名的美术作品的。

⑦ 以牟利为目的，违反土地管理法规，非法转让、倒卖土地使用权，情节严重的，处三年以下有期徒刑或者拘役，并处或者单处非法转让、倒卖土地使用权价额百分之五以上百分之二十以下罚金；情节特别严重的，处三年以上七年以下有期徒刑，并处非法转让、倒卖土地使用权价额百分之五以上百分之二十以下罚金。

⑧ 以牟利为目的，倒卖国家禁止经营的文物，情节严重的，处五年以下有期徒刑或者拘役，并处罚金；情节特别严重的，处五年以上十年以下有期徒刑，并处罚金。

### （四）情节并结果式

该种类型的情节犯的成立不仅要求行为性质严重，而且包括法定危害结果的出现，其中情节严重并不包含危害结果。该种类型的情节犯的构成模式是："行为＋情节严重（情节恶劣）＋结果"。

在我国《刑法》中，有以下条文和罪名涉及：第250条（出版歧视、侮辱少数民族作品罪）①、第273条（挪用特定款物罪）②、第290条第1款（聚众扰乱社会秩序罪）③、第371条第2款（聚众扰乱军事管理区秩序罪）④、第407条（违法发放林木采伐许可证罪）⑤、第436条（武器装备肇事罪）⑥、第443条（虐待部属罪）⑦。

### （五）故意过失并行式

该种类型的情节犯存在于同一法律条文中，但是该法律条文所规定的内容除了犯罪主观方面不一样以外，其他构成要素都相同，而且其法定刑也相同。这在我国刑法中是少见的。对于该种罪名是否为情节犯，笔者持否定意见。在本书中，笔者认为情节犯的主观方面只能由故意构成，但从其他构成形式上看，也和其他情节犯的构成一样。因此，笔者在此也把它作为一种构成模式单独列出。

在我国《刑法》中，只有两个条文涉及四个罪名，它们分别是：第398条

---

① 在出版物中刊载歧视、侮辱少数民族的内容，情节恶劣，造成严重后果的，对直接责任人员，处三年以下有期徒刑、拘役或者管制。

② 挪用用于救灾、抢险、防汛、优抚、扶贫、移民、救济款物，情节严重，致使国家和人民群众利益遭受重大损害的，对直接责任人员，处三年以下有期徒刑或者拘役；情节特别严重的，处三年以上七年以下有期徒刑。

③ 聚众扰乱社会秩序，情节严重，致使工作、生产、营业和教学、科研无法进行，造成严重损失的，对首要分子，处三年以上七年以下有期徒刑；对其他积极参加的，处三年以下有期徒刑、拘役、管制或者剥夺政治权利。

④ 聚众扰乱军事管理区秩序，情节严重，致使军事管理区工作无法进行，造成严重损失的，对首要分子，处三年以上七年以下有期徒刑；对其他积极参加的，处三年以下有期徒刑、拘役、管制或者剥夺政治权利。

⑤ 林业主管部门的工作人员违反森林法的规定，超过批准的年采伐限额发放林木采伐许可证或者违反规定滥发林木采伐许可证，情节严重，致使森林遭受严重破坏的，处三年以下有期徒刑或者拘役。

⑥ 违反武器装备使用规定，情节严重，因而发生责任事故，致人重伤、死亡或者造成其他严重后果的，处三年以下有期徒刑或者拘役；后果特别严重的，处三年以上七年以下有期徒刑。

⑦ 滥用职权，虐待部属，情节恶劣，致人重伤或者造成其他严重后果的，处五年以下有期徒刑或者拘役；致人死亡的，处五年以上有期徒刑。

（故意泄露国家秘密罪、过失泄露国家秘密罪）①、第 432 条（故意泄露国家军事秘密罪、过失泄露国家军事秘密罪）②。

此外，还存在单纯过失犯罪的情节犯，这在我国刑法中属于极少数，以"结果＋情节严重"为其构成模式，即以"情节严重"对危害结果进行限制，而不是对行为进行限制。例如，第 409 条（传染病防治失职罪）规定："从事传染病防治的政府卫生行政部门的工作人员严重不负责任，导致传染病传播或者流行，情节严重的，处三年以下有期徒刑或者拘役。"当然，对于该类型的情节犯的存在是否有必要，即存在的合理性是值得推敲的。本书第 7 章中关于情节犯的立法完善、司法完善的相关内容将专门就此问题进行讨论，故在此不作深入探讨。

以上就是对我国刑法中情节犯所作的分类，这种分类有利于我们全面把握和理解情节犯及其与相关犯罪类型的关系，也只有对情节犯作出相对科学的分类，才能对情节犯的立法和司法作出合理的解释，才能针对情节犯的理论和实践提出相对科学的建议。本书的研究都是建立在上述对情节犯所作的分类基础上进行的。我国刑法对情节犯作出这些不同的模式规定，是有其特定价值内涵的。

首先，情节犯的不同立法模式反映出立法者对该类行为性质的认识程度。单一式的情节犯立法模式是我国刑法中基本情节犯的最典型表现形式，占最大的比例。这类犯罪都是用"情节严重"作为单一的犯罪构成补充要件，没有将"情节"中的具体因素列出，而是把解释权留给了司法者。因为这类犯罪的情节要求都无法具体在刑法条文中进行量化，所以只能用这种最简单的概括性情节来规定。其中，第 293 条寻衅滋事罪规定的行为模式有些特殊，即寻衅滋事的具体行为方式中的前三种分别要求情节严重或情节恶劣，包括随意殴打他人的，追逐、拦截、辱骂、恐吓他人的，以及强拿硬要或者任意损毁、占用公私财物的，而第四种则规定为"在公共场所起哄闹事，造成公共场所秩序严重混

---

① 国家机关工作人员违反保守国家秘密法的规定，故意或者过失泄露国家秘密，情节严重的，处三年以下有期徒刑或者拘役；情节特别严重的，处三年以上七年以下有期徒刑。非国家机关工作人员犯前款罪的，依照前款的规定酌情处罚。

② 违反保守国家秘密法规，故意或者过失泄露军事秘密，情节严重的，处五年以下有期徒刑或者拘役；情节特别严重的，处五年以上十年以下有期徒刑。战时犯前款罪的，处五年以上十年以下有期徒刑；情节特别严重的，处十年以上有期徒刑或者无期徒刑。

乱的",这就把原来上述三种情况下情节严重(情节恶劣)的要求变成了结果要求,相对具体化了。

其次,并列式的情节犯立法模式反映出立法者在立法上尽量追求明确性的价值取向。这类犯罪中往往涉及数额和结果,所以立法者将数额和结果单独从情节犯中分离出。同时,这类犯罪中,又不仅仅包含数额、结果等,所以还需要以"情节严重"之类作为其立法周延性考虑。其中第221条损害商业信誉、商品声誉罪中将后果(给他人造成重大损失)与情节严重并列;聚众哄抢罪和故意毁坏财物罪中则是数额较大与情节严重并列。对于数额巨大还是数额较大,因为是在不同犯罪中,所以不具有可比性,其实质都是反映了立法者把数额作为单独考虑并进行量化的因素;同时,数额的规定又是属于模糊性(概括性)规定,反映了立法者有意识的立法行为。

最后,在情节并结果的情节犯立法模式中,"情节严重"是用来修饰行为性质及其程度的,但是又加以结果作为限制性条件。例如,第443条虐待部属罪的构成要件中,要求滥用职权,虐待部属的行为须达到"情节恶劣"之程度,同时要求"致人重伤或者造成其他严重后果"。这就说明,如果仅仅滥用职权,虐待行为本身即使达到"情节恶劣"之程度也不能构成虐待部属罪。这反映了立法者通过"情节"和"结果"双重标准限制该类犯罪的成立条件。

此外,情节犯中的"情节严重"并不都用来修饰行为的性质,还用来修饰其他方面。例如,第130条非法携带枪支、弹药、管制刀具、危险物品危及公共安全罪中,"情节严重"要限制的不是"非法携带"的行为,而是对"危及公共安全"的限制,即要求危及公共安全这种危险状态达到某种程度才构成该罪。

通过上述分析,可以大致看出,立法者对情节犯不同立法模式的选择,反映出对行为不同的评价标准和价值取向,同时也表明情节犯在立法上不同的存在价值。我们只有对情节犯在立法上的模式进行分类比较,才能正确理解立法者的立法意图,从而更有利于司法实践中的运用;也只有如此,才能作出更加符合社会现实的合理解释。

## 3.2 情节犯的司法价值

### 3.2.1 情节犯的出罪化价值——保障人权

无论是在立法上还是司法中，我们首先应当肯定的是情节犯对于人权保障的促进作用和实际意义。[①] 当前，有些学者指出，情节犯的这种立法动因完全是立足于社会本位之上的，难免有忽视刑法的保障机能之嫌。所谓保障机能，一般是指刑法具有保障国民不受滥用刑罚侵害并保护其自由的重要机能。因此，刑法被称为"好人的宪章"，也是"犯罪人的宪章"。而情节犯的构成要件是一种抽象、笼统的概念。如前所述，导致滥用刑罚的"空隙"是很大的，国民自由因此也就存在着遭受任意侵害的危险。像这种牺牲刑法的保障机能的"适应性"是不可取的，这正如我国台湾地区学者洪福增先生指出的："在法治国中，个人必有其应有之自由与独立人格，如容许假借国家社会之利益，任意剥夺其在法律上应得之保障，则人性将受驯服与侵害，自无法维持其独立人格与自由，从而，为自由与正义象征体之法律，亦将荡然无存矣。"[②] 上述论者的观点指出了情节犯可能会导致对人权侵害的危险。笔者认为，其实不然，任何制度的创设都具有两面性，即使是再好的制度，也同样会被基于某种错误的理念指导下的行为利用。情节犯的犯罪类型在我国刑法中的存在也不例外。情节犯在我国刑法创立之初，由于立法技术的粗糙以及对被危害行为侵害的社会关系认识有不尽完善的地方，容易造成给司法追究公民留下"空隙"的嫌疑。但是，原来保护社会和保障人权并重的刑法价值取向已经在 1997 年《刑法》修订的时候得以贯彻，而情节犯不仅没有减少，反而是在增加，这就说明了情

---

[①] 不可否认，情节犯的立法价值中应当也包含保障人权和保护社会的双重价值目标。在本节中，重点要考察的是情节犯在司法适用中对人权保障和社会保护的价值。笔者认为，情节犯的人权保障和社会保护的价值在立法上和司法实践中是有所不同的，不同的不是二者的地位，而是同样作为价值的问题。在立法上，保障人权和保护社会是作为价值目标而存在的，更多的是从应然的角度去思考；而在司法实践中，保障人权和保护社会则是作为司法者的指导思想，从实然的角度对这两种价值的实现，它们应成为司法者的判断提供标准。因此，我们在讨论情节犯的司法价值的时候，也对其立法上的价值作了些必要的说明。但是，我们主要还是探讨情节犯的司法价值，所以在内容和文章结构上将其置于"情节犯的司法价值"之下来考察。

[②] 洪福增：《刑法之理论与实践》，台湾刑事杂志社 1990 年版，第 5 页。

节犯对人权任意侵犯的担心其实没有必要。

我国刑法之所以规定情节犯，主要是为了将某些虽然具有一定的社会危害性，但其程度尚未达到应受刑罚惩罚的行为或者人身危险性较小的行为排除在犯罪的范畴之外，从而正确地划分罪与非罪的界限。① 行为的社会危害性和人身危险性是犯罪的本质特征，不过是抽象的，往往通过各种犯罪构成要件体现出来。因此，在刑法分则条文中，需要详细地规定各种犯罪构成要件，以便为司法机关划分罪与非罪的界限提供法律标准。但是，有些行为，虽然主观与客观的要件都具备了，但是如果不加区分地一概认定为犯罪，就会使刑法的打击面失之过宽，不利于实行区别对待，体现惩办与宽大相结合的刑事政策。所以，正是从保障人权的角度出发，防止任意把那些轻微的危害社会的行为作为犯罪处理。

在大陆法系国家的法律体系中，刑法中的行为与其他法律中的行为在构成上是不具有重合性的，刑法所调控的行为不会进入其他法律调控的范围。对于那些在性质上也是犯罪但是不具有刑罚处罚性的行为，通过一定的司法程序将其排除在刑罚处罚的范围之外；同时，也不会有其他处罚方式来处理该类行为，因为不同的法律处罚都具有自己特定的对象。在我国的法律体系中，刑法作为保障法而存在，除了特定的行为属于刑法特有的调整范围之外，还要保障其他法律法规所确认的秩序，这就决定了大量的类型化了的行为由于其不同程度的社会危害性而为不同的行为规范所调整。因此，我国刑法中所规定的很多犯罪行为和其他行为规范所调整的行为在行为类型或者构成模式上存在相当多重合的情形。情节犯的存在，就是将大量危害社会行为非犯罪化，交给其他行为规范调整，在立法上缩小刑法的犯罪圈，从而实现刑法保障人权的机能。

在情节犯中，在对"情节严重"进行解释的时候，由于"情节严重"以外的构成要素不足以反映出行为社会危害性的严重程度达到应受刑罚惩罚的程度，因此司法者在对该行为性质进行评价的时候，必须加入"情节严重"这一因素进行综合评价。而解释者在对"情节严重"进行解释的时候，笔者认为，就是要通过"情节严重"来限制犯罪成立的范围。这样，一方面体现刑法谦抑性价值，另一方面可以节约司法成本，考虑刑法经济性原则，集中有限司法资

---

① 参见陈兴良：《刑法哲学》（修订版），中国政法大学出版社 1997 年版，第 584 页。

源，打击那些社会危害性严重的行为。这就反映了情节犯立法立足于保障人权的基本立场。例如，《刑法》第 395 条第 2 款（隐瞒境外存款罪）规定："国家工作人员在境外的存款，应当依照国家规定申报。数额较大、隐瞒不报的，处二年以下有期徒刑或者拘役；情节较轻的，由其所在单位或者上级主管机关酌情给予行政处分。"因此，当犯罪圈极度扩张，犯罪泛化倾向出现的时候，大量的社会危害比较轻微的行为也可能会被纳入刑法打击的视野，导致司法机关无数案件积压。情节犯的存在恰恰是通过非犯罪化的方法来缩小刑法的打击面，从而实现刑法谦抑的有效途径。

我国刑法主要是通过以下几种规定方式来划定犯罪圈而将一般违法行为排除在外的：一是以情节是否严重、是否恶劣作为区分标准，如《刑法》第 260 条规定的虐待罪以"情节恶劣"作为成立犯罪的条件，对情节一般的虐待行为则按照《婚姻法》第 43 条、第 44 条的规定处理；二是以后果是否严重作为区分标准，如《刑法》第 136 条规定的危险物品肇事罪以"发生重大事故，造成严重后果"为构成要件，对未造成严重后果的违反危险物品管理规定的行为则根据《治安管理处罚法》第 2 条的规定处理；三是以是否引起可能导致某种严重后果的严重危险为标准，如《刑法》第 332 条规定的妨害国境卫生检疫罪就以"引起检疫传染病传播或者有传播严重危险"为构成要件，对未引起这种严重危险的行为则依据《国境卫生检疫法实施细则》第 109 条的规定处理；四是以数额是否较大、是否巨大或者数量是否大、是否较大作为区分标准，如《刑法》第 266 条规定的诈骗罪就以"数额较大"为构成要件，对未达这一标准的一般诈骗行为则依据《治安管理处罚法》第 2 条的规定处理。其中，情节犯之"情节严重"的规定就是在司法实践中依靠司法者的解释来控制泛犯罪化的倾向，防止把轻微的违法行为作为犯罪来处理。既然立法者通过设立各种不同的犯罪构成模式来控制犯罪圈，情节犯也是其中之一，那么司法者在适用情节犯的立法模式的时候，通过对"情节严重（情节恶劣）"的考察，最终判断行为是否符合该情节犯的犯罪构成。因此，情节犯的司法适用体现了对人权的保障作用。

### 3.2.2 情节犯的犯罪化价值——保护社会

犯罪化的实质问题就是刑法对犯罪圈的合理界定问题，即在什么样的情况下，对什么样的行为进行犯罪性评价的问题。社会行为的复杂性决定了立法者在对行为性质进行考察的时候，必须遵循某种价值标准，并依据这些标准去划分犯罪圈。首先，从立法层面上看，犯罪化的标准应当表现为行为具有可罚性，即以刑罚作为制裁手段的轻重程度和行为性质相当，也可以认为是必要性标准。有学者指出："犯罪化标准问题，在根本上也是一个刑法观问题。可以说，刑法观问题不但是解决犯罪化根据的根本问题，也是制约刑事立法与刑事司法的一个根本问题。"[1] 其次，从司法的角度来看，"社会危害性"是犯罪化的综合判断标准，它不仅仅表现在立法层面上，还表现在司法层面上。犯罪化同样需要司法者对"社会危害性"进行判断，以决定某种具体行为是否具有社会危害性，是否需要追究刑事责任，是否需要立案侦查、批准逮捕、提起公诉、判处刑罚等等。因此，社会危害性的判断主体可以是立法者，也可以是司法者。在立法环节上，可以说这种判断主体是立法者；而在司法实践层面上，司法者当然也是社会危害性的判断主体。对于情节犯而言，其"情节严重"就是立法者对行为性质犯罪化的"量"的概括性要求，而情节犯之"情节严重"的判断标准就是司法层面上的判断。社会危害性的评价标准是多元的，针对不同的评价对象，不同的判断主体采用不同的判断标准，自然会得出不同的结论。在立法阶段，这种不同的结论影响和制约着刑法立法者的立法活动，决定了一国的犯罪圈的划定问题；同时，这种不同的结论也影响和制约着司法者的司法活动，同样决定了犯罪在司法中的认定问题。

刑法作为调整社会秩序的重要手段之一，其中各种制度和犯罪类型也就表现出对社会秩序的保护，情节犯的存在也正是基于对社会秩序的保护，而且以其特有的构成模式体现对社会秩序的保护。秩序首先表现为自发的社会秩序，而在一个公平、正义、自由的社会中，秩序往往是从社会内部建立起来的一种平衡，这也是法治下的最理想状态。但是，这种内部平衡又必须依赖从外部施加的一种强制力量来促使它的形成。在现代社会中，这种外部的力量就表现为法律规则的设立。秩序的最基本含义首先就表现为规则性，即事物存在和发展的稳定性、连续性和一致性。"秩序既存在于自然界也存在于人类社会。存在于自然界的秩序是自然秩序，即物质运动的稳定性和一致性。存在于人类社会

---

[1] 魏东：《现代刑法犯罪化的根据》，中国民主法制出版社2004年版，第7页。

中的是社会秩序,即社会在其存在、变化和发展过程中的可预测的稳定性和一致性。简单地说,社会秩序是指人类社会共同体存在、变化和运动过程中,社会结构和社会活动的相对稳定、协调的一种状态。"[1]

社会秩序包含社会本体秩序和人类行为秩序。所谓社会本体秩序,是指人类社会中各基本要素之间互动所形成的相对稳定、一致的状态。它包括人在劳动过程中形成的人和自然之间的关系、人在劳动生产过程中形成的人和人之间的关系,后一种关系就是生产关系。而建立在一定经济基础之上的生产关系是统治阶级运用刑罚加以保护的最重要的关系。与社会结构关系相对应的行为秩序,则是指实践活动主体在实践活动中的一种协调状态。人类在实践活动中所表现出来的随意性和目的性、不确定性和社会性的矛盾十分突出,而这种矛盾就表明了人类个体和群体社会之间的冲突,表现为个体行为中的随意性对社会群体的有序性的冲击;而与此同时,社会群体中的统治阶级又要通过运用各种手段,包括刑罚来达到控制社会个体活动的随意性的目的,从而使整个社会中的个体在行为时形成一种相对稳定、协调的状态。刑罚的目的就是要通过对社会秩序中人类行为秩序的控制来促成人类和自然之间的关系以及人类个体之间形成和谐的关系,即通过对人类行为秩序的控制来保障社会本体秩序的形成。[2] 这主要表现为:首先,人类在对自然界进行认识改造并意图使自然界更好地为人类服务的过程中,人的随意性和极强的功利性会导致人与自然这对矛盾体中对立的方面超过统一。在这种对抗中,起初总是具有主观能动性的人占上风,但是矛盾中的两个方面总是在此消彼长中行进的,当人类对于自然界的控制和利用超过了"度"时,就会出现"质"的变化,其结果是不言而喻的。因此,刑罚的矛盾就是要将人类行为控制在"度"的范围内,使人类和自然之间始终处于一种和谐的状态之中。其次,在人类生产劳动过程中所形成的社会关系,即人与人之间的关系,也是被统治者确认的关系,应当是最重要的关系。人类个体在各自的活动中由于利益的取舍和价值目标的迥异,导致了这种原本和谐关系的破坏。这时,国家和社会选择刑罚的目的就是要对这种行为的无序性进行重新整合,即通过国家的强制力来保障社会关系。这正如凯尔森所

---

[1] 曲新久:《刑法的精神与范畴》,中国政法大学出版社 2000 年版,第 1—2 页。
[2] 参见李翔、韩晓峰:《自由与秩序的和谐保证》,载《中国刑事法杂志》2004 年第 3 期。

说:"最早的社会秩序具有一种宗教的性质。起先,除宗教制裁,即出自一个超人权威的认可与制裁外,社会秩序就不知道还有其他什么认可和制裁。只是后来,至少是在较为狭小的集团本身内才出现于先验的认可与制裁并存的社会内在的认可与制裁,就是说,有组织的、由社会秩序根据这一秩序规定所决定的个人来执行的认可与制裁。"① 在阶级社会里,社会秩序不仅仅就是我们所说的纯粹的社会本体秩序和人类的行为秩序,当社会秩序形成以后,秩序的阶级性就凸现在我们的面前。民主制度最大的特点是选择,而在一个专制的社会里,服从就显得更加重要。当统治阶级为了满足自己的需要的时候,会通过各种行为和手段,当然包括刑罚在内,去追求自己所谓的社会秩序。

通过对社会秩序的简单分析,我们可以得出结论:无论是哪一种社会秩序,其构成要素都具有多样性,而对其中任何一个因素的破坏都会导致对整个社会秩序的破坏,犯罪行为就是表现为对社会秩序的破坏。而由于犯罪情况的复杂多样性,再加上我国地广人多,各地社会风貌很不相同,因此立法者采用了"情节严重"这一个具有相当伸缩性的概念,这样就将其解释权赋予司法机关。司法机关可以根据案件的具体情况作出合理的判断和解释,从而实现对社会秩序的积极保护。如前文所述,情节犯的规定是惩办与宽大相结合的刑事政策的体现,它表明了立法者对于不同的行为加以区别对待,从而体现了我国刑法的科学性。西方国家的犯罪概念没有定量因素的限制,在刑事立法上采用"立法定性,司法定量"的立法模式。刑法典的各类具体犯罪的定义基本上仍是建立在"犯罪即恶行""犯罪是反社会行为"这样的定性分析的观念上面。而我国则通过犯罪概念以及刑法分则中大量情节犯的规定来限制刑法的打击范围;同时,那些具有可变性的危害社会的行为也不会脱离刑事法律制裁的范围,从而实现刑法对社会保护的价值蕴含。

情节犯保护社会的功能在司法适用中还体现在情节犯的犯罪构成模式的设置上。任何一个危害社会的行为的社会危害性都是具体的,而不是抽象的,由于情节犯之"情节严重"存在"量"的要求,所以对情节犯构成的判断标准也应该综合考虑行为发生的特定时空、背景等因素。在不同的条件下,可能对行

---

① 〔美〕凯尔森:《法与国家的一般理论》,沈宗灵译,中国大百科全书出版社1996年版,第17页。

为社会危害性的"量"的评价标准不一样,而这都是由情节犯适用范围的特点决定的。正是情节犯适用性大的特点,保障了刑法应有的保护社会的作用。

情节犯在司法过程中既体现出其保障人权的作用,同时又体现了其保护社会的作用,而保障人权和保护社会两个价值目标存在某种程度上的对立统一关系,这是否说明情节犯的司法价值存在矛盾呢?通常所说的保障人权,更多的是保障被告人的人权,而保护社会的范围则更加宽泛。在秩序的和谐和公民(被告人)的自由这对矛盾中如何进行价值的优先选择,这是我们在适用情节犯时必须思考的问题。一方面,秩序为自由设定了范围,并通过对破坏这种范围的行为进行制裁来为自由提供保证;另一方面,自由又要以秩序为限度,只有对人们相互伤害的行为施加限制,他们作为一个整体才能在一切不会造成社会不和谐的行为中获得自由。笔者认为,个人的自由和秩序的和谐并不都是以自由作为优先的选择而把秩序作为第二位的。其实,在不同的社会形态中,或在同一社会形态中的不同发展阶段,二者的地位也是在此消彼长中呈现对立统一的状态。因此,在适用情节犯的过程中,对情节犯之"情节严重"的判断应结合我国特定时期的社会背景以及行为发生的具体时空条件。同时,对情节犯的判断,还应该立足于刑法分则中具体构成要件的设置,还应着眼于具体分析各种不同构成要件的立法理由,才能真正在刑事司法中发挥情节犯保护社会和保障人权的双重价值。

### 3.2.3 情节犯与犯罪概念的定量分析

对于犯罪概念的分析,[①] 我国有学者提出,在当今世界上大体存在两种定罪模式,一是单纯的定性分析,二是定性+定量分析。[②] 在大陆法系国家,通行的是"立法定性,司法定量"的方法,因此根据行为性质区分罪与非罪的界限。任何犯罪都是一种行为,这种行为具有特定的性质,是否属于刑法规定的某种行为,就成为定罪的根据。在这种情况下,犯罪构成是行为的质的构成,

---

[①] 情节犯与犯罪概念的定量分析即情节犯与我国《刑法》第13条但书的关系,可以从两个方面考察:第一,从立法层面上考察情节犯与"但书"的关系;第二,从司法层面上考察情节犯与"但书"的关系,即主要从"但书"的司法适用层面对其进行考察。本书中,二者兼而论及,但以情节犯与"但书"的司法适用为主。

[②] 参见储槐植、汪永乐:《再论我国刑法中犯罪概念的定量因素》,载《法学研究》2000年第2期。

而不涉及行为的量。因此,犯罪构成要件是罪质要素。在我国犯罪构成理论中,有学者提出犯罪构成中的"罪量要素"。① 论者认为,日本刑法理论上也有"可罚的违法性说"之倡导,主张对轻微的法益侵害行为不予处罚。但在犯罪构成体系上,是通过构成要件阻却与违法性阻却的方法解决的,而没有设置一般性的罪量要素。② 我国对犯罪成立条件的设置不同于大陆法系国家,在立法上不仅定性,而且定量。我国《刑法》第13条规定:"一切危害国家主权、领土完整和安全,分裂国家、颠覆人民民主专政的政权和推翻社会主义制度,破坏社会秩序和经济秩序,侵犯国有财产或者劳动群众集体所有的财产,侵犯公民私人所有的财产,侵犯公民的人身权利、民主权利和其他权利,以及其他危害社会的行为,依照法律应当受刑罚处罚的,都是犯罪,但是情节显著轻微危害不大的,不认为是犯罪。"其中,"但是情节显著轻微危害不大的,不认为是犯罪"的规定,是我们通常所说的"但书"。但书的存在,不是我国刑法的独创,而是在借鉴外国刑事立法的基础上结合我国传统法律文化的产物。

在我国刑法分则对具体犯罪的规定中,对犯罪定量因素的要求大体上有两种情形:一是刑法没有明确规定在认定犯罪的时候要有定量要求,而只是对行为作了规定。例如,《刑法》第232条关于故意杀人罪的规定,只要实施了故意杀人行为,都应构成犯罪而无论情节轻重。即便如此,故意杀人行为仍有按照《刑法》第13条但书规定不认为是犯罪的情形。例如,对1986年发生在汉中的我国首例安乐死案件,1991年4月,汉中市法院对涉嫌故意杀人罪被起诉的两个被告人作出"情节显著轻微危害不大,不认为是犯罪"的无罪判决。1992年3月25日,汉中地区中级人民法院维持了一审判决。③ 二是刑法明确规定在定罪的时候应当考虑定量的要求。例如,《刑法》第307条第2款关于帮助毁灭、伪造证据罪的规定,构成本罪不仅要有帮助当事人毁灭、伪造证据的行为,而且这种行为还必须达到情节严重的程度。这里的"情节严重",就是该罪的定量要素。

---

① 参见陈兴良:《作为犯罪构成要件的罪量要素——立足于中国刑法的探讨》,载《环球法律评论》2003年秋季号。
② 参见刘为波:《可罚的违法性论——兼论我国犯罪概念中的但书规定》,载陈兴良主编:《刑事法评论》(第10卷),中国政法大学出版社2002年版,第67页以下。
③ 参见《刑法问题与争鸣》(第二辑),中国方正出版社2000年版,第428—430页。

犯罪概念的定量因素是我国刑法的创新。① 犯罪概念的定量因素具体体现在我国刑法总则规定的犯罪的一般概念和刑法分则规定的诸多具体犯罪的概念之中。我国刑法中对犯罪定量因素的要求表现在两个方面：第一，《刑法》总则第 13 条在概括规定犯罪的一般概念之后，接下去的但书规定："情节显著轻微，危害不大的，不认为是犯罪。"但书的这一规定是对刑法分则诸多具体犯罪构成数量要件（直接规定的和实际内含的）的概括。其正面意思是，社会危害大到一定程度的才是犯罪。但书把定量因素明确地引进到犯罪的一般概念之中。犯罪定量要求的第二个表现，就是我国刑法分则的许多具体犯罪构成都含有定量因素，情节犯就是这种包含定量因素的典型犯罪构成模式。第 13 条但书对罪与非罪的区分体现了刑法的谦抑性，对所有具体犯罪之罪与非罪的区分都有制约作用，即"情节显著轻微，危害不大"对所有犯罪来说都是罪与非罪的区分标准。进行"情节显著轻微，危害不大"之判断的过程是进行社会危害性评价的过程，而得出的结论是刑事违法性的有无，故同时也是一种刑事违法性评价。可见，适用第 13 条但书区分罪与非罪的过程，是社会危害性与刑事违法性共同发挥评价标准作用的过程。

情节犯中情节严重的判断应当存在一定的标准，在把握标准时，应当结合犯罪是主客观的统一的标准进行综合判断。这种标准除了包括有权解释的主体所作的解释以外，还包括每一个法官在具体办案的时候所凭借的自己的法律意识、司法经验以及所掌握的标准。在这种情况下，对情节严重的判断可能会影响到行为性质的实质性判断，即罪的有无。但是，无论是定罪还是不定罪，只要对这个边缘内容判断能言之有理，就应该是正确的裁判。至于我国审级制度中二审法院对一审法院的判决可能会维持原判，也可能由于二审法院法官对案件的事实认定、法律理解上的差别导致和一审法院法官是有出入的，但是从应然的角度来讲，不能就此认定一审法院的判决是错误的裁判，而二审法院的判决就是正确的。二审法院的判决之所以得以成立，仅仅是因为审级权限上的差别所致。从司法角度来说，遇到可定罪可不定罪的情况，即对于情节是否显著轻微，也同样应当从刑法的谦抑角度出发来衡量和判断，可以使用也可以不使用刑罚的，首先应当考虑不使用刑罚。因为刑罚本身也是一种"恶"，它存在

---

① 参见储槐植：《我国刑法中犯罪概念的定量因素》，载《法学研究》1988 年第 2 期。

很多消极因素，如果使用刑罚，从总体上来说，社会"恶"的总量是在增加而不是减少，这显然不是一个和谐社会的表征。例如，对于初犯、偶犯、未成年犯、自首犯等，这些行为人主观恶性本来就不是很大，并且其行为本身给社会所造成的实际损害也较小，有的可能就是刚刚达到法律规定的构成犯罪标准，此时就应当首先考虑充分发挥社会、部门、单位、家庭等社会力量综合治理的积极作用，使他们改恶从善，充分发挥那些非刑罚处罚方法的积极作用。

1926年《苏俄刑法典》第6条规定了犯罪的概念，其附则规定："对于形式上虽然符合本法典分则某一条文所规定的要件，但因显著轻微，并且缺乏损害结果而失去危害社会的性质的行为，不认为是犯罪行为。"1960年《苏俄刑法典》第7条第2款规定："形式上虽然符合刑事法律所规定的某种行为的要件，但是由于显著轻微而对社会没有危害性的作为或不作为，不认为是犯罪。"这可以认为是刑事立法中对犯罪概念作出实质性界定的首创。中华人民共和国成立后，在借鉴苏俄刑事立法经验的基础上，1954年中央人民政府法制委员会拟定的《中华人民共和国刑法指导原则草案》第1条中规定："情节显著轻微并且缺乏危害后果，因而不能认为对社会有危险性的行为，不认为犯罪。"此后，我国刑法草案中都有类似规定。① 新中国第一部刑法典——1979年《刑法》第10条规定："一切危害国家主权和领土完整，危害无产阶级专政制度，破坏社会主义革命和社会主义建设，破坏社会秩序，侵犯全民所有的财产或者劳动群众集体所有的财产，侵犯公民私人所有的合法财产，侵犯公民的人身权利、民主权利和其他权利，以及其他危害社会的行为，依照法律应当受刑罚处罚的，都是犯罪；但是情节显著轻微危害不大的，不认为是犯罪。"1997年《刑法》全面修订的时候，对该条未作任何修改地予以保留。因此，可以说，苏俄刑法中关于犯罪概念的实质性规定，是我国刑法中但书的直接渊源。此外，有学者指出，但书在我国刑事立法中的存在是受到"法不治众"观念的制约。即延续了几千年的中国传统法律文化对于我国刑法中犯罪概念的形成起到了很大的作用。② 我国传统刑法文化的基本内涵可以概括为两大方面：一方面，刑法介入社会生活范围之广，是十分罕见的；另一方面，刑罚手段的严厉

---

① 具体可以参见高铭暄、赵秉志编：《新中国刑法立法文献资料总览》，中国人民公安大学出版社1998年版，第136页以下。

② 参见张永红：《我国刑法第13条但书研究》，法律出版社2004年版，第11页。

性（残酷性）。在"诸法合体，刑民不分"的中华法系中，刑法作为调控社会的主要手段之一，在法律体系中居于核心地位，起主导性作用。刑罚可以用来处理社会生活中各种冲突与矛盾，这样刑罚适用的范围就十分宽泛，那些本来不应该属于刑法调控范围的生活冲突也利用刑罚的手段来解决了。而按照现代刑法理念，利用刑罚手段来调整的行为，就属于犯罪行为，这样犯罪圈过于宽泛，再加上刑罚极其严厉，使民众个体人人自危，甚至会使民众与国家形成强烈的对抗心理，不利于确立民众对刑法的认同，更无法确立民众对刑法的忠诚，从而确立法律权威稳定的社会地位。众所周知，犯罪的原因是多方面的，是非常复杂的，试图仅仅通过刑罚手段来控制犯罪，是不可能也做不到的，再加上刑罚本身的有限性和自身的消极作用，使我们认识到，不能仅仅通过泛犯罪化和泛刑罚化来解决犯罪问题。而使用但书则可以从根本上限制犯罪圈，缩小打击范围，从而消解上述矛盾。这并不是饮鸩止渴的办法，而是从实际出发，做到行为与责任的统一。

我国犯罪概念中"情节显著轻微，危害不大，不认为是犯罪"的规定，已经表明我国刑法之犯罪概念界定中的定量因素。因此，有种观点认为，关于刑法中情节犯之"情节严重"的规定没有必要了，这只是立法技术或者形式的问题。* 笔者认为，这种观点是值得商榷的。张明楷教授指出，利用"立法技术"来解释我国刑法分则中情节严重的要求，只是形式的说明，并没有回答为什么立法者只是在部分条文中写明，而在另一些条文中却不说明。他认为，首先，写明"情节严重"的条文，都是因为其对"情节严重"之外的罪状的描述，还不能使行为的社会危害性达到应受刑罚处罚的程度。其次，对犯罪构成及其要件必须进行实质的解释，使犯罪构成的整体所反映的社会危害性达到应受刑罚处罚的程度。但是，在没有写明"情节严重"的犯罪中，解释者只能在

---

\* 有人提出，国外刑法中没有规定犯罪的"情节"问题，也没有天下大乱，我国刑法中的"情节"能不能去掉？

笔者认为不能去掉，这实际上是关于立法模式即我国立法定量问题。储槐植教授早在20世纪80年代就在《法学研究》上撰文讨论了这个问题，此后又再次写文章专门论述。笔者在写作过程中也认真研读了这些文章，在自己的文章中也引用了他的观点。西方国家采用立法定性的模式，而立法定性且定量是我国刑法的独创，它有以下优点：减少犯罪数量，降低犯罪率；使相当数量的公民免受犯罪污名的困扰；可以更加有效合理地配置有限的司法资源，便于集中有限的司法资源去应对那些对国家、社会和公民生命财产造成更大危害的犯罪行为；等等。

其他要件中考虑自己的解释是否使行为的社会危害性达到了应受刑罚处罚的程度，而不应在构成要件之外任意加入"情节严重"的要素。① 我国刑法中的情节犯与第13条但书之间到底存在一种什么样的关系呢？可以肯定的是，我国刑法中的情节犯除了极少数几个罪名的最高法定刑为5年有期徒刑以外，其余情节犯的最高法定刑都是3年或者3年以下。所以，从总体上看，可以认为，情节犯在我国刑法中都属于轻罪的范畴。但是，为什么我国刑法中有的罪名的最高法定刑也为3年以下甚至更低，而刑法却没有把它们作为情节犯来规定，要求其也把"情节严重（情节恶劣）"作为犯罪成立的情节要求或者作为认定该罪的既遂标准呢？

笔者认为，我国刑法总则中但书的规定，从总体上反映了我国刑法中犯罪概念的定量要素。在这种犯罪概念的制约下，我国刑法分则中才规定了大量的情节犯、数额犯等犯罪类型。其中，情节犯可以说是犯罪概念在具体犯罪构成中的反映。也可以说，犯罪概念的普遍性意义只有在各个具体犯罪的犯罪构成中才能得以体现，此时的犯罪概念才是有意义的。情节犯在某种程度上说就是我国刑法总则中犯罪概念的具体反映。但是，情节犯的存在又是有其独立价值和意义的。那种认为我国刑法中所有犯罪都是情节犯——因为所有犯罪的成立都要求是情节严重的——的观点是错误的。该种观点混淆了犯罪概念的普遍意义与情节犯的犯罪构成的特殊要求的界限。具体来说，有以下几个问题需要说明：

首先，犯罪概念中的定量因素——但书——是抽象意义上的统括性要求，它是从一般意义上去限制犯罪圈，从而凸显刑法的谦抑性价值；而情节犯中的"情节严重"的要求，则是对具体犯罪的社会危害性的描述，通过"情节严重"的要求填充犯罪构成的实质性要素，强化该种犯罪的犯罪成立条件，从而进一步控制某一具体犯罪的成立。

其次，从逻辑思维方式上看，但书的规定首先是在宏观上对犯罪构成的限制，其逻辑思维方式是从一般到特殊。例如，我国《刑法》第263条（抢劫罪）规定："以暴力、胁迫或者其他方法抢劫公私财物的，处三年以上十年以下有期徒刑，并处罚金；有下列情形之一的，处十年以上有期徒刑、无期徒刑

---

① 参见张明楷：《刑法分则的解释原理》，中国人民大学出版社2004年版，第226页。

或者死刑，并处罚金或者没收财产：（一）入户抢劫的；（二）在公共交通工具上抢劫的；（三）抢劫银行或者其他金融机构的；（四）多次抢劫或者抢劫数额巨大的；（五）抢劫致人重伤、死亡的；（六）冒充军警人员抢劫的；（七）持枪抢劫的；（八）抢劫军用物资或者抢险、救灾、救济物资的。"其中虽然没有对抢劫手段——暴力、胁迫或其他方法作进一步描述，也没有对抢劫数额作任何限制，但是如果行为人与被害人系亲属，采用的手段也轻微，且抢劫数额极其微小，此时对行为人不定抢劫罪的思维方式有两种：一种认为，行为人的行为完全符合抢劫罪的犯罪构成，然后再用《刑法》第 13 条但书将其出罪化；另一种逻辑的思维模式则是认为由于以上的案件具体情况，行为人的行为本身就不符合抢劫罪的犯罪构成，因此不成立抢劫罪。笔者倾向于后一种思维模式，这才是但书发挥作用正确的思维方式。即其作用应该在具体犯罪成立中体现，而非前一种思维模式。再如，《刑法》第 239 条（绑架罪）规定："以勒索财物为目的绑架他人的，或者绑架他人作为人质的，处十年以上有期徒刑或者无期徒刑，并处罚金或者没收财产；情节较轻的，处五年以上十年以下有期徒刑，并处罚金。犯前款罪，危害被绑架人的，或者故意伤害被绑架人致人重伤、死亡的，处无期徒刑或者死刑，并处没收财产。以勒索财物为目的偷盗婴幼儿的，依照前两款的规定处罚。"在认定该罪时，我们同样应该运用前述的评价思维模式。而情节犯中的"情节严重"则与上述思维模式相反。例如，我国《刑法》第 256 条（破坏选举罪）规定："在选举各级人民代表大会代表和国家机关领导人员时，以暴力、威胁、欺骗、贿赂、伪造选举文件、虚报选举票数等手段破坏选举或者妨害选民和代表自由行使选举权和被选举权，情节严重的，处三年以下有期徒刑、拘役或者剥夺政治权利。"在认定破坏选举罪的时候，除了破坏选举罪的基本犯罪构成以外，我们还应该考虑什么才是"情节严重"的情形。如果没有"情节严重"的情形，则不认为是犯罪。此时的思维模式是直接考虑行为是否属于"情节严重"，并通过对"情节严重"的解释来限制破坏选举罪的成立范围。例如，在国家机关工作人员利用职权破坏选举案件中，根据 2006 年《最高人民检察院关于渎职侵权犯罪案件立案标准的规定》，"国家机关工作人员利用职权破坏选举，涉嫌下列情形之一的，应予立案：1. 以暴力、威胁、欺骗、贿赂等手段，妨害选民、各级人民代表大会代表自由行使选举权和被选举权，致使选举无法正常进行，或者选举无效或者选举结果不真实的；2. 以暴力破坏选举场所或者选举设备，致使选举无法正常进行的；3. 伪造选民证、选票等选举文件，虚报选举票数，产生不真实的选举结果或者强行宣布合法选举无效、非法选举有效的；4. 聚众冲击选举场所或者故意扰乱选举会场秩序，使选举工作无法进行的；5. 其他情节严重的情形。"因此，在认定破坏选举罪中，首先要考察该罪的基本犯罪构成要件，然后再结合上述解释对"情节严重"进行判断，最后确定行为的性质。

再次，对《刑法》第13条但书和情节犯中情节要求的理解和主张，尽管都应当结合我国基本刑事政策，并考虑刑法的谦抑性原则，从我国现阶段的国情出发，但是但书的规定只是从一般意义上去理解，而情节犯则是针对个罪而言的。所以，要结合案件发生的具体背景和时空性，并考虑行为人的人身危险性，只有这样，才能尽可能地缩小打击范围，化解各种社会纠纷和社会矛盾。这一理论主张，已在司法实践中得以正确运用，对于保障我国社会秩序和谐发展起了重要作用。

最后，但书规定的情节要求是一般构成要素，而情节犯中的情节要求则是特定构成要素。情节犯中的情节要求是以但书规定为前提的，它是犯罪概念定量因素具体化的表现形式之一。它们之间存在辩证统一的关系。

## 3.3 本章小结

从立法层面上看，情节犯在我国刑法中的大量存在，有其特定的价值基础和必要性。从司法层面上看，情节犯的存在，首先通过情节严重（情节恶劣）作为犯罪构成的情节要求，限制了犯罪认定的随意性，在事实上控制犯罪圈，这在司法实践中有利于保障人权；此外，通过情节严重的情节要求，在保证刑法稳定性的基础上实现了对社会保护的价值。情节犯是我国刑法中保障人权和保护社会的集中体现。

情节犯的存在，是我国刑法中犯罪概念在刑法分则上的具体表现形式之一。它与我国《刑法》第13条但书是抽象化和具体化的一对范畴。情节犯作为以情理为基础和基于对社会关系复杂性、多变性的特点认识的现实而创立的一种犯罪类型，在某种程度上对实现了对情理和法律之间冲突的协调，能够最大限度地满足特定历史时期民众的心理价值需求。在我国过去的伦理社会中，个体的独立性被家族主义淹没，而随着对外交流的日益频繁，国外很多法律制度甚至法律思想正在影响着我们的社会，其中要求以个人为本位的法律立场也正在融入我国刑事法治的潮流。需要提醒的是：在保障个人自由、个体尊严和个人利益的同时，我们不应该忽视对社会整体和谐的关注。

# 第 4 章

# 情节犯构成论

## 4.1 情节犯与犯罪构成理论概说

### 4.1.1 犯罪构成理论概览

情节犯与其他犯罪类型一样，它的成立需要以我国犯罪构成理论作为其模式。所谓"犯罪构成理论"，是指以刑法规定的犯罪构成要件为中心建立起来的犯罪论体系。它的出发点是罪刑法定主义，是定罪必须以刑法明文规定的构成要件为依据的要求，是以立法权限制司法权，避免司法擅断、专横。犯罪构成理论最先是由德国刑法学家创立的，之后日本刑法学家对它的完善做出过重大贡献，而苏联刑法学家对它也有所创新和发展。今天，它已成为一种相当成熟、完备的刑法理论，不仅在大陆法系国家被广泛地研究和应用于司法实践，而且已经开始向英美法系国家广泛渗透。犯罪构成在各国刑法理论中，都是犯罪论的核心部分。整个犯罪理论都是在架构犯罪的成立框架，即犯罪构成。犯罪构成划定了可能成立犯罪的行为的范围，构筑了封闭的犯罪圈。同时，犯罪构成为法官认定犯罪提供了相对确定的标准和规格，某种行为要构成犯罪，必须符合刑法所规定的犯罪构成要件，从而使犯罪的认定具有规范性、程序性，而不再是任意的、武断的。从这个意义上说，犯罪构成对法官的司法权构成了实质性的限制。所以，有学者指出，它在很大程度上起着过滤器的作用，防止法官任意把刑法以外的行为作为犯罪处理，从而使司法权保持在犯罪构成所划定的合法限度内，保护公民的自由和权利不受司法擅断的侵犯。[①]

据学者考证，大陆法系的犯罪构成理论，最早可以追溯到 1581 年意大利刑法学者法利丘在"constare de delicto"一语的基础上引申出的"corpus delicti"（犯罪事实）一语；正式起源于 1676 年，德国刑法学家克莱因把这一用语翻译成诉讼意义上的"Tatbestand"（犯罪构成）；成形于 19 世纪初，斯求

---

[①] 参见沈琪：《刑事法治视野中的犯罪构成》，载《黑龙江省政法管理干部学院学报》2004 年第 3 期。

别尔和费尔巴哈将其变为带有实体法意义上的概念；发展于 20 世纪初，贝林格和迈耶将其从犯罪概念中分离出来，形成独立的纯客观意义上的理论体系，后又经麦兹格等人的发展，使犯罪构成中包含部分主观因素；完善于 20 世纪 50—60 年代，墨拉哈和小野清一郎等学者经过进一步努力，将故意、过失纳入犯罪的构成要件。① 总之，可以认为，现代大陆法系犯罪构成理论是从 20 世纪初期开始建立的，经历了从古典派到新古典派，再到新派的历史演进过程，最终确立了构成要件符合性、违法性和有责性的犯罪构成三元理论。其中，符合性要件是指行为符合刑法分则所规定的具体犯罪的特征，其内容包括行为、结果、行为客体、行为情形、因果关系、构成要件的故意与过失等。违法性要件指的是违反法律的规定。大陆法系递进式的理论体系认为，符合性要件和违法性要件是"烟与火的关系"，前者不仅是后者的认识根据，还是后者的存在根据——某一行为如果符合构成要件，一般就可以肯定它违法。但正如有时"没有火也存在烟"的例外一样，如果行为具有违法阻却事由（如正当防卫、紧急避险等），行为就不具有违法性。如果不存在违法阻却事由，便进一步审查行为人有无责任。有责性要件包括责任能力、责任故意和过失、期待可能性等。如果某行为符合构成要件，也违反法律的规定，但存在责任阻却事由（如行为人是精神病患者或未成年），也不能成立犯罪。三要件之间具有紧密的联系，但在判断时却是层层递进，依次过滤，体现出鲜明的递进与依次特征。

在英美法系国家，刑法的价值取向集中表现为公正性和功利性。大陆法系国家的刑法理论重思辨，是学者型理论；而英美法系国家的刑法理论注重实务，是法官型理论。② 在美国刑法中，犯罪构成包括两个层次：第一层次——犯罪本体要件，具体包括犯罪行为、犯罪心态等；第二层次——责任充足条件，具体包括诸种合法辩护的排除等内容。犯罪本体要件，是种种具体罪刑的抽象，形成行为样态，体现国家意志和权力，发挥规范行为和保护公共利益的刑法功能。责任充足条件，是诉讼活动中辩护理由的总结，上升至实体范畴，体现国家权力自我约束机制和保障公民权利的刑法功能。狭义的犯罪行为（actus reus）指的是"有意识的行为"，其构成要素为行为（act）和意识

---

① 参见侯国云：《犯罪构成理论的产生与发展》，载《南都学坛（人文社会科学学报）》2004 年第 4 期。

② 参见储槐植：《美国刑法》（第二版），北京大学出版社 1996 年版，第 1 页。

(voluntariness),其表现形式分为作为(action)、不作为(omission)和持有(possession)。犯罪心态(mens rea)就是行为人在实施社会危害行为时应受社会谴责的心理状态,包括两层含义:一是规范内容,二是心理内容。以《模范刑法典》为代表的美国当代刑法中的犯罪心态模式有四种,即蓄意(purpose 或 intention)、明知(knowledge)、轻率(recklessness)和疏忽(negligence)。责任充足要件——排除合法辩护是诉讼意义上的犯罪要件。合法辩护(legal defense)又称"免责事由",可分为两类:一类是可得宽恕(excuse),如未成年、错误、精神病、被迫行为等;另一类是正当理由(justification),如紧急避险、正当防卫、警察圈套等。合法辩护强调刑法的人权保障功能,同时也准确反映了司法中的定罪过程。[①] 而在英国刑法中,构成犯罪的要件有三个:一是犯罪行为,二是犯意,三是缺乏有效辩护。前两个属于实体上的,后一个属于诉讼上的。但严格说来,"犯意"又可以归于"犯罪行为"之中。因为"当我们说某一事件是犯罪行为时,我们的意思是如果行为是在犯意支配下实施的,该事件才是犯罪。将其表述为犯罪行为意味着没有道义上或法律上的价值判断。对犯罪行为和犯意的分开只是为了方便解释而已。在法律上只有犯罪这个概念,而且,只有当犯罪行为与犯意一致时,犯罪才存在"[②]。

俄罗斯犯罪构成理论在苏联的犯罪构成理论的影响下,有了新的发展。具体而言,犯罪构成是指"在人的行为中存在刑事法律规定的全部犯罪要件"。同时,犯罪构成是构成危害社会行为的客观和主观必要要素的体系,在这个体系中存在着四个分体系:客体、犯罪的客观方面、主体和犯罪的主观方面(这四个分体系同时又被称为"犯罪构成的要素",而分体系以下的内容也被称为"要素"。在这一点上,显得有些不合逻辑)。在每个分体系下,又存在着犯罪构成的必要要素和任意要素。犯罪客体中包括一般客体、类客体、直接客体和犯罪对象。其中,犯罪对象属于任意要素。在犯罪的客观方面,犯罪行为(包括作为和不作为)、有害后果、因果关系属于必要要素,实施犯罪行为的时间、地点、方式、环境、工具和其他外部环境情节属于任意要素。在犯罪主体中,行为人的责任年龄和责任能力属于必要要素,专门主体(它们往往由于主体的

---

① 参见储槐植:《美国刑法》(第二版),北京大学出版社 1996 年版,第 3—4 页。
② 〔英〕J.C. 史密斯、B. 霍根:《英国刑法》,李贵方等译,法律出版社 2000 年版,第 64 页。

职业活动而缩小主体的范围）属于任意要素。在犯罪的主观方面，故意和过失属于必要要素，动机、目的、情绪状态属于任意要素。在犯罪构成体系中，"哪怕一个必要要素不存在，更不用说一个分体系不存在，就会导致整个犯罪构成体系的瓦解，就会导致人的行为不存在犯罪构成"[①]。同时，本质上属于任意要素，如果在刑法分则具体条文中作了规定，就成了必要要素。没有它们，犯罪也不能成立。

20世纪50年代，我国刑法学主要是以特拉伊宁的犯罪构成学说为蓝本，接受苏联的犯罪构成理论。不论是犯罪构成的定义，还是犯罪构成的四大要件，以及四大要件的排列顺序，都与特拉伊宁的犯罪构成学说完全一致。[②] 但是，我国在犯罪构成要件之下，没有再明确区分为犯罪构成的必要要素或选择要素，而是直接称之为"必要要件"或"选择要件"。

### 4.1.2 情节犯与犯罪构成理论的关系

如前文所述，犯罪构成的出发点是罪刑法定主义，其价值判断的基础是保障人权。因此，从这个角度上说，犯罪构成应该是完整的、明确的。但是，事实上，刑法不可能将所有犯罪构成都规定得明白无误。因为犯罪的实质性内涵是随着社会的发展和价值观的变迁而不断变化的，况且存在的事物也远远大于描述它们的词汇，而刑法的法律性质决定其需要保持相对的稳定性，所以不能朝令夕改，捉摸不定的刑法规范无法让民众判断自己的行为，会使刑法失去对行为的引导性价值。因此，刑法规范中犯罪构成的开放性就不可避免。所谓开放的犯罪构成（要件），"是指由于立法者未能详尽地描述构成要件的各种要素，根据刑法规范对构成要件的字面规定，尚无法判断行为是否违法，还需要法官进行其他补充判断的构成要件。换言之，在行为违法性的判断上非自足的构成要件，就是开放的构成要件。"[③] 笔者认为，其中"未能详尽地描述构成要件的各种要素"应包括两种情形：一是语言的有限性决定了不能全面反映客

---

[①] 〔俄〕库兹涅佐娃、佳日科娃主编：《俄罗斯刑法教程》（总论），黄道秀译，中国法制出版社2002年版，第170页。

[②] 参见〔苏联〕特拉伊宁：《犯罪构成的一般学说》，薛秉忠等译，中国人民大学出版社1958年版。

[③] 刘艳红：《开放的犯罪构成要件理论研究》，中国政法大学出版社2002年版，第148页。

观自然现象和自然要素的组合与变化；二是立法者有意识地选择概括性语言作为对犯罪构成要件的表述。情节犯之"情节严重（情节恶劣）"的表述综合反映了开放性犯罪构成的特点。所以，情节犯的存在，对我国犯罪构成理论产生了重要的影响。它认可了在完整的犯罪构成之外还存在修正的犯罪构成，而开放性犯罪构成作为修正犯罪构成的一个种类，通过情节犯理论贯彻了犯罪构成、理论存在的可能性。情节犯之犯罪构成要件需要司法者对立法者所作表述进行补充，以实现犯罪构成在司法实践上的周延性。这给开放性犯罪构成要件的司法适用提供了空间和可能性。而情节犯的存在不仅仅对我国犯罪构成理论产生影响，它还具有很强的实践性。它在立法和司法上摆脱了传统构成要件理论的严格规则主义，注意到构成要件要素的多重性和非确定性，为我国犯罪构成理论的研究提供了立法和司法实践以及理论基础。情节犯的存在为现有犯罪构成理论的拓展和深化提供了可能性。情节犯使刑法在具备稳定性与相对明确性的同时，又能兼顾到社会的多变性与司法的灵活性。情节犯解决了刑法典的稳定性与社会发展之间的矛盾，既遵循立法者的法律规则主义，又赋予司法者一定程度的自由裁量权。综上所述，情节犯所具有的灵活性、时代性、多样性与实用性，不仅使司法者根据案件的实际情况作出决断成为可能，而且使得我国犯罪构成理论的发展有了赖以生存的土壤和更为广阔的空间。

从另外一个角度上说，开放性犯罪构成要件理论的存在也为情节犯在立法上的存在提供了理论支持。正是开放性犯罪构成要件理论的存在才使情节犯之"情节严重（情节恶劣）"的模糊性判断在立法上成为可能。如果刑法理论中缺乏开放性犯罪构成理论，则情节犯就没有生存的空间。当然，开放性犯罪构成要件理论的存在不仅仅在刑法上表现为情节犯这一种立法模式，其他具有模糊性或者概括性表述的数额犯（数额较大）、结果犯（后果严重）等都为其适例。

情节犯的犯罪构成问题主要集中反映在"情节严重（情节恶劣）"在犯罪构成中的地位和作用问题上，具体表现为定罪情节与犯罪构成要件的关系，以及"情节严重（情节恶劣）"与大陆法系刑法理论中的"可罚的违法性"和"客观处罚条件"的关系，以下将对这些问题分别论述。

## 4.2 定罪情节与犯罪构成要件

不同的犯罪构成理论，决定了各国对待危害社会的行为具有不同的方式。

情节犯作为我国刑法中的一种犯罪形态，它的成立与我国犯罪构成理论有很大的关系。我国犯罪构成理论认为，行为只要符合犯罪构成，就具有刑事违法性，即行为就构成犯罪。我国通说的犯罪构成要件包含犯罪客体、犯罪客观方面、犯罪主体和犯罪主观方面，而作为情节犯的成立，有其独特的构成方式，即行为在满足犯罪构成的四个要件以外，还有"量"的要求。只有行为在危害性上达到一定量以后，才会发生性质的转变问题，即行为的刑事违法性评价才能转变为现实。

在我国刑法理论上，对于这些犯罪的数量要素的性质还存在不同认识，主要存在以下两种观点：[①] 第一种观点是构成要件说，认为犯罪的数量要素是犯罪成立的条件，如果不具备犯罪的数量要素，不能构成犯罪。因此，犯罪的数量要素属于犯罪构成要件。第二种观点是处罚条件说，认为犯罪的数量要素是客观的处罚条件。情节犯之"情节严重（情节恶劣）"可能包含数量等要素，那么作为对定罪产生影响的"情节严重"与犯罪构成要件的关系是什么，它在犯罪构成中的地位和作用是如何定位的，这是我们首先要关注的问题。

### 4.2.1 定罪情节与犯罪构成要件的关系

关于概括性定罪情节是否为犯罪构成的一个要件，学者们有较大争议且由来已久。总体上，可以分为两大观点：一种为肯定说，即认为概括性定罪情节是犯罪构成要件；另一种为否定说，即认为我国刑法理论中犯罪构成要件只有四个，不可能存在第五个犯罪构成要件，因此概括性定罪情节不是犯罪构成要件。肯定说和否定说所持理论和依据又有所不同，下面分别摘其要点，加以评述。

持否定说的学者中，有的认为刑法规定情节严重或情节恶劣才构成犯罪时，只是一种提示性规定，"很难说是构成要件"。其主要理由是，犯罪构成要件一般都有四个方面，还没有人把情节作为第五个方面，况且刑法分则中有的条款只把情节作为区分同一种性质犯罪中的重罪和轻罪的标准；此外，由于刑法规定的众多情节，有属于客观方面的，有属于主观方面的，有属于客体或对

---

[①] 参见高铭暄、王作富主编：《新中国刑法理论与实践》，河北人民出版社1988年版，第594—595页。

象的，有属于主体的，因而情节不能单独作为第五个方面的要件而存在。① 也有的认为："犯罪情节绝不是犯罪构成的要件……犯罪构成要件把握的是构成犯罪的面，犯罪情节把握构成犯罪的度。犯罪构成要件的每一部分都有各自的情节，情节不是与要件并列的关系。"② 还有的认为，情节是某种行为具备犯罪构成的依据之一，但"情节严重"和"情节恶劣"不属于犯罪构成的某一个要件，因为情节对于行为是否构成犯罪只起量的作用，犯罪构成与情节是质和量的对立统一关系。③

上述是各种对概括性定罪情节作为犯罪构成要件持否定说的观点及其理由，其中有些表述至今还在我国刑法理论中占通说地位。但是，对于上述种种观点，笔者不揣冒昧，提出以下商榷理由：

首先，笔者认为，我国犯罪构成就是由"质"（面）和"量"两个方面构成的。如前文所述，如果某行为符合我国刑法中的犯罪构成，就可以认为该种行为是犯罪行为。因为我国刑法中的犯罪构成不仅仅是对客观行为的记述，还包含对行为价值的评判，即违法性判断。而我国刑法中对犯罪成立除了"质"的要求外，还有"量"的要求。情节要求决定犯罪能否成立或者犯罪是否成立既遂，这就说明了它对于犯罪构成不仅仅起量的作用，因为当它所起的量的作用积累到一定程度发生质变时，犯罪才能成立或者既遂。这就说明概括性定罪情节还起着质的作用。据此，可以认为，犯罪构成应包括两个方面的要求，即质和量，而这两个方面的要求之间又存在相互依存的关系，不能绝对分开。概括性定罪情节正是对犯罪构成量的要求，从而决定了质的要求。否定概括性定罪情节是犯罪构成要件，就是在客观上否定犯罪成立的"量"的要求。这显然与我国犯罪构成理论和犯罪概念在逻辑上是矛盾的。正如有学者指出的那样，既然承认它是定罪情节，就意味着缺少情节要素，犯罪就不能成立。对规定这类情节的犯罪而言，评价其他要件要求的犯罪事实后剩余的犯罪事实，如果不影响行为人的社会危害性和人身危险性，或者这种影响达不到情节要求的程度，就不能构成犯罪。因此，概括性定罪情节虽然与其他犯罪要件密切相关，但只是相关而不是重合，情节要件是评价其他要件之后剩余的综合，是这类犯

---

① 参见高铭暄主编：《中国刑法学》，中国人民大学出版社1989年版，第82—84页。
② 敬大力：《正确认识和掌握刑法中的情节》，载《法学与实践》1987年第1期。
③ 参见赵炳寿主编：《刑法若干理论问题研究》，四川大学出版社1992年版，第348—351页。

罪之犯罪构成的具体要件之一。这正是这类犯罪不同于其他犯罪的最显著特点。①

其次，不可否认，概括性定罪情节内容的综合性是其特征，其内容涉及犯罪客观方面、犯罪主观方面和犯罪主体等犯罪构成要件。但是，概括性定罪情节不是脱离于四要件之外的第五要件，它既不同于决定刑罚量大小的量刑情节，也不同于四个构成要件本身。可以说，这类犯罪的情节要件是对犯罪构成的弥补与填充。其原因正如有的学者所言："现实生活中有许多行为，虽然在一般情况下其社会危害性没有达到应当追究刑事责任的程度，却又难以通过强调犯罪构成某一方面的具体内容使之达到这种程度，即或者不能预见所有情节严重的情况而无法具体规定，或者能预见但要作冗长的表述，使刑法失去简短价值。"② 刑法分则将概括性定罪情节与其他要件并列表述，也说明了即使其他要件都已具备，缺少情节要求仍然不能成立犯罪或者犯罪既遂。这正说明其他要件不能包含"情节要求"。况且，情节要求的内容复杂，尽管它可以最终被"分解"到其他要件中，但是在对该罪的罪状描述上却无法穷尽其要包含的具体要素，而只能包含于司法实践的具体案件中。情节要件只能作为该类犯罪之犯罪构成中的独特要件，因为它不能与犯罪构成中的其他要件相互包容。

再次，尽管由于犯罪构成系统的要素、结构和性能的复杂变化并非情节犯独有的特征，但是诚如有学者认为的，"情节严重"等规定是用来描述犯罪构成系统的要素、结构和性能的复杂变化的。要素、结构和性能都是不定的可变因素，其中任何一个因素的变化都意味着犯罪构成整体性的变化，这种极其复杂的变化是难以在法律上作出明确具体规定的，只能用"情节严重"之类模糊的表述加以概括。因此，"情节严重"等内容都属于犯罪构成的自身变化。③ 既然如前条理由所述，概括性定罪情节与犯罪构成的其他要件并不能互相包含，那么引起犯罪构成自身变化的因素当然属于犯罪构成的内容。

最后，笔者认为可以存在修正的犯罪构成。即在我国刑法中，除了完整的犯罪构成以外，还存在不完整的犯罪构成，这种犯罪构成不具有犯罪构成的自足性，给司法裁量留下空间。这种对于成立犯罪构成所必需但是立法者又进行

---

① 参见金泽刚：《论定罪情节与情节犯》，载《华东政法学院学报》2000年第1期。
② 张明楷：《刑法分则的解释原理》，中国人民大学出版社2004年版，第224页。
③ 参见何秉松主编：《刑法教科书》，中国法制出版社1997年版，第195—196页。

概括性的描述——情节严重（或者情节恶劣）的内容，需要司法者进行解释性补充。这种结合具体案件的补充性内容就成为该罪新的构成要件，而不能把它排除于犯罪构成之外，因为任何犯罪成立都必须以犯罪构成为依据。尽管情节要素一经认定，其主客观性质也将显现出来，使它最终还是可以归于犯罪构成的四个要件之中，但是那种把概括性定罪情节排除在犯罪构成要件体系之外的观点，仍然是不能成立的。同时，将犯罪构成的情节要求作为犯罪构成要件并不与犯罪构成理论相矛盾。至于把这些情节当作量刑要素的观点，其缺陷是显而易见的，我们在此无须再作评述。概括性定罪情节是刑法规范对该种犯罪某一方面或某几个方面的犯罪事实的高度概括和科学抽象，至于其具体内容，必须根据现实案情，结合已经明确的其他犯罪构成要件，才能加以确定。这表明情节的主客观事实情况不再包含已经明确的充实其他犯罪构成要件的事实。\*

这里需要重申的是有关开放的犯罪构成问题。根据大陆法系犯罪论体系，犯罪是该当于构成要件违法且有责的行为。事实上发生的行为与刑法规定的行为构成要件相吻合时，即具备构成要件该当性；具备构成要件该当性的行为原则上就可以推断是违法的，如无违法阻却事由，违法性即可认定。但是，德国学者威尔哲尔先生对此提出了不同的见解。他认为，刑法中的构成要件可分为封闭的与开放的两种。在封闭的构成要件情况下，构成要件具有违法性征表机能，行为具备构成要件该当性且无违法阻却事由即能认定其违法。譬如，德国刑法第223条规定："行为人身体上乱待他人或者损害他人健康的，处五年以下的自由刑或者金钱刑。"如果有人出于故意伤害了他人身体健康，意味着该人的行为满足了构成要件；如果没有德国刑法规定的违法阻却事由，该人的行为即可认定为违法。此时，构成要件征表违法性，判定构成要件符合性的法官

---

\* 有人提出，如果认为定罪情节是犯罪构成要件，那么是不是要修正现有的犯罪构成体系？定罪情节在犯罪构成中的地位是什么？

笔者认为，认定犯罪情节是犯罪构成要件，并不是说一定要求这样的情节独立于四个构成要件之外，没有必要对现有的犯罪构成体系进行修正，这是两个完全不同的问题。定罪情节分别隶属于不同的构成要件，应立足于刑法分则中具体构成要件的设置，着眼于具体分析各种不同构成要件的立法理由。定罪情节是犯罪构成量的规定性，而犯罪构成要件是犯罪构成质的规定性。如果把"情节"与"构成要件"相提并论，则容易混淆概念，所以应把情节在犯罪构成中的地位重新界定为一个名词以区别"构成要件"。近来有学者提出"罪量"要件的概念，具有一定的科学性，但是情节并不都是表明罪量的。所以，笔者认为，可以以"情节要件"的提法来区别"构成要件"的基本内涵。

不需要为判定行为违法而寻找其他条件,他只需要说明这不符合违法阻却事由即可。违反规范同违法性的这种毫无缺口的重合关系,即为封闭的构成要件(geschlossenen Tatbestnden)。另外一些情况下,由于立法者未能详尽地规定被禁止行为的各构成要素,构成要件并无违法征表机能,有构成要件该当性,但不能征表违法性。这样,仅确定无违法阻却事由还不能认定行为的违法性,还需要法官积极查明是否存在着某些能够说明违法性的构成要件,以确定行为的违法性。这样的构成要件就是开放的构成要件(Offene Tatbestände)。[1] 这种开放的构成要件又被日本学者称为"被展开的构成要件"。开放的构成要件的本质特征,就是立法者对某种犯罪构成要件规定的不完整性或者模糊性,由此需要司法者对其进行必要的价值判断性的补充,从而形成新的构成要件。笔者认为,情节犯正是这种开放的犯罪构成在立法和司法实践中的具体体现。情节犯中所规定的"情节严重"就是立法者给司法者留下自由裁量的空间,立法者并未对该种犯罪类型作出周详严密的规定,而只是使用了较为模糊的概括性、综合性的规定,以使司法者可以根据案件具体情形,对该类行为作出实质性的社会危害性评价,注重对刑事法律所追究之实质公平正义的理念理解和运用。这既结合了法律的形式主义要求,又满足了法律实质的价值追求。正如有论者指出的那样:"开放的构成要件既提供了形式法治国及形式罪刑法定所要求的法律形式主义,又因其一定的模糊性和概括性给法官留下了一定的裁量余地,而与实质法治国及实质罪刑法定相一致。它正是配合罪刑法定主义由形式到实质的发展而推陈出新的刑法构成要件规定方式,与罪刑法定主义具有内在统一的深厚哲理基础。"[2]

此外,从刑事立法上看,无论是我国刑法总则中但书的规定,还是刑法分则中情节犯的规定,都反映出将犯罪构成的情节要求作为犯罪构成范畴与我国刑事立法的基本精神是相符合的,也反映出犯罪构成理论与刑事立法相吻合。因为犯罪构成的主要功能之一,就是将成立犯罪所必需的各种构成条件和要求整合为一个系统明确的评价标准,既具有一般犯罪意义上的评价标准,又具有特定个罪意义上的评价标准。

---

[1] 参见刘艳红:《开放的犯罪构成要件理论之提倡》,载《环球法律评论》2003年秋季号。

[2] 刘艳红:《刑法类型化概念与法治国原则之哲理》,载《比较法研究》2003年第3期。

### 4.2.2 情节犯与可罚的违法性问题

虽然在理论上不法行为须达到一定程度才能作为犯罪处理这一点几乎得到普遍认可，但在立法上西方国家与我国大不相同。多数西方国家对于犯罪强调"立法定性，司法定量"，即在立法上将某种行为定性为犯罪行为，在司法上则不一定都认定为犯罪，只有在量上达到一定程度才作为犯罪处理。在刑法理论上与实践中，这些国家是用可罚的违法性来解决这一问题的。大陆法系一般认为，行为具备构成要件该当性、违法性、有责性才成立犯罪。如果被害法益轻微，通说认为仍具备构成要件该当性，但不具有可罚的违法性，即具有违法性阻却事由，不成立犯罪。大陆法系国家刑法不在构成要件中讨论定罪问题，认为如果将实质的要素纳入构成要件的话，就使构成要件的外延不明确，反而有损构成要件的保障机能。① 因此，多数西方国家在刑事立法上不强调定量。

在大陆法系国家的刑法理论中，犯罪构成由层层递进、逐步收缩的三个要件组成，即构成要件该当性、违法性与有责性。在判断某个行为是不是犯罪时，人们首先应当考虑的是成立犯罪的外在表现，即构成要件的符合性；其次考虑犯罪的外在实质，即违法性；最后考虑与行为人的人格相结合的内在实质问题，即有责性。一个行为仅仅符合构成要件，还不是犯罪，它还必须具有违法性，才能进行进一步判断。如果该行为在客观上不存在违法性，那么即使责任再大，也不成立犯罪。关于大陆法系刑法中违法性的概念，学者们的表述并不一致。例如，我国台湾地区学者洪福增认为，违法性指的是，符合构成要件该当性的行为，在"法"上不能予以容许的情形，也就是从"法"（全体法秩序）的立场来看，判定一个行为无价值。但是，一般认为，违法性是指行为违反法律，即行为为法律所不允许。② 学者们的共识是，违法性中的"违法"不仅仅指的是刑事违法性，还应包括违反全体法秩序。关于违法性的本质问题，存在形式的违法性说与实质的违法性说、客观的违法性说与主观的违法性说的对立。关于违法性的根据，存在结果无价值论与行为无价值论之争。结果无价值论与客观的违法性说、法益侵害说紧密相关，是它们在违法性根据问题上的

---

① 参见张明楷：《外国刑法纲要》，清华大学出版社1999年版，第148页。
② 同上书，第132页。

反映。结果无价值论又叫"物的违法观",它以法益侵害说为基础,认为刑法的目的和任务在于保护法益,犯罪的本质在于侵害或威胁了法益,所以行为对法益所造成的侵害或威胁这种恶的结果本身就是评价该行为违法的根据,即行为具有违法性的根据在于结果无价值。结果无价值论的主要内容有三点:(1)违法性的判断标准是需要刑法予以保护的人们的生活利益(法益);(2)违法性的判断对象是恶的结果,即对法益的侵害或威胁;(3)违法性的判断基础是事后所发现的客观事实。与之相对立,行为无价值论与主观的违法性说、规范违反说相联系,认为违法性不应当仅仅根据法益侵害的事实来判定,而应当着眼于行为本身,对之作出否定评价。行为无价值论又叫"人的违法观",最早发端于威尔泽尔的"人的不法"概念。行为无价值论的主要内容也有三点:(1)违法性的判断标准是历史的、具体的社会伦理秩序;(2)违法性的判断对象是行为人的行为方式、种类和行为人的主观因素;(3)违法性的判断基础是在行为当时行为人认识到的以及一般人能够认识到的客观事实。"违法性"在整个法的领域中都是一个通用的概念,有刑事违法、民事违法、行政违法等。但是,这些"违法"并不是同一层次上的概念,刑法中的违法性与民法、行政法上的违法性存在本质上的区别,其中涉及违法性的程度,即可罚的违法性问题。

所谓"可罚的违法性理论",一般是指违法性系根据是否有值得适用刑罚程度的实质违法性而决定的理论;或者说,是指以不存在可罚的违法性为根据否定犯罪成立的理论。根据这种理论,行为虽然形式上符合构成要件,但以刑罚这种强力的对策为必要,并且只在具有与刑罚相适应的质与量的场合,才认定为违法。因此,可以认为,可罚的违法性的基本含义包括:刑法中的违法行为,必须具备在量上达到一定严重程度,在质上值得刑罚处罚的违法性。可罚的违法性理论认为,为了在刑法上把某行为认定为违法,就必须具备一定严重程度的、值得处罚的违法性。在民法、商法、行政法等其他的法律中被认为是违法的行为,在刑法中不能当然认为也是违法的。一个行为即使在形式上符合构成要件,并且无违法阻却事由,但如果它不具备可罚的违法性,也不能成立犯罪。可罚的违法性理论最初由持谦抑主义立场的宫本英修所提倡,其后由佐伯千仞加以展开。佐伯千仞持法益侵害说的立场,主张某种行为即使符合构成要件,但因为该刑罚法规是预定一定程度的违法性,在被害法益轻微而没有达到其程度的场合以及被害法益的性质不适于由刑罚干涉的场合，作为没有达到犯罪类型所预定的可罚性的程度的情况，也应当认定为阻却违法性。藤木英雄则根据二元说的立场主张：第一，被害是轻微的；第二，脱离行为的社会的相当性程度是轻微的。以这两方面为可罚的违法性的判断，行为没有达到可罚的违法性的程度时，否定构成要件符合性。再者，佐伯千仞在例如窃取他家的树栽篱笆上的一朵花之类，欠缺可罚的违法性的场合，也认为是否定构成要件本身的情况。① 关于可罚的违法性的判断标准有两种：第一个标准是关于违法性的量，法益侵害的轻微性，即所谓"微罪性"。由于微罪的缘故，可认为失去违法性。关于有名的一厘案件的判例完全承认这一点。在采取起诉便宜主义的日本，本来不具有起诉价值的案件可能偶尔以某种理由起诉时，特别有机动的余地。总之，在微罪的场合，如果可罚的违法性理论不被承认，在没有阻却违法事由存在时，法院只要没有正当理由就不能不认为有罪，因此会失去与成为缓起诉的同种案件的均衡，将有害司法的公平。第二个标准是关于违法性的质，是法益侵害行为的形态，根据社会伦理的观点来看价值轻微性的情况。例如，同是拍友人肩膀的行为，在具有敌意的场合与表示友好的场合，刑法的意义完全不同。同是杀人，在动机或犯罪行为的方法残虐、冷酷的场合与不是这样的场合（例如安乐死），违法性的程度不同，量刑就不一样。又如，未经允许从事医业者在医师法上是违法的，因此其在从事医业之际动手术并不是直接作为伤害罪，而是有刑法上的违法性。可罚的违法性理论原来虽然是决定违法性有无的标准，但该标准可以说同时给利益衡量或者价值衡量奠定了基础，并明确了违法性的相对性、阶段性。可罚的违法性理论特别适用于劳动案件、公安案件或者是非有争议的案件，在这些场合，不仅所实施行为的外部特征，而且该行为的意义、目的或动机、利益侵害的程度等，在加害者方面与被害者方面所追求的利益之比较衡量的过程中应该斟酌的必要性，可以认为相比其他犯罪格外的高。

俄国刑法理论中没有可罚的违法性理论，但刑法学家对该国刑法典第 14 条第 2 款规定的解释，实质上与可罚的违法性论的观点是一致的。如斯库拉托

---

① 参见〔日〕西原春夫：《刑法总论》（改订版）（上册），成文堂 1995 年版，第 138 页。转引自马克昌：《比较刑法原理——外国刑法学总论》，武汉大学出版社 2002 年版，第 320 页。

夫等写道:"犯罪概念的实体——形式定义决定了必须判明,形式上具有某种犯罪要件的行为应该具有足够的社会危害性才能解决对行为人追究刑事责任的问题。依照刑法典第 14 条第 2 款的规定,虽然形式上含有某一犯罪的要件,但由于情节轻微而不具有社会危害性的行为,不是犯罪。由此可见,执法机关必须不仅要判明行为与刑法典分则中描述的某一犯罪在形式上的相似之处,而且要解决行为的社会危害性问题。评价行为危害性的标准应该是法律要件在行为中的表现程度。分析案件的事实情节并将它们与刑法典分则中描述的这种或那种犯罪的要件进行比较,就能够判明,行为的情节是轻微的或者不是轻微的。只有犯罪要件在行为中的表现程度轻微,才能证明行为的情节轻微。"①

可罚的违法性理论的根据主要有两个:一是刑法的谦抑性。刑法谦抑理论从刑法与其他法律之间的关系出发,认为刑法在整个法律体系中处于保障法的地位,具有最后手段性。刑法并不是把所有的违法行为都当作处罚对象,而是尽量采用其他社会控制方法来调整社会关系。只有当其他法律方法不足以调整时,才能运用刑法。同时,刑法的适用要受许多政策性因素的影响,并非其他法律不能调整的事项都会一概纳入刑法的调整范围。刑法只是在不得已的情况下才能有限地适用。所以,并不是对任何违法行为都适用刑罚,只对立法者认为值得科处刑罚的违法行为才适用刑罚。如果行为不具备这种可罚的违法性,就不能认定为犯罪。二是实质的违法性说。该说认为,违法性不仅仅指违反了实定法规,而且违反了作为实定法规精神的规范,或者侵害或威胁到了法益。因此,违法的程度就有不同,存在严重违法与轻微违法的区别。刑法上的违法与民法上的违法,在质与量上都有不同。如果一行为的违法程度十分轻微,没有达到刑罚规范所预想的程度,即使它符合构成要件,也不能认定为犯罪。

目前在我国刑法理论中还没有关于可罚的违法性理论,这是由我国与大陆法系不同的犯罪构成理论所决定的。我国的犯罪构成理论对行为的评价是一次性完成的,即行为符合犯罪构成,不仅仅是构成要件的客观记述,还包含对该行为的价值评判。因此,从这个角度上说,在我国刑法理论中就没有可罚的违法性存在的空间了。但是,我国犯罪概念中要求行为性质严重的社会危害性就

---

① 〔俄〕斯库拉托夫主编:《俄罗斯联邦刑法典释义》(上册),黄道秀译,中国政法大学 2000 年版,第 24—25 页。

包含可罚的违法性内容。因为我国犯罪概念中要求行为社会危害性量的存在，即也不是把所有危害社会的行为都作为犯罪来处理的。其中，最为明显的表现有两个方面：第一，刑法总则第 13 条但书中关于犯罪概念量的要求；第二，刑法分则中对于有些犯罪"情节严重（情节恶劣）"的要求，即以情节犯为代表的相关犯罪类型的成立上罪量的要求。据此，笔者认为，我国刑法中的情节犯之"情节严重（情节恶劣）"在某种意义上就承担了"可罚的违法性"对行为评价的任务。在刑法分则中规定"情节严重（情节恶劣）"的场合，即情节犯中，就是因为基本犯罪构成要件的评价还不足以使该行为的社会危害性达到刑罚当罚性的要求。此时，刑法中以"情节严重（情节恶劣）"这样概括性的规定来使该行为在总体上达到刑罚当罚性，以此从总体上满足行为的犯罪构成。因此，我国刑法中的情节犯之"情节严重（情节恶劣）"的要求，与大陆法系中"可罚的违法性"的要求，无论是从其基本含义还是从其存在的根据或者其在犯罪构成中所承担的任务来说，都是一致的。其区别仅仅在于：由于我国犯罪构成理论和大陆法系犯罪构成理论不同，因而这两个要求在犯罪构成中的地位也有所区别。

此外，对于可罚的违法性理论在大陆法系国家的刑法理论中的地位也同样存在着激烈的争论。即在缺乏可罚性的场合，是阻却违法性还是阻却构成要件符合性，仍然是一个有争议的问题。[①] 其中，违法性阻却说是目前的通说。违法性阻却说认为，可罚的违法性与违法性的实质有关，应该在违法性理论中讨论。构成要件符合性本来只是为了明确犯罪的形式的类型性意义，它只不过是以行为符合刑法规定的犯罪的大框架构成要件这种形式的判断为内容，而不涉及犯罪的实质和程度问题。如果认为在判断构成要件符合性时应当考虑违法性的实质，就势必把构成要件该当性与违法性混同起来，形成违法性—构成要件符合性—有责性的犯罪论体系，与通行的构成要件符合性—违法性—有责性的犯罪论体系相矛盾。所以，缺乏可罚的违法性应该是违法性阻却事由。构成要件符合性阻却说认为，构成要件是犯罪的类型，立法者只是将值得处罚的、具有实质违法性的行为类型化为构成要件。所以，具备构成要件该当性的行为，就必然具有可罚的违法性。如果一行为不具备构成要件所预想的、达到了可罚

---

① 参见张明楷：《外国刑法纲要》，清华大学出版社 1999 年版，第 147 页。

程度的违法性，就不能认为它符合构成要件。例如，藤木英雄认为，可罚的违法性是在判断构成要件符合性时应当考虑的、被构成要件类型性地预想的违法性的最低标准。判断其有无的根据，第一是法益侵害乃至实害的轻微，第二是惹起被害的行为社会性越轨程度的轻微。在把这两方面综合起来，认为尚未达到某犯罪构成要件所预想的违法性的最低标准时，就应该认为缺乏构成要件符合性。① 在我国刑法中，对犯罪的认定也涉及对"情节"因素的考察逻辑，即在定罪过程中考虑"情节"对犯罪的成立的影响问题。笔者认为，这应当包括两个方面：一方面，涉及在定罪过程中对犯罪概念中定量因素——"情节显著轻微"的判断逻辑；另一方面，涉及刑法分则中对"情节严重（情节恶劣）"，即情节犯认定的考察逻辑。对于第一个方面，应把情节是否显著轻微分解在犯罪构成的要件中去考察，主要是在主观方面和客观方面两个要件中考察。即综合判断行为的社会危害性时，首先对行为客观方面和行为人的主观方面分别结合"情节是否显著轻微"来考察，如果最终的判断是其中的某个要素不符合该罪的罪状描述，则否定这种行为的犯罪构成要件符合性，即不构成犯罪。不能简单地先考察行为"是否符合"某个犯罪构成，然后再以"情节显著轻微"来否定犯罪成立的可能性。而对于情节犯中之"情节严重（情节恶劣）"的考察，如前文所述，"情节严重（情节恶劣）"属于犯罪构成的补充性要件，所以在考察情节犯是否成立的场合，应当把"情节严重（情节恶劣）"作为一个与其他要件并列的要件进行判断，进而得出是否成立犯罪的情况。当然，这其中的"情节严重（情节恶劣）"属于需要司法者来判断的因素。* 至于如何对"情节严重（情节恶劣）"进行判断，本书在情节犯司法适用及其完善中还有专门论述。

### 4.2.3 情节犯与客观的处罚条件

"客观的处罚条件"是日本学者对德文"Die objektiven Bedingungen der-

---

① 参见〔日〕大塚仁：《犯罪论的基本问题》，冯军译，中国政法大学出版社1993年版，第122页。

\* 有人提出，我国刑法中情节犯的情节和大陆法系国家可罚的违法性相比，它们的区别究竟在哪里呢？

笔者认为，可罚的违法性理论是以不存在可罚的违法性为根据否定犯罪成立的理论，该理论以违法性的"质"和"量"为标准，给价值评判提供了基础，明确了违法性的相对性和阶段性。而情节主要是从"量"的角度对行为的危害性进行评价的，因为"量"变而引起"质"变。

Strafbarkeit"的译语，也有的译为"可罚性的客观条件"。德国学者也使用"objektiven Strafbarkeitsbedingungen"一语来表达相同的事例，译为中文是"客观的可罚性条件"。鉴于"客观的处罚条件"一语已经在刑法学中约定俗成，因此笔者在这里也就沿用该称谓，只是在使用时应当注意其所指的具体问题。关于客观处罚条件，在大陆法系刑法中存在很多立法例。例如，日本刑法第 197 条事前受贿罪的处罚，以受贿人事后成为公务员或者仲裁人为条件。我国台湾地区"刑法"第 123 条准受贿罪也有类似规定。日本破产法（第 374 条）对破产诈骗罪的处罚以"破产宣告的确定"为条件。德国刑法第 283 条前 5 款规定了破产罪的罪状与法定刑，其第 6 款规定："行为人仅于停止支付或就其财产宣告破产程序，或者宣告破产之申请由于程序欠缺而被驳回时，始加以处罚。"德国刑法第 186 条恶言中伤罪的处罚以行为人不能证明其捏造或散布的事实是真实的为条件。我国台湾地区"刑法"第 310 条诽谤罪也作了类似的规定。德国刑法第 104 条 a 规定，针对外国的犯罪，只有当受害国与德意志联邦共和国有外交关系并定有互惠保护协定时才可处罚。意大利刑法第 564 条乱伦罪只有在乱伦引起公愤的条件下才予处罚。我国台湾地区"刑法"第 238 条诈术结婚罪以"致婚姻无效之裁判或撤销婚姻之裁判确定"为处罚条件。该法第 283 条聚众斗殴罪和联邦德国刑法第 227 条互殴罪均以"致人死亡或重伤"为处罚条件。

由于客观处罚条件的性质和地位在大陆法系中存在争论，因此对于客观处罚条件的含义也存在不同的理解。第一种观点是传统观点，从行为无价值论出发，认为客观处罚条件不是构成要件的要素，也不影响行为的违法性和有责性，它与行为人的故意无关，只是立法者基于刑事政策考虑而设立的发动刑罚权的条件。行为不具备客观处罚条件时，仍成立犯罪，只是不能适用刑罚。第二种观点认为，影响违法性的客观处罚条件应属于违法性要素，因而应是构成要件的要素，只有不影响违法性的要素才是客观处罚条件。因此，客观处罚条件可以分为纯正的客观处罚条件和不纯正的客观处罚条件。第三种观点认为，所有客观处罚条件都是构成要件，从而否定了客观处罚条件的地位。第四种观点认为，客观处罚条件也是犯罪成立的外部条件，因而犯罪成立的条件有四个构成要件：符合性、违法性、有责性和客观处罚条件。关于客观处罚条件的性质和地位的争论，主要是因为对犯罪与刑罚的关系认识不同引起。如果认为刑罚是处罚犯罪的,既然构成犯罪,就可以行使刑罚权;而不能行使刑罚权,则说明行为不构成犯罪。相反的观点认为,犯罪的成立并不必然导致刑罚权的启动,有时国家会在犯罪成立要件之外附加一定的客观条件,犯罪成立之后,只有再满足这些条件,司法机关才能对之实施刑罚。这是立法者出于刑事政策上的考虑,规定限制发动刑罚权。立法上,客观处罚条件虽然也规定在犯罪罪状之中,但它既不属于犯罪构成要件的要素,也不是犯罪故意或过失的对象,而是犯罪成立之外的事实要素。据此,客观处罚条件是指犯罪成立之后,国家对犯罪进行刑罚处罚必须具备的某种客观事实条件。其实质在于,以某种客观条件的具备与否来限制刑罚权的发动。

至于客观处罚条件,我国刑法理论中没有这个概念,其主要原因在于我国犯罪构成与大陆法系国家犯罪构成不同。所以,在我国现行犯罪论体系下,也不能照搬大陆法系国家刑法理论中认为在犯罪成立之外还存在客观处罚条件以决定刑罚权发动与否的论点。我国刑法学界对大陆法系客观处罚条件进行研究的学者也存在不同的意见。例如,有的学者认为,在德日刑法学中,客观处罚条件只是既成犯罪产生现实可罚性的一个附带条件,它与犯罪成立要件无关。它既不与行为人的故意或过失产生关系,也不影响对行为的违法性和有责性评价。[①] 有的学者持相反的观点,认为不应从该语本身出发作出"既然是处罚条件就不是犯罪成立要件,因为只有成立犯罪后才会有处罚"之类的推论。[②] 而对于客观处罚条件的概念,学界有主张应当予以引进的。例如,有的学者指出,在我国刑法学的犯罪论体系中,不能把客观处罚条件放在犯罪构成要件以外,只能在犯罪构成要件之内确定它的位置。客观处罚条件应当属于犯罪构成客观方面要件的内容,因为它是决定犯罪社会危害性程度的客观事实因素,与危害行为或行为结果相联系。当然,把客观处罚条件归为客观方面要件的要素并不是回到问题的起点,维持理论的现状,其前提是把客观处罚条件与犯罪构成客观方面的本来内容(如危害行为、犯罪对象、犯罪结果等)相区别。因此,论者主张把刑法分则条文罪状中规定的犯罪客观方面的要素分为犯罪的基本要件与附加要件两部分。基本要件指本来的客观方面要件,附加要件即客观

---

① 参见刘士心:《犯罪客观处罚条件刍议》,载《南开学报(哲学社会科学版)》2004年第1期。
② 参见冯军:《德日刑法中的可罚性理论》,载《法学论坛》2000年第1期。

处罚条件。两者的基本区别是：基本要件决定犯罪的定型性，决定行为社会危害性的质，附加要件是犯罪的非类型化要素，只影响社会危害性的量；基本要件是故意和过失的对象，附加要件独立于故意、过失之外，是缺乏对应主观内容的"客观的超过要素"。[①] 有的学者坚决予以反对，认为引入"客观处罚条件"这一概念，虽然能够使实施了犯罪却避免出现这种可罚条件的犯罪人逃避制裁，从而"有利于犯罪人"，但也在一定程度上使问题无必要地复杂化了，并会给司法实务工作带来麻烦；同时，从我国犯罪构成体系的特点看，也不存在引入"客观处罚条件"这一概念的必要。[②]

笔者认为，在我国现行犯罪构成理论的框架下，无法引进客观处罚条件这一概念，即承认在犯罪成立之外还存在客观处罚条件。我国的犯罪构成是犯罪成立法定的也是唯一的条件，行为只要符合犯罪构成，就应当认为是犯罪行为，而不能认为行为符合犯罪构成却不能对该行为人追究刑事责任。此外，我国的犯罪构成理论认为，犯罪构成是说明行为的社会危害性的。也就是说，凡是能够说明行为的社会危害性特征的都应该是犯罪构成要件，而那些所谓的不能影响行为的社会危害性的要素则都不属于犯罪构成要件。这就说明，我们没有可能将那些影响行为的社会危害性特征的要素分为犯罪构成要件和客观处罚条件。

既然我国刑法理论中既无客观处罚条件存在的空间，又无引进客观处罚条件的必要，那么我国刑法中有无类似大陆法系国家刑法理论中客观处罚条件的概念呢？答案是肯定的。针对大陆法系刑法中"主观的超过要素"的概念——有些主观要素不需要存在与之相对应的客观事实，有的学者提出"客观的超过要素"的概念——有些客观要件也可能不需要存在与之相应的主观内容。[③] 我国刑法中情节犯之"情节严重"存在类似客观处罚条件的场合。那么，情节犯中的"情节严重（情节恶劣）"是否与大陆法系国家刑法理论中客观处罚条件具有完全同等的地位并充当相同的角色呢？笔者认为，对此不能一概而论。我国刑法基本理论认为，社会危害性是犯罪成立的实质性条件，即只有对社会危

---

① 参见刘士心：《犯罪客观处罚条件刍议》，载《南开学报（哲学社会科学版）》2004年第1期；陆诗忠：《刍议"客观的处罚条件"之借鉴》，载《郑州大学学报（哲学社会科学版）》2004年第5期。
② 参见刘守芬、方文军：《情节犯及相关问题研究》，载《法学杂志》2003年第5期。
③ 参见张明楷：《刑法分则的解释原理》，中国人民大学出版社2004年版，第214页及以下。

害性产生影响的事实因素才能成为犯罪成立的要件,那些对社会危害性不产生影响的事实因素则不能成为犯罪构成要件。基于此,笔者主张,在我国可以认为客观处罚条件就是构成要件要素,但并不是故意认识的内容,对情节犯中的"情节严重(情节恶劣)"的内容要具体分析。有些情况下,"情节严重"类似于客观处罚条件。例如,我国《刑法》第 215 条(非法制造、销售非法制造的注册商标标识罪)规定。"伪造、擅自制造他人注册商标标识或者销售伪造、擅自制造的注册商标标识,情节严重的,处三年以下有期徒刑、拘役或者管制,并处或者单处罚金;情节特别严重的,处三年以上七年以下有期徒刑,并处罚金。"2010 年《最高人民检察院、公安部关于公安机关管辖的刑事案件立案追诉标准的规定(二)》第 71 条规定:"伪造、擅自制造他人注册商标标识或者销售伪造、擅自制造的注册商标标识,涉嫌下列情形之一的,应予立案追诉:(一)伪造、擅自制造或者销售伪造、擅自制造的注册商标标识数量在二万件以上,或者非法经营数额在五万元以上,或者违法所得数额在三万元以上的;(二)伪造、擅自制造或者销售伪造、擅自制造两种以上注册商标标识数量在一万件以上,或者非法经营数额在三万元以上,或者违法所得数额在二万元以上的;(三)其他情节严重的情形。"其中,行为人因非法制造、销售非法制造的注册商标标识,受过行政处罚二次以上,又非法制造、销售非法制造的注册商标标识的,作为情节严重的内容。刑法并不要求行为人在主观上认识到自己非法制造、销售非法制造的注册商标标识的行为达到三次,而只规定行为人确实实施了受过行政处罚二次以上的非法制造、销售非法制造的注册商标标识的行为即可。那么,此时应当可以认为,属"情节严重"的这个内容类似于大陆法系国家刑法中的客观处罚条件。当然,由于情节严重的内容之复杂性及广泛性,所以并不是所有的情节严重的内容都可以被看作客观处罚条件,应当具体案件具体分析,而不能一概认为我国刑法中情节犯之情节严重承担了类似于大陆法系国家刑法中客观处罚条件的角色。

## 4.3 情节犯在外国刑事理论中的命运

"情节犯"虽然是我国刑法中独特的概念,但是这并不意味着情节犯的相关理论仅仅在我国刑法理论和司法实践中存在。无论是在大陆法系、英美法系还是俄罗斯等其他国家，在其刑法理论中都有界定犯罪圈的问题。这个犯罪圈的界定，虽然在制度的设置上与我国刑法中的情节犯不相同，但是其背后所隐藏的价值取向是相似的。任何国家都不可能把所有危害社会的行为都作为犯罪处理，一方面，缺乏必要的物质、人力等条件；另一方面，如果是那样，也会使刑法失去特有的调控范围和自身独立的品格。

### 4.3.1 情节犯的刑事实体意义

在大陆法系国家的刑法中，由于对犯罪的规定只是从定性的角度出发，所以其犯罪的范围非常广泛。例如，《联邦德国刑法典》（1976 年）总则部分未规定犯罪的一般概念。该法典第 19 章为"盗窃罪和侵占罪"的规定，其中第 242 条为"单纯盗窃"的规定："意图盗窃他人动产，非法占为己有或使第三人占有的，处……"第 243 条为"加重盗窃"的规定："……有下列情形之一者，原则上为情节重大：① 侵入、爬越、以假钥匙开启或以其他不正当之开启工具进入建筑物、住宅、办公或商业场所，或其他锁闭场所，或隐藏于该场所内以实行犯罪者；② 自紧锁之容器或其他防止偷盗之保险设备中盗取物品者；③ 常业盗窃者；④ 自教堂或其他宗教用场所内窃取礼拜用或举行宗教仪式用之物品者；⑤ 窃取公开展览或公开陈列之学术、艺术、历史或技术发展上有重大价值之物品者；⑥ 利用他人无助、意外事件、公共危险时盗窃者。"据此可以看出，该法典关于盗窃罪的轻重之分主要是依据偷盗的场所、手段、物品的性质、被害人的情况以及犯罪人的情况，没有明确规定数额、情节等因素对犯罪成立的意义。在日本刑法中，以盗窃罪为例，1999 年的检举人数为 172147，其中由警察机关处理的有 32759 人，由检察机关以不起诉处理的有 22380 人，请求公判的有 31535 人，送至家庭裁判所的有 85431 人，而实际上被判处刑罚的只有 15337 人。① 法国刑法则根据因犯罪而被科处刑罚的不同程度，将犯罪分为重罪、轻罪和违警罪。例如，法国 1810 年刑法典第 1 条规定了犯罪的一般概念："法律以警察刑处罚的犯罪，为违警罪；法律以矫正刑处罚的犯罪，为轻罪；法律以剥夺生命、身体自由或身份能力之刑处罚的犯罪为

---

① 参见日本 2000 年版《犯罪白皮书》，第 458、469 页。转引自李洁：《中日涉罪之轻微行为处理模式比较研究》，载《法律科学》2002 年第 4 期。

重罪。"该法典第 319 至 401 条是有关盗窃罪的规定（其中第 385 条已被废除）。第 379 条规定："窃取不属于己有之物者，为盗窃罪。"这就是说，在法国，行为人只要窃取了不属于自己所有的财物，不管数额大小，原则上都构成盗窃罪。因此，在法国 1810 年刑法典中，无论是总则部分之犯罪的一般概念还是分则部分，都只对行为作定性分析，而不强调定量因素在犯罪认定中的意义。自 1994 年 3 月 1 日生效的新刑法典第 111-1 条规定，刑事犯罪，依其严重程度，分为重罪、轻罪和违警罪。

在英美法系国家中，同样不存在犯罪的定量分析问题。例如，美国 1962 年《模范刑法典》关于盗窃罪的等级规定是：盗窃数额超过 500 美元或者盗窃发火武器或机动交通工具的，构成三级重罪；盗窃数额在 50 美元以下的，构成微罪；其他情况属于轻罪。按法条字面解释，盗窃 1 美元也是犯罪（微罪也是罪）。1979 年生效的新泽西州《刑事审判法典》参照《模范刑法典》，把盗窃罪的等级规定为：盗窃数额超过 75 万美元的，构成二级罪；盗窃数额超过 500 美元但不满 75 万美元、盗窃发火武器或机动交通工具或者进行人身接触的扒窃的，构成三级犯罪；盗窃数额在 200 美元至 500 美元之间的，构成四级犯罪；盗窃数额在 200 美元以下的，构成不法者罪错。根据该法解释，"罪错"不是"犯罪"。新泽西州刑法关于盗窃数额的规定在当代西方刑法的具体犯罪构成中，定量因素最为突出。但是，犯罪与罪错都统一规定在《刑事审判法典》中，都受"刑罚"处罚。① 英国早期普通法规定所有盗窃行为都是重罪，没有任何"量"的规定性。尽管英国现在将盗窃罪分为轻盗窃和重盗窃，但是这种轻重程度之分只是从刑罚的角度来看才有意义，它对盗窃罪的性质问题并不产生影响。

通过以上的简单分析可以看出，无论大陆法系国家还是英美法系国家，属于刑法调控的范围特别广泛，犯罪圈也特别大，但是这些国家并未将所有符合犯罪构成的行为都作为犯罪来处理。那么，它们是通过什么途径来解决这些问题的？笔者认为，首先，在刑法理论上，大陆法系国家把"可罚的违法性理论""社会相当性理论""实质的违法性理论"等作为解决轻微危害社会的行为而不作为犯罪处理的理论依据。其次，这些国家通过刑事诉讼程序，主要是起

---

① 参见储槐植：《刑事一体化与关系刑法论》，北京大学出版社 1997 年版，第 270 页。

诉阶段将那些轻微犯罪行为排除在起诉范围之外。最后，近年来，这些国家提出所谓"非犯罪化"问题，也正是基于解决犯罪圈过大所带来的一系列问题而作出努力的结果。

但是，有的国家刑法中也存在犯罪定量研究的问题，即通过把危害社会的行为界定在一定的程度来限制犯罪圈，把那些轻微的危害社会的行为排除在犯罪圈之外，这种立法模式类似于我国。例如，俄罗斯刑法第14条规定，本法典以刑罚相威吓所禁止的有罪过地实施的危害社会的行为，是犯罪。行为（或不作为）虽然在形式上包含本法典规定的某一犯罪的特征，但是由于情节轻微不能认定为具有社会危害性的，即没有对个人、社会或国家造成损害或构成损害威胁的，不是犯罪。[①]

我国刑法中的"情节犯"这个概念在国外刑法中虽然没有涉及，在实体法规定中也没有情节犯的类型，但是从基本刑法理论来看，也同样存在类似于情节犯这种犯罪类型所应当起到作用的基本理论。所以，情节犯在国外实体法中虽然没有规定，但是我国刑法中情节犯的立法精神和价值取向在国外刑法理论中同样可以看到，对刑事实体法具有实际意义。

### 4.3.2 情节犯的刑事程序意义

如前文所述，无论是大陆法系国家还是英美法系国家，皆没有将所有构成犯罪的行为都作为犯罪来对待，其中最为主要的方式之一就是在刑事诉讼中采用了起诉便宜主义，也称"追诉裁量主义"（the principle of opportunity）。所谓"起诉便宜主义"，是指公诉方依据法律的授权，基于刑事惩戒的目的和权衡各种利益，对其所审查起诉的刑事案件，选择是否作出控诉以停止刑事程序的原则。简言之，即基于程序经济原则及刑事追诉之权衡，赋予检察官某种程度的裁量权，使其对于某些具备起诉要件之刑事案件，本其职权加以权衡，放弃追诉或为不起诉处分。

日本是实施便宜起诉较典型的国家。日本《刑事诉讼法》第248条规定："根据犯人的性格、年龄及境遇，犯罪的轻重及情节和犯罪后的情况，没有必要追诉时，可以不提起公诉。"这在日本被称为"起诉犹豫处分"。日本于

---

[①] 参见赵微：《俄罗斯联邦刑法》，法律出版社2003年版，第267页。

1924 年摒弃了绝对的起诉法定主义,以立法形式确立了起诉便宜原则。依照这一规定,判断是否应当起诉,主要考虑三个方面的因素:①(1)关于犯人自身的要素。"性格",包括品行、癖性、习惯、健康状态、前科劣迹、惯犯等;"年龄",包括年轻、年老; "境遇",包括家庭环境、职业、人际关系等。(2)关于犯罪事实方面的情况。"罪行轻重",包括法定刑的轻重、受害程度;"犯罪的情况",包括犯罪动机、方法、与被害人的关系等。(3)关于"犯罪后的情况",是指犯罪嫌疑人有无悔改之意,是否谢罪与恢复损害、有无逃跑与销毁证据、有无对被害人赔偿、达成和解、被害人的受害感情、时间与经过、社会形势的变化、法令的更改等。

  德国曾经长期坚持彻底的起诉法定原则。但是,自 20 世纪 60 年代以来,德国检察机关的职能经历了巨大的转变,其中心是将检察机关的行为准则由起诉法定原则转变为起诉便宜原则。起诉便宜原则的产生首先归因于 20 世纪 60 年代开始出现的犯罪现象的变化。当时,犯罪率大幅度增长,给刑事追究带来了很大的负担。而在大量增加的普通刑事犯罪中,有相当一部分为轻微犯罪,特别是简单的侵犯财产的不法行为和交通肇事犯罪。这就促使政府为减轻压力而寻求针对轻微犯罪的简便、迅速且费用低廉的解决方式,起诉便宜原则应运而生。1964 年,德国对《刑事诉讼法典》进行了较大修改,在第 153 条明确规定:如果犯罪行为轻微,且追究刑事责任对于公共利益意义不大的,检察机关可以通过多种途径决定终止诉讼,但原则上应征得法院的同意。1975 年,《刑事诉讼法典》增加了第 153 条 a。该条规定,如果追究刑事责任对公共利益没有什么意义,或者追究刑事责任的必要性可以通过规定并执行某些惩罚性措施而消除,检察机关有权决定终止刑事诉讼。检察机关终止刑事诉讼的权力由此得到了相当程度的扩大。1975 年的改革还赋予检察机关对有些犯罪行为,特别是小额的侵犯财产的不法行为,作出终止刑事诉讼的决定时无须再征得法院同意的权力。1989 年,德国统一后,政府财政出现了严重困难。于是,1993 年制定的《减轻司法负担法》要求大幅度减少追究刑事责任的费用。由此带来的一个重要变化是,又一次扩大了起诉便宜原则的适用范围,检察机关终止刑事诉讼的权限扩大到中等严重程度的犯罪,而且决定终止诉讼时要求征

---

 ① 参见孙长永:《日本的起诉犹豫制度及其借鉴意义》,载《中外法学》1992 年第 6 期。

得法院同意的情况进一步减少。在德国,检察官审查起诉的案件,每年起诉的约占35%,不起诉的占50%,免诉的占10%,另有5%作其他处理。在荷兰,每年大约有60%的犯罪案件由检察官作不起诉处理。[①]

美国在公诉裁量问题上以辩诉交易(plea bargain)来增进效率,但英美法系背景下的辩诉交易制度与起诉便宜主义完全属不同的刑事诉讼理论层次,因为它较少受起诉法定主义的限制。在辩诉交易中,首先由被告人在"罪状答辩"程序中选择是否认罪(如果不认罪,按正式审判程序进行),如认罪(分为"有争议的认罪"和"无争议的认罪"),检察官可降低指控或建议减少刑罚,并且在不经陪审团参加审判的情况下直接由法官量刑处罚。检察官可以考察被告人职业、品行、名誉、有无前科等情况以决定是否建议实行辩诉交易,同时还考虑控诉成功率、案件审理的难易程度、所掌握控诉证据的证明力程度与证据有无等情况。在美国,90%左右的刑事案件都是通过辩诉交易来解决的,而且检察官在辩诉交易中享有求刑权,可以提出各种量刑建议。

在刑事诉讼程序中,无论是大陆法系国家的起诉便宜主义还是英美法系国家采用的辩诉交易,都最大限度地提高了犯罪的门槛,把那些轻微危害社会的行为排除在犯罪圈以外,实际上缩小了犯罪圈。这样,这些国家将刑事实体法要解决的问题转移给了刑事程序法来解决,从刑事一体化的角度来看,也是有存在的空间和必要的。从司法最终所要追求的价值目标角度来说,这与我国刑法中所设置情节犯的量化要求并无二致。所以,笔者认为,这些国家虽然没有在其刑法中规定情节犯等犯罪类型,但是其刑事诉讼程序的设置解决了类似于我国刑法中情节犯的问题。

在我国,虽然刑事实体法和程序法并不像英美法系国家那样紧密相连,但是在追求刑事司法公正的价值取向上仍与之保持一致性。虽然我国刑法中明确规定了情节犯等犯罪量的要求,但是检察机关根据"惩办与宽大相结合"以及"区别对待,分化瓦解"的刑事政策,在20世纪50年代镇压反革命期间,在实践中创立了免予起诉制度,对应当追究刑事责任,但能真诚坦白或者有立功表现,可以免予刑罚的自首者,作出免予起诉的决定,不再追究其刑事责

---

① 参见龙宗智:《相对合理主义》,中国政法大学出版社1999年版,第310页。

任。① 我国现行《刑事诉讼法》规定了不起诉的三种形式，即法定不起诉、证据不足不起诉和酌定不起诉。就起诉便宜主义的基本含义而言，法定不起诉、证据不足不起诉不应被界定为起诉便宜主义，唯有酌定不起诉吸收了起诉便宜主义的合理内核。我国《刑事诉讼法》第142条第2款规定："对于犯罪情节轻微，依照刑法规定不需要判处刑罚或者免除刑罚的，人民检察院可以作出不起诉决定。"这是我国酌定不起诉制度的立法表述，也是借鉴起诉便宜主义的直接体现。

我国酌定不起诉制度是对1979年《刑事诉讼法》规定的免予起诉的重大修改和完善。所谓"免予起诉"，是指检察机关对依照刑法规定不需要判处刑罚或者可以免除刑罚的犯罪嫌疑人，决定不向人民法院提起公诉，直接认定其有罪。由于免予起诉决定相当于法院作出的确认有罪但免除刑罚的判决，直接违反了法治原则，因此我国在1997年修订《刑事诉讼法》时，借鉴起诉便宜主义，确立了酌定不起诉。即检察机关对于犯罪情节轻微，但依照刑法规定不需要判处刑罚或者免除刑罚的，享有决定是否起诉的自由裁量权。这使得我国的不起诉制度更加民主、科学，更有利于司法领域中的人权保障。有统计资料显示，1998年，全国检察机关审查起诉部门共受理公安等侦查机关移送审查起诉的案件444192件，涉案犯罪嫌疑人668698人；共受理检察机关侦查部门移送审查起诉的案件32539件、38809人。经审查决定提起公诉403145件、584763人；决定不起诉15193人，其中法定不起诉2554人，酌定不起诉9244人，证据不足不起诉3395人。我国检察机关对刑事案件不起诉的比例与德国等国家相比，显然非常低。1998年，不起诉人数占审结总人数的2.5%，其中酌定不起诉人数只占审结总人数的1.5%。②

我国刑事诉讼法中不起诉制度的设置与国外刑事诉讼中的相关制度有所区别，如我国公诉机关——各级检察院在对行为人的行为进行判断的时候，还必须依赖于刑事实体法的规定。所以，犯罪定量因素在起诉阶段同样起到作用。而情节犯在我国刑法中的规定，在刑事诉讼的起诉阶段，仍然制约公诉机关对行为性质的判断。可以说，情节犯作为我国特有的一个犯罪类型，与我国刑法

---

① 参见樊崇义：《我国不起诉制度的产生和发展》，载《政法论坛》2000年第3期。
② 参见陈光中等主编：《中德不起诉制度比较研究》，中国检察出版社2002年版，第168页。

中犯罪概念的定量因素相关联。因此，它的存在无论是在刑事诉讼的哪一个阶段，都有实质意义。所不同的是，在未经法院确认前，所有人都是无罪的。所以，在不同的阶段，尽管所依据的都是情节犯理论，但是法院判决前的判断都属于阶段性认识。虽然在国外的刑法理论中没有情节犯这一犯罪类型，但是由于其特殊的刑事诉讼制度的设置，也起到了相当于情节犯的限制犯罪圈的作用。

## 4.4 本章小结

情节犯中的情节严重（情节恶劣）是我国刑法中犯罪构成的要件。情节犯在我国刑法中存在，而在大陆法系刑法中没有情节犯（基本情节犯）的概念，不同的犯罪构成理论是其重要的原因。情节严重在我国当前的犯罪构成框架下无法且没有必要直接移植大陆法系刑法中可罚的违法性理论和客观处罚条件。但是，情节犯中的情节严重（情节恶劣）在某种程度上起到了类似的作用。大陆法系刑法中"立法定性，司法定量"的模式以及英美法系国家的判例制度导致了犯罪圈过大的现实，近年来西方国家倡导"非犯罪化"即是明证。但是，无论在大陆法系国家还是英美法系国家，都通过刑事诉讼程序或者刑事实体法中的理论在司法实践中贯彻了"微罪不举"的精神。

情节犯不仅对我国犯罪构成理论产生了影响，即认可犯罪构成理论中开放的犯罪构成理论和实践的存在，它还具有很强的实践性，在立法和司法上摆脱了传统构成要件理论的严格规则主义，注意到了构成要件要素的多重性和非确定性，为我国犯罪构成理论的研究提供了立法和司法实践以及理论基础。情节犯的存在为我国现有犯罪构成理论的拓展和深化提供了可能。情节犯使刑法在具备稳定性与相对明确性的同时，又能兼顾到社会的多变性与司法的灵活性。情节犯解决了刑法典的稳定性与社会发展之间的矛盾，既遵循立法者的法律规则主义，又赋予司法者一定程度的自由裁量权。综上所述，情节犯所具有的灵活性、时代性、多样性与实用性，不仅使得司法者根据案件的实际情况作出决断成为可能，而且使得我国犯罪构成理论的发展有了赖以生存的土壤和更为广阔的空间。

第 5 章

情节犯形态论

通常认为，犯罪形态应当包括三种，即故意犯罪过程中的停止形态、共同犯罪形态和罪数形态。由于情节犯的共同犯罪形态与其他类型的犯罪形态没有本质上的区别，① 所以本书着重讨论情节犯的停止形态和罪数形态。其中，对停止形态的讨论，即情节犯的既遂、预备、未遂和中止形态以基本情节犯为视角；而对于罪数形态，则从情节加重犯的角度出发，因为本书中情节犯的概念和范畴包含基本情节犯、情节加重犯、情节减轻犯以及情节特别加重犯，而情节加重犯、情节减轻犯和情节特别加重犯都属于修正的犯罪构成，所以在本书中所讨论的情节加重犯的罪数形态也在一定程度上代表了情节减轻犯、情节特别加重犯的罪数形态，它们之间存在一定的共通性。

## 5.1 情节犯的既遂形态

### 5.1.1 既遂形态标准的采用

如何准确地界定犯罪未遂与既遂的区分标准，一直是刑法学界一个存在颇多争议的难点。对此，学术界主要有以下几种主张：

第一种是犯罪目的说。该说认为，犯罪目的是否达到是区分犯罪既遂与未遂的唯一标准，未达到犯罪目的的是犯罪未遂，达到犯罪目的的是犯罪既遂。

第二种是犯罪结果说。该说以犯罪结果是否发生作为犯罪既遂与未遂区别的标准。在这里，犯罪的结果一般指法定犯罪结果，即专指犯罪行为给犯罪客体所造成的实际损害，多指物质性的可以通过测量确定的、有形的损害结果。

---

① 除了既是情节犯又是数额犯，或者司法解释将情节犯解释为包含数额犯的情况时，共同犯罪中的数额认定问题有探讨价值外，笔者还没有发现其他类型情节犯的共犯形态有特别的价值。由于本书中尽量不涉及司法解释的情节犯，且下文中将情节犯和数额犯还是作为区别对待的两种既存在区别又存在包含或者并列关系的情形，所以本书中讨论的情节犯还是以单纯的情节犯为逻辑起点。此外，由于情节犯中的所谓"共犯形态"的相关问题，笔者认为都可以通过共犯的基本理论加以解决，因此在讨论情节犯的犯罪形态的时候就没有涉及情节犯的共犯形态。

第三种观点是犯罪行为说。该说主张应该以法定犯罪行为是否完成作为区分犯罪未遂与既遂的标准。

第四种观点是犯罪构成要件齐备说。该说以犯罪构成要件是否全部齐备作为区分犯罪未遂与既遂的标准。犯罪未遂就是犯罪构成的全部要件不齐备，犯罪既遂就是犯罪构成的全部构成要件齐备。这种观点逐渐在我国刑法学界占据主导地位并成为通说。

尽管犯罪构成要件齐备说作为犯罪既遂的标准目前在我国刑法学界遭到了各种质疑，[①] 但是笔者在阐述时，不去论证和评述上述观点的优劣，而直接认为犯罪构成要件齐备说具有相对的合理性，仍然沿用通说的标准。

---

① 参见艾天军：《关于犯罪既遂的再探讨》，载《云南公安高等专科学校学报》2002年第3期。质疑之一：构成要件说对未遂、既遂的解释是否与其词意不符？在界定既遂的三种学说中，犯罪结果说的影响日渐式微，近年来对通说提出质疑的学者大部分持犯罪目的说。他们的一个重要论据，就是从文义上解释"遂"为遂心所愿、达到目的。法律规定"未遂"为未得逞，即未实现目的，从另一个方面印证了"既遂"为实现目的之意。笔者认为，"既遂"在汉语里除了"达到目的"的意思外，还有"已完成、已终了"的意思。另外，我国1957年和1963年的刑法草案对未遂的规定都是"已经着手实行犯罪，由于犯罪分子意志以外的原因未遂的是犯罪未遂"。在1979年《刑法》中，为避免同语反复，才将"未遂"改为"未得逞"。可见，未得逞实际上等于未遂，即未完成犯罪之意，而不是通常理解的未实现犯罪目的。退一步说，即使通说对"既遂"的解释与其文义不符，也不能就此否定通说。文理解释固然重要，但根据立法精神，综合有关情况，当文理解释不能准确表达立法精神、适应现实情况的时候，对刑法中的名词在一定范围内作超出其字面意义的论理解释，也是允许的。质疑之二：构成要件说是否标准不统一？有论者认为，构成要件说在说明间接故意犯罪没有得逞与未得逞的问题时，以间接故意无犯罪目的为理由，而在理解直接故意犯罪中的未得逞时，将犯罪目的抛在一边，则不是科学的态度。笔者认为这一质疑也值得商榷。犯罪目的是行为人希望通过实施犯罪行为达到某种危害社会结果的心理态度，存在犯罪目的的犯罪，其意志因素必为希望，即犯罪目的只存在于直接故意犯罪中。没有犯罪目的决定了间接故意犯罪不存在犯罪的停止形态，但犯罪目的并不能将直接故意犯罪的停止形态区分开来，犯罪目的实现与否也不能区分所有故意犯罪的完成形态与未完成形态。在部分犯罪目的实现与否能加以区分的直接故意犯罪中，作为主客观辩证统一的"构成要件齐备"已包含犯罪目的的实现。既然如此，论述直接故意犯罪的停止形态不涉及犯罪目的也顺理成章。质疑之三：我国刑法分则是否以既遂为模式制定？由于构成要件说的前提是刑法分则以既遂为模式制定（不然就谈不上修正的犯罪构成），这一质疑直接关系到通说的成立基础。有论者认为，刑法分则以既遂为模式制定这一观点来源于资产阶级刑法理论，而资产阶级学者提出这一观点有其立法依据，但与我国立法不符。资产阶级学者提出这一观点的立法依据是他们国家的立法以处罚既遂为原则，以处罚未遂（中止包含在未遂之中）为例外，而且要有刑法分则的特殊规定，对预备犯则一般不处罚。犯罪的成立基本上就等于犯罪既遂，所以刑法分则可以说是以既遂为模式制定。而我国立法原则上处罚预备犯、未遂犯、中止犯，说刑法分则以既遂为模式制定与刑法规定不符。

### 5.1.2 情节犯既遂形态的认定

在我国，有学者分以下几种情况对情节犯的既遂形态加以讨论：[①] 一是多数情节犯只要符合情节要件，行为人着手犯罪的实行行为就成立犯罪既遂；二是少数情节犯成立既遂形态，还需要危害行为经过一定的过程，当行为人只实施部分危害行为时，不能认定为犯罪既遂；三是有的情节犯的既遂在具备情节要件之后，还需要发生依据逻辑联系可以推定的犯罪结果；四是极少数犯罪的既遂在具备情节要件之后，还需要发生法定的威胁状态。例如，《刑法》第130条（非法携带枪支、弹药、管制刀具、危险物品危及公共安全罪）规定："非法携带枪支、弹药、管制刀具或者爆炸性、易燃性、放射性、毒害性、腐蚀性物品，进入公共场所或者公共交通工具，危及公共安全，情节严重的，处三年以下有期徒刑、拘役或者管制。"

"情节严重"要件的具备并不能决定情节犯的既遂形态，仍然需要全部犯罪构成要件的齐备。除情节要件的具备外，犯罪行为处于既遂状态还取决于犯罪客观方面的危害行为和它所侵害的社会关系的性质。以《刑法》第215条（非法制造、销售非法制造的注册商标标识罪）为例，该条规定："伪造、擅自制造他人注册商标标识或者销售伪造、擅自制造的注册商标标识，情节严重的，处三年以下有期徒刑、拘役或者管制，并处或者单处罚金；情节特别严重的，处三年以上七年以下有期徒刑，并处罚金。"其中，对于"情节严重"的理解，2010年《最高人民检察院、公安部关于公安机关管辖的刑事案件立案追诉标准的规定（二）》第71条规定："伪造、擅自制造他人注册商标标识或者销售伪造、擅自制造的注册商标标识，涉嫌下列情形之一的，应予立案追诉：（一）伪造、擅自制造或者销售伪造、擅自制造的注册商标标识数量在二万件以上，或者非法经营数额在五万元以上，或者违法所得数额在三万元以上的；（二）伪造、擅自制造或者销售伪造、擅自制造两种以上注册商标标识数量在一万件以上，或者非法经营数额在三万元以上，或者违法所得数额在二万元以上的；（三）其他情节严重的情形。"在对于这类情节犯的既遂形态进行认定时，如果行为人实施的伪造或者销售伪造的注册商标标志，其中的数额虽然

---

[①] 参见金泽刚：《犯罪既遂的理论与实践》，人民法院出版社2001年版，第131—133页。

没有达到上述标准，但是其因非法制造、销售非法制造的注册商标标识，受过行政处罚二次以上，又再一次实施非法制造、销售非法制造的注册商标标识的，若行为人将制造注册商标标识所需的各种材料已经备齐，并着手实施生产行为，但是由于犯罪分子意志以外的原因，导致该行为并未实施完毕，则行为人最后一次所实施的制造行为就可以认为是具备该罪的"情节严重"的情形，即具备该罪的犯罪构成要件，可以认定为该罪的既遂形态。

再如，我国《刑法》第273条（挪用特定款物罪）规定："挪用用于救灾、抢险、防汛、优抚、扶贫、移民、救济款物，情节严重，致使国家和人民群众利益遭受重大损害的，对直接责任人员，处三年以下有期徒刑或者拘役；情节特别严重的，处三年以上七年以下有期徒刑。"其中，"情节严重"明显是用来限制挪用行为的性质的，当然也可能包括挪用的目的和动机等因素。不过，如果行为人挪用特定款物的行为虽然情节严重，但是并未致使国家和人民群众利益遭受重大损失，当然也就不能认定为该罪的既遂形态。

综上所述，笔者认为，情节犯与其他犯罪类型如行为犯、结果犯、数额犯等一样，根据刑法分则的条文规定，当具备该罪的全部犯罪构成特征时，可以认为其在犯罪形态上处于既遂的状态。但是，应当注意，不能仅仅把是否具备"情节严重"作为判断情节犯的犯罪既遂形态的唯一标准，而应当以犯罪构成要件是否齐备作为判断该罪的既遂标准。前文已经述及，"情节严重"作为情节犯的犯罪构成要件之一，作为犯罪成立的"量"的要求，尽管其中各个要素可以被分解到犯罪构成要件中，但是仍然有独立存在的必要。犯罪构成要件齐备乃是认定犯罪成立的标准，也是认定犯罪既遂的标准。犯罪构成的要件是否具备就是区分罪与非罪的标志。如果情节犯的其他要件均已经具备，则"情节严重"的成立与否就决定了犯罪是否成立。此时，犯罪成立和犯罪既遂就具有同一性，即犯罪成立就是犯罪既遂。而修正犯罪构成是以基本犯罪构成为前提，适应犯罪行为的各种不同犯罪形态而存在的，它对基本犯罪构成进行了一定程度的修改和变更。这时候，犯罪成立（各种不同犯罪形态的情况）适用的行为符合修正的犯罪构成，而不是基本的犯罪构成。因此，这里的犯罪成立并不是犯罪既遂。虽然都采用了犯罪构成要件齐备说的标准，但是这里的"犯罪构成齐备"应是分别指修正犯罪构成要件齐备（结合总则关于未遂、中止和预备的规定的修正）和完整犯罪构成要件齐备两个不同的概念。

完整犯罪构成要件和修正犯罪构成要件是大陆法系刑法所作的分类，大陆法系国家刑法分则中规定的犯罪形态都是既遂形态。而对于我国刑法分则所规定的犯罪形态是否都是既遂形态，通说认为都是以既遂为模式的，但是也有学者持不同观点。[①] 持该种观点的学者认为，在我国刑法的犯罪构成中不应作基本构成要件和修正构成要件的分类。[②] 但是，笔者认为，刑法分则中规定犯罪形态都应该是以既遂形态为标准的，情节犯也不例外。所以，在认定情节犯既遂形态时，还是应该以犯罪构成要件齐备说作为其标准。

## 5.2 情节犯的未完成形态

### 5.2.1 情节犯的预备形态

我国刑法学界的通说认为，所谓预备犯，是指已经实施犯罪的预备行为，但由于行为人的意志以外的原因，未能着手实行犯罪的犯罪形态。各国刑法理论对于预备行为刑事责任的根据有不同认识，大致可分三种学说：一是主观主义学说，它强调社会伦理价值、对社会秩序的保护和社会防卫，重视行为人的人身危险性，因此主张犯罪预备具有可罚性，理由是犯罪预备行为人及其行为已经具有对法益的现实危险。二是客观主义学说，它强调刑法的谦抑性和国民自由，重视行为本身对法益的危险和侵害。三是折中说，它强调刑法既要维护社会秩序，又要兼顾公民自由；对有法益危险和侵害的行为应当处罚，但预备犯毕竟尚未使法益面临的现实危险成为实然的侵害，故应当从宽处罚。大陆法系多数国家在刑法立法上持客观主义立场，故认为预备行为不可罚。但是，大陆法系的德日刑法理论中有观点认为，从刑法的目的是保护法益出发，如果没有发生行为人所预见的构成要件结果，则说明该构成要件欲保护的法益事实上并没有受到损害。刑法在法益实害发生以前的介入同样是为了保护法益。但是，刑罚在这种情况下介入的根据，实质上就是行为对法益的危险性。因此，

---

　　① 关于认为我国刑法分则规定的犯罪形态不都是既遂形态的观点，具体可以参见张明楷：《刑法的基本立场》，中国法制出版社 2002 年版；刘明祥：《我国刑法规定的犯罪并非以既遂为模式》，载《法商研究》1990 年第 4 期；等等。

　　② 参见刘艳红：《开放的犯罪构成要件理论研究》，中国政法大学出版社 2002 年版，第 259 页。

处罚犯罪预备的实质根据是犯罪预备行为对刑法法益的危险性，危险是预备犯可罚的唯一根据。其中，对于危险的判断可以分为抽象危险说、具体危险说、客观危险说和主客观危险说等不同的学术观点。

对于犯罪预备要不要处罚、怎样处罚，各国的立法态度大不相同。纵观大陆法系的刑事立法，大体上有三种形式：一是对于一切犯罪预备均不处罚。如1810年《法国刑法典》即是如此，其理由是：犯罪的预备行为模棱两可的性质，不能说明行为已经进入犯罪实施阶段，也不能说明行为者已经具备犯罪意图。例如，某人购买枪支，可能是为了杀人，也可能是为了自杀，还可能是为了自卫。所以，按照犯罪的主、客观要件相统一的要求，对于尚不明确的行为不应给予处罚。① 二是在刑法分则中规定，对于一些严重的犯罪预备行为才处罚。如在日本刑法中，只规定了内乱、外患、私战、放火、伪造货币、杀人、绑架、抢劫八种犯罪的预备行为构成犯罪。三是在刑法总则中规定，对于一切犯罪预备行为均可以处罚。如中国、苏联、朝鲜、蒙古的刑法均属此类。我国刑法在总则中规定了犯罪预备的概念，即《刑法》第22条第1款规定："为了犯罪，准备工具、制造条件的，是犯罪预备。"这一规定虽然只是对犯罪预备行为的表述，但是它揭示了预备犯的概念和基本构成特征，可以认为是犯罪预备可罚性的立法基础。但是，对于这种立法模式，我国有学者指出，由于刑法分则中有相当一部分犯罪本身性质并不严重，因而对其预备行为极少处罚，只对某些严重的犯罪，例如故意杀人罪、抢劫罪的预备行为才追究刑事责任。因此，刑法总则关于处罚犯罪预备行为的规定具有一定的虚置性。② 还有的学者认为，将所有预备行为宣告为刑事可罚，在刑法的危险递增理论看来，不仅违反刑罚的经济性原则，在实践中无法实行，而且也是没有理论根据的。这种撒大网式的规范方式不仅是一种立法与理论上的懒惰，而且明显具有国家刑罚权滥用的危险，国家在犯罪面前无须如此如临大敌。③

笔者认为，中国、俄罗斯等国家在刑事立法上对犯罪预备采取了折中主义态度，一方面认为预备犯具有对法益（刑法所保护的社会关系）的现实危险，另一方面又认为应当对预备犯从宽处罚。我国先后颁布的两部刑法典（1979

---

① 参见朱华荣主编：《各国刑法比较研究》，武汉大学出版社1995年版，第19页。
② 参见陈兴良：《本体刑法学》，商务印书馆2001年版，第487页。
③ 参见李海东：《刑法原理入门（犯罪论基础）》，法律出版社1998年版，第139页。

年《刑法》和 1997 年《刑法》即现行刑法典)一致明确规定,"为了犯罪,准备工具、制造条件的,是犯罪预备"(1979 年《刑法》第 19 条第 1 款,现行《刑法》第 22 条第 1 款)。根据这个定义,犯罪预备的性质有两个:(1)从内容上来看,"准备工具、制造条件"是在为了犯罪这一心理活动的支配下,行为人危害社会的身体的动静,对法益(刑保护的社会关系)构成威胁。在这个意义上,犯罪预备是刑法上的危害行为。(2)从整个犯罪过程来看,行为人"准备工具、制造条件"的行为,则处在"准备"实行犯罪阶段。从这个角度而言,犯罪预备可称为"犯罪预备阶段",以区别于其他犯罪过程中的实行阶段、实行以后阶段。

预备犯的行为人在主观目的上,是为了实行犯罪;客观上,行为人实施了犯罪预备行为,其中包括准备工具的行为和制造条件的行为,尚未着手实行犯罪,因为行为人意志以外的因素而停止。我国刑法理论认为,犯罪的本质是行为的社会危害性,处罚犯罪预备是因为其行为完全具备主客观相统一的犯罪预备的构成要件,从而对法律所保护的某种社会关系造成了实际威胁。因此,可以说,我国刑法之所以对犯罪未完成形态追究刑事责任,是因为犯罪未完成形态完全具备与既遂形态的基本犯罪构成有所不同的修正犯罪构成的诸要件,完成了主观犯罪故意与客观危害行为的有机结合。这就是犯罪未完成形态负刑事责任最基本、最重要的主客观相统一的根据,也正是我国刑法认定犯罪未完成形态具有刑罚当罚性的主要立法精神所在。这里,主客观相统一的行为之社会危害与行为对法益(社会关系)的危险性都是预备行为可罚的实质理论根据。笔者认为,根据我国刑法中对犯罪预备的立法模式,从应然的角度上看,所有分则规定的犯罪的预备犯都可以被处罚,情节犯的犯罪预备形态也不例外。但是,正如有的学者指出的那样,尽管从实际发案情况看,真正预备犯的案件不多,但理论上可以处罚的犯罪种类很多。如果对预备行为不加限制,很有可能进入司法评价范围。比如,数额犯、情节犯之数额、情节已经成为犯罪成立的条件,那么具有较大数额或者严重情节的犯罪预备行为是否可罚,值得进一步思考。[①] 笔者认为,情节犯是否存在预备形态与应否处罚是两个不同的问题。

---

① 参见贾凌、曾粤兴:《预备行为理论与实践的双重思考》,载《法制日报》2004 年 5 月 20 日第 10 版。

试分述如下：

首先，应当肯定情节犯和其他犯罪类型一样，是存在犯罪预备形态的。从应然的角度上看，情节犯的预备形态同样具有可罚性。我国刑法理论认为，对行为的社会危害性的判断标准是行为的客观社会危害性和行为人的主观恶性与人身危险性的统一。作为情节犯的预备行为，行为人主观上是"为了实施犯罪"；而客观上，行为人也实施了某种行为，这种行为对社会关系往往造成威胁，因此其危害性的存在是不言而喻的。虽然这种危害性不是现实的，但是由于其存在向现实转换的可能性，再加上是由于行为人意志以外的因素所造成的，是违背行为人本来意志的，所以其主观恶性也不能掩饰。从社会防卫的刑事政策角度上说，预备行为本身或者行为人的人身危险性本身也是对现有社会关系现实的威胁，具有可罚性。不可否认，情节犯的情节严重对犯罪成立起到一定作用，但是并不是就此表明所有情节犯的预备行为因为是情节轻微而不具有可罚性。因为情节犯中"情节严重（情节恶劣）"在大多数情况下是对行为手段的限制，通过这种限制来缩小处罚的范围。由于犯罪预备就是犯罪行为尚未"着手"实施，而情节犯中对手段行为是否"严重（恶劣）"只有在行为人着手实施后才可以判断，因此不能统而笼之地认为情节犯的预备行为不具有可罚性。例如，我国《刑法》第158条（虚报注册资本罪）规定："申请公司登记使用虚假证明文件或者采取其他欺诈手段虚报注册资本，欺骗公司登记主管部门，取得公司登记，虚报注册资本数额巨大、后果严重或者有其他严重情节的，处三年以下有期徒刑或者拘役，并处或者单处虚报注册资本金额百分之一以上百分之五以下罚金。单位犯前款罪的，对单位判处罚金，并对其直接负责的主管人员和其他直接责任人员，处三年以下有期徒刑或者拘役。"同时，2010年《最高人民检察院、公安部关于公安机关管辖的刑事案件立案追诉标准的规定（二）》第3条规定："申请公司登记使用虚假证明文件或者采取其他欺诈手段虚报注册资本，欺骗公司登记主观部门，取得公司登记，涉嫌下列情形之一的，应予立案追诉：……（四）虽未达到上述数额标准，但具有下列情形之一的：1. 两年内因虚报注册资本受过行政处罚二次以上，又虚报注册资本的；（2）向公司登记主管人员行贿的；3. 为进行违法活动而注册的。"从以上司法解释可以看出，如果行为人两年内因虚报注册资本受过行政处罚二次以上，又虚报注册资本的，或者向公司登记主管人员行贿的，或者为进行违法活动而注册的，可以看作虚报注册资本罪成立的条件即"其他严重情节"。如果行为人两年内在因虚报注册资本受过二次行政处罚后又在为下一次虚报注册资本而"准备工具或者制造条件的"，应当可以看作虚报注册资本罪的预备行为。此时，不能因为"不满足情节严重"而否认该罪预备犯成立的可能性。

其次，不是所有的情节犯在司法实践中都应当处罚。前文指出，本书所界定的情节犯包括犯罪成立和犯罪既遂两种情形。情节犯本身就属于犯罪较轻的一种犯罪类型，对于某一情节犯的预备行为的处罚，应当结合案件的具体情况而定，不能一概而论。如果那样，刑法介入行为的程度还是过深，范围也会过于广泛。情节犯的预备行为对社会关系尚未造成现实危害，它只是一种危险或者说是对现实社会关系的一种威胁，是一种可能的社会危害性，而不是现实的社会危害性。因此，在实践中对情节犯预备行为进行处罚的时候，不得不考虑的就是这种"社会危害性"的轻微性特征，应当结合具体案件综合考虑。此外，还要从刑事政策保障人权的角度出发，限制对情节犯预备行为的处罚。再加上情节犯自身的特点：有些情节犯可能因为行为尚未实施，而无法判断行为性质等因素是否属于"情节严重（情节恶劣）"的情形，因此对于轻微的情节犯预备行为可以不处罚。例如，我国《刑法》第246条第1、2款（侮辱罪、诽谤罪）规定："以暴力或者其他方法公然侮辱他人或者捏造事实诽谤他人，情节严重的，处三年以下有期徒刑、拘役、管制或者剥夺政治权利。前款罪，告诉的才处理，但是严重危害社会秩序和国家利益的除外。"其中，只有实施侮辱、诽谤行为的性质恶劣的时候才能认定成立该罪；而行为人如果只是在实施该罪的预备行为，就不宜加以处罚。

### 5.2.2 情节犯的未遂形态

大陆法系刑法关于处罚未遂的理论依据，一般存在主观论、客观论和折中论三种观点。主观论的观点是，处罚未遂犯是因为存在着作为未遂的概念要素的犯意。在行为结果没有发生的情况下，通过行为本身可以表现出行为人有主观犯意，而这个犯意表现了行为人的反社会性格，具有人身危险性。因此，从社会防卫的角度来说，未遂与既遂所表现出来的行为人性格上的社会危险程度是一样的，同样应当受到处罚。客观论认为，犯罪未遂的本质在于对刑法规范保护利益存在威胁或者一种损害法益的现实可能性，这就是未遂行为承担刑事责任的原因。在未遂的客观处罚根据中，还存在形式客观说与实质客观说。其中，形式客观说强调行为对造成构成要件结果的危险，这是从其符合构成要件的危险角度来说的；实质客观说考虑的是法益受到侵害的危险程度。二者的本质都是从外部的行为对可能受到侵害的法益之影响角度来决定未遂的处罚根据。折中的未遂论认为，未遂犯的处罚根据首先是实现犯罪的现实危险性，其次必须考虑行为人的主观内容。

由是观之，客观的未遂论是以个人为本位的，而主观的未遂论则是以作为个人集合体的社会乃至超越个人的社会或国家为本位的。有学者认为，我国1997年《刑法》采取了客观未遂论的立场，刑法分则所规定的犯罪构成不是均以既遂为模式的。① 其理由是：第一，由于刑法总则关于犯罪概念的规定将情节显著轻微，危害不大的行为排除在犯罪之外，故事实上只对少数严重的犯罪才处罚未遂。即较轻犯罪的未遂行为，由于危害不大而不可能作为未遂犯处罚。第二，刑法分则的许多条文明确将危害结果规定为构成要件，在危害结果没有发生的情况下，也不可能作为未遂犯处理。第三，刑法分则的许多条文将情节严重作为构成要件，未遂行为一般不会被评价为情节严重，因而不可能构成犯罪。第四，许多财产犯罪与经济犯罪以"数额较大""数额巨大"为条件，如果没有达到数额要求，通常也不会被认定为未遂犯。第五，刑法分则的一些条文为了限制犯罪的成立范围而作了一些特别规定，也导致犯罪未遂的成立范围较小。据此，该学者认为，通过考察必然得出三种结论：第一，犯罪性质严重的未遂应当以犯罪未遂论处，如故意杀人未遂、抢劫未遂、放火未遂等；第二，犯罪性质一般的未遂只有在情节严重时，才能以犯罪未遂论处，如盗窃未遂、诈骗未遂等；第三，犯罪性质轻微的未遂不以犯罪论处。②

对情节犯的既遂与未遂问题，在我国刑法学界虽然较少论及，但是就在这较少的论述中也仍然存在争论，主要存在肯定论与否定论之争。例如，有否定论者指出，我国刑法中有相当数量的故意犯罪条文，在规定犯罪构成各方面要件的基础上，又把"情节严重"或"造成严重损失"等规定为构成犯罪的一个限制性要件。对这类犯罪来讲，仅有实行行为而不具备"情节"或"结果"要

---

① 参见张明楷：《刑法的基本立场》，中国法制出版社2002年版，第203、205页。
② 参见张明楷：《刑法第140条"销售金额"的展开》，载马俊驹主编：《清华法律评论》（第2辑），清华大学出版社1999年版，第188页。

件，可能构成某种违法，而不是犯罪，因而情节犯和结果犯不存在未遂。还有的学者认为，有一些犯罪，着手实行并构成犯罪，同时也就标志着符合其犯罪构成的全部要件，不再有构成要件是否齐备之别，因而不存在既遂与未遂之分。情节作为构成要件的犯罪就属于这种情况。情节犯在具备实行行为的基础上若又具备法定的"情节要件，不但标志着构成犯罪，而且也符合了犯罪构成的全部要件，达到了法定的完成犯罪的状态。所以这类以情节作为构成要件的犯罪里无未遂存在的可能，不存在既遂与未遂之分"。该论者认为，情节犯有既遂形态，也可能有预备形态，而无未遂形态可言。① 对此观点，有学者提出相反的观点，认为情节犯的未遂不是指"情节严重（情节恶劣）"要件是否欠缺，而是指在已经具备"情节严重（情节恶劣）"条件的情况下，行为人之犯罪实行行为的未能得逞。基于这种理解，该论者认为情节犯存在犯罪未遂。② 还有学者认为，情节犯（包括数额犯）在一般条件下不发生未完成犯罪的情形。确切地说，对情节犯的预备行为、未遂行为不宜处罚，不构成犯罪。但是，在特殊情况下，也可能出现未完成犯罪的情形并具有可罚性。③

笔者认为，情节犯的未遂形态是存在的，但不是所有情节犯的未遂形态都

---

① 参见高铭暄主编：《刑法学原理》（第二卷），中国人民大学出版社1993年版，第276页；赵秉志：《犯罪未遂的理论与实践》，中国人民大学出版社1987年版，第235页以下。

② 参见陈兴良主编：《刑事司法研究——情节·判例·解释·裁量》，中国方正出版社1996年版，第73页。

③ 参见姜伟：《犯罪形态通论》，法律出版社1994年版，第128—129页。此外，认为情节犯存在未遂的学者认为：首先，将情节犯的情节作为犯罪构成要件的观点，自然地可以推导出情节犯存在犯罪未遂。因为我国刑法学界公认的观点认为，犯罪既遂是指着手实行的犯罪行为具备具体犯罪构成全部要件的情况。此即既遂的构成要件说。而犯罪未遂是指已经着手实行犯罪，由于犯罪分子意志以外的原因或障碍，而未达犯罪既遂的情况。既然作为犯罪构成要件的情节因犯罪分子意志以外的原因或障碍未实现，自然成立犯罪未遂。其次，从将情节犯的情节理解为犯罪构成要件以外的综合定罪要件的观点来看，情节是否具备并不直接决定具体犯罪既遂或未遂的成立。也就是说，作为刑法分则中具体犯罪的情节犯，仍然有可能成立犯罪未遂。只是在这种情形下，如果成立犯罪未遂，必然会影响到情节的成立与否。以销售伪劣商品罪为例，行为人在销售过程中因意志以外的原因未实现销售，即为销售未遂，而这一销售未遂直接影响了作为此罪情节的销售金额的成立。可见，将情节犯的情节理解为犯罪构成要件以外的综合定罪情节，同样不影响具体犯罪未遂的成立。该论者认为，情节犯与犯罪未遂原本是两个不同层面的概念，无论对情节犯作何种解释，都不影响作为情节犯的具体犯罪之未遂成立的可能性。参见龚培华：《情节犯未遂及其可罚性》，http://www.shjcy.gov.cn/02_open/04_case/h_file/case/case03.htm。

具有可罚性，应结合情节犯的类型作具体分析。如前文所述，情节犯（包括数额犯），尤其是"行为＋情节严重（情节恶劣）"类型的情节犯，在一般条件下不发生未完成犯罪的情形。确切地说，对该类型的情节犯的预备行为、未遂行为不宜处罚。但即使是这种类型的情节犯中，笔者认为同样存在未遂的可能性。在特殊情况下，即其他类型的情节犯中同样可能出现未遂的犯罪形态，并且情节犯的未遂是具有可罚性的。

首先，情节犯是故意犯罪。[①] 故意犯罪存在一个犯罪发展的过程，在这个过程中，情节犯同其他故意犯罪一样，只有在达到犯罪构成全部要件齐备的情况下，才能认定为该犯罪既遂的形态。因此，同样可能因为某种主观或者客观的原因，使犯罪停止下来，处于未完成形态。如果行为人着手实施以后，因为行为人意志以外的原因，即使该行为已经具备情节要求，但是仍然使犯罪未得逞，此时只能认定为未遂形态。

其次，情节犯之情节决定犯罪是否成立。前文分析指出，情节犯之情节应该是犯罪构成要件，即非基本构成要件，而是特别的构成要件。这个特别的构成要件就是要使行为从总体上达到某种犯罪的可罚性程度。而犯罪构成要件是否齐备是决定犯罪既遂未遂的标准。因此，如果仅仅具备某种情节，也同样不能就此认定该犯罪就处于既遂状态，还应该具体考察该情节犯的其他要件是否具备，即犯罪构成要件是否齐备。

最后，对于情节犯未遂处罚的标准。情节犯与其他犯罪类型一样，也是以犯罪构成要件齐备说为标准的。情节犯的成立，也应当具备该罪所有的犯罪构成要件。而情节严重（情节恶劣）作为其中的一个构成要件，它的具备，是情节犯成立的必要要件。但是，情节严重（情节恶劣）是一个综合性的要件，其中包含各种可以被分解于其他各个构成要件当中去的要素。也就是说，情节犯中之情节严重（情节恶劣）不是某一个固定的要素。因此，在情节严重（情节恶劣）中包含的某个要素具备，而该罪的其他要件不具备的情况下，即使达到了情节严重（情节恶劣），同样会因为该罪的构成要件不齐备而不能认定为既遂。这就是说，情节犯和其他故意犯罪一样，也可能已经具备情节严重（情节

---

① 前文曾论述指出，情节犯的主观方面为故意，但是我国现行《刑法》中仍然存在以过失作为其主观方面的情节犯。对这类犯罪，笔者在后文中认为是应加以改造的。所以，这里说情节犯的主观方面是故意，主要是从就现行立法的一般情况而言，或者是从应然的角度所作的判断。

恶劣），但因为其他构成要件的欠缺而最终导致该罪停留在未遂形态。

例如，《刑法》第213条（假冒注册商标罪）规定："未经注册商标所有人许可，在同一种商品上使用与其注册商标相同的商标，情节严重的，处三年以下有期徒刑或者拘役，并处或者单处罚金；情节特别严重的，处三年以上七年以下有期徒刑，并处罚金。"2004年《最高人民法院、最高人民检察院关于办理侵犯知识产权刑事案件具体应用法律若干问题的解释》第1条第1款规定："未经注册商标所有人许可，在同一种商品上使用与其注册商标相同的商标，具有下列情形之一的，属于刑法第二百一十三条规定的'情节严重'，应当以假冒注册商标罪判处三年以下有期徒刑或者拘役，并处或者单处罚金：（一）非法经营数额在五万元以上或者违法所得数额在三万元以上的；（二）假冒两种以上注册商标，非法经营数额在三万元以上或者违法所得数额在二万元以上的；（三）其他情节严重的情形。"其中，第3项"其他情节严重的情形"属于兜底性条款，其所包含的内容仍不明确。2001年4月18日发布实施的《最高人民检察院、公安部关于公安机关管辖的刑事案件立案标准的规定》第61条第4项规定："虽未达到上述数额标准①，但因假冒他人注册商标，受过行政处罚二次以上，又假冒他人注册商标的。"笔者认为，这里的解释应该可以理解为属于《关于办理侵犯知识产权刑事案件具体应用法律若干问题的解释》第1条第3项的"其他情节严重的情形"。行为人假冒他人注册商标，受过二次行政处罚，又再次着手实施假冒他人注册商标的行为，因行为人主观意志以外的原因使犯罪被迫停止下来的，假设这一次数额远远超过起刑点的数额，可以从未遂的角度考虑对行为人进行处罚。至于处罚的理论依据，在此则不再赘述。

此外，有观点认为，情节加重犯只有完整的形态，即既遂问题，不存在任何未完成犯罪的形态。② 论者甚至认为结果加重犯也同样不存在犯罪未遂的问题。因为这类加重犯的构成特征是，在具备某一具体犯罪基本构成的基础上，又出现了基本构成条款不能包括而为加重刑罚的条款所特别规定的严重后果或

---

① 该解释所规定的数额标准和《关于办理侵犯知识产权刑事案件具体应用法律若干问题的解释》中的数额标准不一致，在此且不论数额问题。
② 参见赵秉志主编：《犯罪停止形态适用中疑难问题研究》，吉林人民出版社2001年版，第462页。

严重情节，无此结果或情节就是构成基本罪而根本不成立加重构成犯。如我国《刑法》第 234 条第 2 款故意伤害罪"致人死亡或者以特别残忍手段致人重伤造成严重残疾"的结果加重犯不可能存在犯罪未遂。而相反的观点则认为，虽然成立情节加重犯以具备加重情节为必备要件，但是在具备加重情节的情况下，相应的基本犯的实行行为仍可能未能得逞，这种情节犯也成立未遂。① 此外，我国有学者以抢劫罪的情节加重犯为例指出，情节加重犯存在未遂的场合。②

笔者认为，情节加重犯应当存在未遂的情形。情节加重犯，是指行为人的行为已经构成基本罪，但是因具有"情节严重（情节较重）"作为加重犯罪构成要件，因而刑法规定了相对于基本犯罪较重法定刑的犯罪形态。情节加重犯的犯罪构成与基本犯的犯罪构成一样，它不仅仅是加重法定刑的规定，同时还

---

① 参见金泽刚：《犯罪既遂的理论与实践》，人民法院出版社 2001 年版，第 163 页。
② 参见林志标、林坚毅、黄立聪：《抢劫罪情节加重犯存在未遂情形》，http://www.china-lawedu.com/news/2004_9%5C10%5C1017467535.htm。
抢劫罪情节加重犯存在未遂情形。我国《刑法》第 263 条规定的抢劫罪八项加重处罚情形，在司法实践中均认定为犯罪既遂。论者认为不能一概而论。《刑法》第 263 条规定的抢劫罪八项加重处罚情形除第 4、5 项即多次抢劫或者抢劫数额巨大的以及抢劫致人重伤、死亡的这两项加重情形属于结果加重犯，不存在未遂情形外，其余六项加重处罚情形属情节加重犯，均存在未遂情形。理由如下：
首先，犯罪既遂与未遂，是刑法中一种关于犯罪形态的区分。区分犯罪既遂与未遂的标准，应该是看某个犯罪是否达到刑法分则所规定的各种具体犯罪构成要件。如果具备，就是既遂；如果不具备，就是未遂。这是由总则所规定的。因此，我们认为，加重犯中的加重情形，也只是在刑法分则中规定的一种犯罪构成要件，但并不是全部构成要件。认定某类加重犯是否既遂、未遂，不能仅从加重情形是否具备为依据，而应从其犯罪的主客观要件进行分析。
其次，从抢劫罪规定的八项加重情形来看，第 1、2、3、6、7、8 项属于情节加重犯，包括：(1) 从抢劫罪实施的地点来看，入户抢劫的、在公共交通工具上抢劫的、抢劫银行或者其他金融机构的这三项加重情形，若没有抢到财物且未致人重伤、死亡的，应认定为抢劫未遂；(2) 从抢劫罪侵犯的对象来看，抢劫军用物资或者抢险、救灾、救济物资的这一项加重情形，若未抢到财物且未致人重伤、死亡的，应认定为抢劫未遂；(3) 从抢劫的手段来看，冒充军警人员抢劫的、持枪抢劫的这两项加重情形，若未抢到财物且未致人重伤、死亡的，也应认定为抢劫未遂。
最后，从罪刑均衡原则出发，也应当认定其有未遂形态。我国历来认为抢劫罪是一种重罪，特别是具有以上六种情形的抢劫犯罪，社会危害性更大。因此，对其加重处罚是符合罪刑均衡原则的。但是，如果一味强调加重处罚，而抛弃和忽视了《刑法》的基本原则和基本理念，一概以既遂论处，那么就会造成"罚不当其罪"。因为虽然都具有法定加重情节，但抢到财物与没有抢到财物二者之间在社会危害性上还是有区别的，对二者都处以相同的刑罚，对那些抢劫未遂的犯罪分子来说，一方面是不公平的，另一方面造成的后果可能就是难以使他们认罪服法，甚至会使他们产生对法律的抵触心理，从而失去刑罚惩罚的效果，也使刑罚制定的目的及功能难以实现。

是对罪责的加重。因此，情节加重犯的犯罪构成具有独立的评价功能。其中，作为加重情节，也是一个综合性的概括规定，其内容与情节犯中的情节具有相似的复杂性。作为一种特殊的情节犯，它最为重要的基本特征就是加重情节的概括性，而其刑罚之加重也体现在是与基本犯的刑罚相比较。基于与情节犯的成立未遂同样的理由，情节加重犯应该存在犯罪未遂的情形。

此外，如果刑法中规定的情节加重犯之"情节"包含某种特定的对象、特定地点、特定手段等情形，行为人主观方面要进行这种"加重情节"的犯罪，却基于某种意志以外的因素而使犯罪停止，此时，基本的犯罪构成没有完成，但对其适用刑罚的时候必须要适用加重构成的刑罚。而由于行为并未完全符合加重构成要件，又不能完全依照加重构成的刑罚进行评判，那么就应该以加重构成的刑罚为标准，依照未遂犯的处罚原则进行处罚，从而实现罪刑均衡的基本价值蕴含。

### 5.2.3　情节犯的中止形态

纵观现代世界各国刑法理论和立法实践，对犯罪未遂和犯罪中止的区分方式有两种：一是把犯罪中止和犯罪未遂作为两个性质完全不同的概念和制度，在定性和处罚上都作严格区分；二是把犯罪中止包含于犯罪未遂的概念和制度中。我国《刑法》第 24 条第 1 款规定："在犯罪过程中，犯罪分子自动停止犯罪或者自动有效地防止危害结果发生的，是犯罪中止。"根据这个定义，从我国刑法立法实践上看，可以认为我国刑法中的犯罪中止和犯罪未遂是两个性质完全不同的概念，其在构成和处罚上都有本质的区别。犯罪中止的发生有两种情况：一是在犯罪过程中，犯罪分子自动停止犯罪，因而没有发生犯罪结果；二是在犯罪行为实行完毕以后，犯罪结果发生以前，犯罪分子自动有效地防止犯罪结果发生。因此，犯罪中止可以分为预备犯罪的中止和实行犯罪的中止。

大陆法系国家刑法理论认为，作为犯罪中止处罚的依据，即中止犯减免刑罚的根据，大体上可以分为三种主张：[①] 第一种主张是刑事政策说，即不是从法律上而是从刑事政策即预防犯罪的角度说明中止犯减免处罚的根据，其中包括一般预防政策说和特殊预防政策说；第二种主张是法律说，即从法律上说明

---

① 参见张明楷：《未遂犯论》，中国法律出版社、日本成文堂 1997 年版，第 326 页。

中止犯减免刑罚的根据，其中包括违法性减少、消灭说，责任减少、消灭说，以及违法性、责任减少说；第三种主张是并合说，即并用刑事政策说和法律说来说明中止犯减轻刑罚的根据，其中包括违法性减少、消灭说与刑事政策说的并合，责任减少、消灭说与刑事政策说的并合，以及违法性减少、消灭说、责任减少、消灭说与刑事政策说三者的并合。我国刑法对于犯罪中止分别规定了处罚原则，即对于中止犯，没有造成损害的，应当免除处罚；造成损害的，应当减轻处罚。

对于情节犯是否存在犯罪中止的形态，笔者的回答是肯定的。

首先，从犯罪中止的认定或者构成条件上看，认定犯罪中止的成立必须具备以下几个条件：（1）中止的及时性。这是指犯罪中止必须发生在犯罪过程中，也就是发生在犯罪的预备阶段、犯罪的实施阶段以及犯罪结果发生以前的阶段。（2）中止的自动性。这是指犯罪分子在自己认为有可能把犯罪进行到底的情况下，出于本人意愿而自动地中止了犯罪。（3）中止的有效性。这是指在犯罪完成以前停止继续实施犯罪或者有效地防止犯罪结果的发生。根据以上的构成条件，对于情节犯，行为人同样可能基于以上条件而实行犯罪中止。

其次，犯罪中止是刑法总则的规定，对分则具有指导性意义，情节犯则是刑法分则规定的一种犯罪类型，犯罪中止制度的设置应当可以适用于情节犯。

再次，从刑事政策的角度出发，否认情节犯犯罪中止形态的存在，极不利于鼓励犯罪人中止犯罪，从而在根本上不利于对合法利益的保护。

最后，情节犯中可能包括需要以犯罪结果的出现才能认定为犯罪既遂的情形，而对于这种情况，如果行为人在犯罪结果出现以前积极阻止该危害结果的发生，就应当认定为犯罪中止的形态。这正如有的学者所指出的那样："无论何种犯罪，只要存在了犯罪结果的可能性，在结果尚未发生之前，都应当给予行为人自动有效地防止结果的发生的权利。如果行为人此时能抛弃犯罪意图，千方百计阻止危害结果的发生，不仅说明其主观恶性已经减小，而且行为的客观危险性业已被排除。对这种案件作为犯罪中止论处，不仅不违背我国刑法的规定，而且将有利于鼓励犯罪人自动中止犯罪，尽力减小犯罪行为对社会所造成的实际危害。"[①]

---

[①] 马克昌主编：《犯罪通论》，武汉大学出版社1997年版，第466页。

根据上述理由，笔者认为我国刑法中的"行为＋情节严重（情节恶劣）＋结果"这一情节犯的构成模式可能存在犯罪中止的形态。① 具体有以下条文和罪名涉及：第 250 条（出版歧视、侮辱少数民族作品罪）、第 273 条（挪用特定款物罪）、第 290 条第 1 款（聚众扰乱社会秩序罪）、第 371 条第 2 款（聚众扰乱军事管理区秩序罪）、第 407 条（违法发放林木采伐许可证罪）、第 436 条（武器装备肇事罪）、第 443 条（虐待部属罪）。此外，在该种类型的情节犯中还存在一种构成模式，即不是前面所述的用情节严重（情节恶劣）来修饰行为，然后再加上危害结果，而是结果加上情节严重的情形。该类情节犯构成模式为："结果＋情节严重"。该类情节犯涉及的条文是：第 409 条（传染病防治失职罪）。笔者以第 443 条（虐待部属罪）为例来说明本书的论点。该条规定："滥用职权，虐待部属，情节恶劣，致人重伤或者造成其他严重后果的，处五年以下有期徒刑或者拘役；致人死亡的，处五年以上有期徒刑。"从法律条文的规定上看，该罪中，在"滥用职权，虐待部属"的一般情况下，不构成犯罪，此时就是因为"滥用职权，虐待部属"的行为未达到"情节恶劣"的要求。即"情节恶劣"是用来对"滥用职权虐待部属"这个行为性质进行限定的，从而保证了该罪成立的"量"的要求。同时，如果行为人实施的"滥用职权，虐待部属"的行为达到了"情节恶劣"的要求，我们同样不能就此认定该罪成立犯罪既遂的形态，因为该罪既遂形态的成立，还要求达到"致人重伤或者造成其他严重后果"的条件。如果行为人在实施"情节恶劣"的"滥用职权，虐待部属"的行为时，主观上自动放弃了自己能够继续进行下去的行为，并积极有效地阻止了"致人重伤或者造成其他严重后果"的发生，我们就应当认定此时的行为状态是犯罪中止状态。

## 5.3　情节犯的罪数形态

罪数，是指行为人危害社会的行为构成犯罪的个数。对于罪数判断的标准，在刑法学界存在不同的争论。在我国刑法理论中，占主导性地位的是犯罪

---

① 这并不是说明只有这种模式的情节犯才存在未遂，其他情节犯的模式就不存在犯罪中止的问题，笔者主要想以这种模式来说明情节犯存在犯罪中止的情形。

构成标准说,即行为符合几个犯罪构成,就可以认定为几个犯罪。情节犯作为我国刑法中一种特殊的犯罪类型,其中的"情节严重(情节恶劣)"所包含内容的复杂性,使得它与数额犯、结果犯、行为犯甚至危险犯之间存在千丝万缕的关系。所以,对情节犯的罪数问题的讨论可能牵涉对其他犯罪类型罪数的讨论,有很大的不确定性。由于情节加重犯也属于本书说的情节犯的基本范畴,笔者仅打算对情节加重犯的罪数形态作简单的讨论,以保证本书总体框架和体系上的完整性。

### 5.3.1 情节加重犯的罪数表现

情节加重犯,是指某种基本犯罪因具有某种严重的情节或者特别严重情节而加重其法定刑的犯罪类型。1979 年《刑法》中的加重情节大多规定得比较抽象,其法律特征就是以"情节严重"或者"情节特别严重"作为抽象性的表达。所以,对加重情节的认定一般需要通过司法解释具体化,或者通过法官的理解加以判断。1997 年《刑法》修订后,情节加重犯的规定出现了许多新的特征,主要表现为加重情节的具体化。如抢劫罪,1979 年《刑法》第 150 条规定:"以暴力、胁迫或者其他方法抢劫公私财物的,处三年以上十年以下有期徒刑。犯前款罪,情节严重的或者致人重伤、死亡的,处十年以上有期徒刑、无期徒刑或者死刑,可以并处没收财产。"而 1997 年修订后的《刑法》第 263 条则规定:"以暴力、胁迫或者其他方法抢劫公私财物的,处三年以上十年以下有期徒刑,并处罚金;有下列情形之一的,处十年以上有期徒刑、无期徒刑或者死刑,并处罚金或者没收财产:(一)入户抢劫的;(二)在公共交通工具上抢劫的;(三)抢劫银行或者其他金融机构的;(四)多次抢劫或者抢劫数额巨大的;(五)抢劫致人重伤、死亡的;(六)冒充军警人员抢劫的;(七)持枪抢劫的;(八)抢劫军用物资或者抢险、救灾、救济物资的。"

从抢劫罪的规定变化来看,原来抢劫罪的情节加重规定得相对比较笼统概括,而 1997 年《刑法》在修订的时候对其中的"严重情节"作了细化规定。作为情节加重犯中的加重情节,包括抽象的加重情节和具体的加重情节,它是指能够决定行为的社会危害程度较之基本犯罪增加的主观和客观相统一的事实因素。① 由于情节加重犯中的情节在内容上的复杂性，所以情节加重犯的罪数形态也表现为多样性。我们要讨论的是我国刑法中存在许多加重情节本身构成了其他犯罪的立法例。对于这些立法例能否理解为情节加重犯，其罪数形态以及其合理性问题，我国刑法理论界存在很大的争议，而且在立法上也表现出不一致的情形。例如，我国《刑法》第240条（拐卖妇女、儿童罪）规定："拐卖妇女、儿童的，处五年以上十年以下有期徒刑，并处罚金；有下列情形之一的，处十年以上有期徒刑或者无期徒刑，并处罚金或者没收财产；情节特别严重的，处死刑，并处没收财产：（一）拐卖妇女、儿童集团的首要分子；（二）拐卖妇女、儿童三人以上的；（三）奸淫被拐卖的妇女的；（四）诱骗、强迫被拐卖的妇女卖淫或者将被拐卖的妇女卖给他人迫使其卖淫的；（五）以出卖为目的，使用暴力、胁迫或者麻醉方法绑架妇女、儿童的；（六）以出卖为目的，偷盗婴幼儿的；（七）造成被拐卖的妇女、儿童或者其亲属重伤、死亡或者其他严重后果的；（八）将妇女、儿童卖往境外的。"其中，行为人实施该罪过程中奸淫被拐卖的妇女的，诱骗、强迫被拐卖的妇女卖淫或者将被拐卖的妇女卖给他人迫使其卖淫的等情形，都作为拐卖妇女儿童罪的加重情节，而这种所谓的加重情节都是可以作为独立的犯罪行为加以评价的。诸如此类的规定还有《刑法》第239条第1、2款（绑架罪）："以勒索财物为目的绑架他人的，或者绑架他人作为人质的，处十年以上有期徒刑或者无期徒刑，并处罚金或者没收财产；情节较轻的，处五年以上十年以下有期徒刑，并处罚金。犯前款罪杀害被绑架人的，或者故意伤害被绑架人，致人重伤、死亡的，处无期徒刑或者死刑，并处没收财产。"这其中将故意伤害（致死）罪与故意杀人罪作为绑架罪的加重情节。此外，还有《刑法》第358条规定的组织卖淫罪或强迫卖淫罪，将强奸后迫使卖淫的行为作为其加重情节等。《刑法》第241条（收买被拐卖的妇女、儿童罪）规定：收买被拐卖的妇女、儿童的，处三年以下有期徒刑、拘役或者管制。收买被拐卖的妇女，强行与其发生性关系的，依照本法第二百三十六条的规定定罪处罚。收买被拐卖的妇女、儿童，非法剥夺、限制其人身自由或者有伤害、侮辱等犯罪行为的，依照本法的有关规定定罪处罚。收买被拐卖的妇女、儿童，并有第二款、第三款规定的犯罪行为的，依照

---

① 参见高铭暄主编：《中国刑法学》，中国人民大学出版社1994年版，第170页。

数罪并罚的规定处罚。收买被拐卖的妇女、儿童又出卖的,依照本法第二百四十条的规定定罪处罚。收买被拐卖的妇女、儿童,对被买儿童没有虐待行为,不阻碍对其进行解救的,可以从轻处罚;按照被买妇女的意愿,不阻碍其返回原居住地的,可以从轻或者减轻处罚。这其中就把强奸罪等从收买被拐卖的妇女儿童罪中独立出来,与之数罪并罚,而没有将这些行为作为收买被拐卖的妇女儿童罪的加重情节。

### 5.3.2 情节加重犯的罪数认定

以上前几种规定反映了立法者对这个问题的立法态度。另一方面,这在我国刑法学理论界也存在各种争论,归纳起来大致有以下几种观点:

第一种观点认为,这些立法例属于包容犯。所谓包容犯,是指行为人在实施某一犯罪的过程中又实施了另一犯罪,但刑法明文规定将后一犯罪作为前一犯罪的加重处罚的情节而不实行数罪并罚的情况。包容犯立法克服了数罪并罚的限制,起到了使刑种升格、加重处罚的作用。[①]

第二种观点认为,这些情况是新出现的立法例,已有罪数形态理论似乎都难以自圆其说,需要以一种新的罪数形态理论解释。该观点认为包容犯是法条竞合而不是犯罪形态,"包容犯"概念没有能揭示这类立法例的本质,由此提出了"并发犯"概念。所谓并发犯,就是数个存在着并发关系的犯罪行为,基于刑事法律的明文规定,其中一个犯罪行为包含在另一个犯罪之中,只以一个犯罪定罪量刑的犯罪形态。[②]

第三种观点认为,这些情况是数罪,不得视为情节加重犯。例如,如果在拐卖人口(拐卖妇女儿童罪——引者注)过程中强奸了该妇女,则又触犯了强奸罪,应以拐卖人口罪和强奸罪实行数罪并罚,而不得把强奸妇女作为加重情节,构成拐卖人口罪的情节加重犯。因为情节加重犯之所谓情节严重或者恶劣,也只能是在基本犯的罪质之内的加重其罪责的主观和客观的事实因素。凡是超出其罪质的范围,则该情节构成其他犯罪,这时应该解决的是犯罪的单复数的问题,而不是情节加重犯的问题。[③]

---

① 参见初炳东等:《论新刑法中的包容犯与转化犯》,载《法学》1998年第6期。
② 参见孙勤:《论刑法中的并发犯》,中国人民大学1998年硕士论文。
③ 参见陈兴良:《刑法各论的一般理论》,内蒙古大学出版社1992年版,第343页。

第四种观点认为，这些立法例是情节加重犯。该观点认为，在拐卖妇女儿童罪中把"奸淫被拐卖的妇女的"作为拐卖妇女儿童罪的加重情节，所以对犯罪分子不再适用数罪并罚。加重情节不一定只能是在基本犯的罪质之内加重其责，只要加重情节没有使基本犯的性质发生转化，而不可以为基本犯所吸收，则可以构成情节加重犯。将这些立法例视作加重情节，认为它们是一种特殊的情节加重犯，其罪数形态是一罪，而且是法定的一罪，这就很好地理解了立法的本意。[①]

笔者认为，认定情节加重犯中的情节严重或者情节恶劣，不一定仅仅是在基本犯的罪质之内的加重其罪责的主观和客观的事实因素。因为作为情节加重犯的情节的内容涵盖的范围非常广泛，其中可以包括行为的某种手段、方法等内容，而这种手段或者方法则可能成为刑法独立评价的对象。在上述的立法体例中，我们从情节加重犯的构成特征上考虑，可以认定为情节加重犯，所以不实行数罪并罚。

首先，情节加重犯的加重情节不是基本犯的构成要件，而是加重构成的基本要件。作为加重构成的基本要件就是对加重构成的行为进行的独立评价，此时的构成模式只有一个，即加重的犯罪构成，这种具体的加重构成就是由刑法分则加以规定的。所以，一个犯罪构成不可能出现两个或者两个以上的数罪。

其次，立法者用"情节严重（情节恶劣）"来作为区分重罪与轻罪的标准，尽管情节具有一定的不确定性，但是立法者正是要通过情节来引导并在客观上限制法官的自由裁量权。所以，把这类犯罪作为情节加重犯的立法例，更有利于法官在量刑上在最大限度内保持均衡。

再次，情节加重犯的加重情节内容丰富，许多犯罪作为一罪处理时，将多次犯罪或者其他轻微犯罪作为加重情节来处理，直接适用加重的法定刑，更加便于司法实践。

笔者认为，情节加重犯的罪数形态应当是一罪，但是由于其特殊性，情节加重犯所包含的罪数形态也呈现出多元性，可能是法定的一罪，也可能是实质的一罪。情节加重犯有时尽管在实质上是数罪的情形，但是法律却将其规定为

---

[①] 参见周光权、卢宇蓉：《犯罪加重构成基本问题研究》，载《西北政法学院学报》2001年第5期。

法定的一罪。因此，有观点认为，在法律规定情节加重犯的情况下，牵连犯、连续犯和想象竞合犯等都可以作为情节加重犯论处。[①] 如果某一犯罪情节虽然触犯其他或者同一法条，但根据刑法理论或者实践，这一情节并不构成单独的犯罪，则其触犯其他法条的情节可以作为情节加重犯的情形适用加重的刑罚。

此外，从犯罪构成的角度区分，情节加重犯在罪数形态上表现为实质的一罪。因为无论是抽象加重情节还是具体加重情节，大多都属于客观加重处罚的条件。仍然以抢劫罪为例，尽管其中规定了八种加重情节，但是从罪质来讲，这些加重情节对犯罪形态并不产生实质意义上的影响，行为人最终都只是基于一个犯罪故意而实施了一个犯罪行为，因此符合一个犯罪构成，此时属于实质的一罪。

最后，由于很多情节犯或者情节加重犯中包含数额犯或者数额加重犯的情形，即它们之间可能存在交叉关系，此处对于其中的罪数形态问题也作一说明。在情节中可能包含"多次"或者"未经处理"的情形，而其中的"多次"或者"未经处理"可能包括以下三种情形：第一，"多次"中每次都达到了"情节严重"要求的数额标准；第二，"多次"中每次都没有达到"情节严重"要求的数额标准，但是经过累计计算后达到了数额标准；第三，"多次"中有的没有达到"情节严重"要求的数额标准，有的达到了，当然最终经过累计计算后也达到了数额标准。对于这几种情况，笔者认为应当分别处理：对于第一种情形，有的学者认为用连续犯或者同种数罪来解释。[②] 笔者认为，这种观点值得商榷。因为无论是连续犯还是同种数罪，其前提是每一次行为都构成犯罪，而第一种情况下的前几次行为的数额并未达到犯罪要求，并不构成犯罪。所以，对于第一种情形，直接就累计数额计算，属于实质的一罪；而对于第二、第三种情形，则可以用连续犯或者同种数罪加以解释，最终解决其罪数形态问题。[③]

---

① 参见陈兴良：《刑法各论的一般理论》，内蒙古大学出版社1992年版，第343—344页。
② 参见唐世月：《数额犯研究》，中国人民大学2001年博士论文。
③ 情节犯及其加重或者减轻犯罪形态的罪数形态是个较为复杂的问题，其中还有很多问题，留待以后研究解决。

## 5.4 本章小结

情节犯作为我国刑法中的一种犯罪类型，和其他犯罪一样，以犯罪构成要件齐备作为认定其犯罪既遂的标准，我们不能仅仅把是否具备"情节严重"作为判断情节犯的犯罪既遂形态的唯一标准。换句话说，即使行为具备情节严重的条件，仍然应考察其他犯罪构成要件的情况。关于情节犯的未完成形态——犯罪未遂、犯罪预备和犯罪中止，笔者认为在从理论上和实践中都具有成立的可能性。同时，从应然的理论角度上看，情节犯的未完成形态都具有可罚性。但是，对情节犯未完成形态在司法实践中并不都完全处罚。对于情节加重犯的罪数形态，应当认定为一罪。但是，由于其自身构成要件上的特殊性，情节加重犯所包含的罪数形态也呈现出多元性，可能是法定的一罪，也可能是实质的一罪。

# 第 6 章

# 情节犯关系论

情节犯作为我国刑法中的一种犯罪类型，由于自身特点所决定，与其他相关犯罪类型之间存在各种联系；与此同时，由于各种犯罪类型都有自己的特定存在价值和空间，因此情节犯与其他相关犯罪类型之间又存在着本质上的区别。笔者认为，无论是联系还是区别，首先都取决于各种犯罪类型的概念界定及其特征的把握。例如，有学者把情节犯界定为："所谓情节犯，是指以一定的概括性定罪情节作为犯罪构成必备要件的犯罪。"[①] 根据这种观点，我国刑法分则中，有很多罪状的表述都在对犯罪构成要件作描述后加上一些概括性的表述，例如"情节严重""情节恶劣""数额较大""造成较大损失""造成严重后果"等等。此时，这些概括性的表述都可以借以认定情节犯。即情节犯包含数额犯、结果犯、危险犯，甚至过失犯罪都被包含在情节犯的范畴之中。笔者认为，这显然是因为对情节犯的概念的外延作了过于宽泛的界定所引起的，而其他类型的犯罪在犯罪构成模式、犯罪的未完成形态等方面都存在自己的特点，因而造成了对不同犯罪类型概念上的混淆，进而不利于对情节犯甚至其他各种犯罪形态的具体研究。这在理论上是不可取的，在实践中也是不利于对犯罪的认定的。因此，笔者认为，有必要对情节犯与其他犯罪形态作出准确的界定，找出它们之间的联系与区别，从而既有利于丰富我国刑法理论，又有利于司法实践中对犯罪的认定。根据我国现在刑法理论中对犯罪形态的通说分类，基本罪的完成形态可分为结果犯、行为犯、危险犯和情节犯四大类别。如果再依据不同的标准对犯罪类型进行具体划分，我国刑法中存在很多犯罪类型，例如目的犯、数额犯、转化犯、迸发犯等等。本书并不打算对各种犯罪形态都与情节犯作比较分析研究，而只打算对与情节犯有密切关系的几种犯罪类型和情节犯作一比较研究。

---

[①] 刘艳红：《开放的犯罪构成要件理论研究》，中国政法大学出版社2002年版，第211页。

## 6.1 情节犯与数额犯

### 6.1.1 数额犯之诠释

在我国刑法中,有很多关于数额的规定。作为数额犯中的犯罪数额,表明该类犯罪的社会危害性及其程度。这些数额可能会对定罪产生影响,也可能会对量刑产生影响。例如,(1)生产销售伪劣产品罪——销售金额在5万元以上(第140条);如果伪劣产品尚未销售,但货值金额达到第140条规定的销售金额三倍以上的,以生产、销售伪劣产品罪(未遂)定罪处罚。(2)走私普通货物、物品罪——偷逃应缴税额5万元以上。(3)偷税罪——偷税数额占应缴税额的10%以上且偷税税额在1万元以上的,或者因偷税被税务机关处以两次以上行政处罚而又偷税的。(4)逃避欠缴税款罪——欠缴税额达1万元以上的。(5)盗窃罪——盗窃数额较大或者多次盗窃:数额较大以500元—2000元为起点,数额巨大以5000元—2万元为起点,数额特别巨大以3万元—10万元为起点;多次盗窃是指一年内入户盗窃或在公共场所扒窃三次以上。(6)非法持有毒品罪——鸦片200克、海洛因和冰毒10克以上。(7)走私、贩卖、运输、制造毒品罪——无论毒品的数量多少,都构成犯罪,并且毒品不以纯度折算。(8)非法种植毒品原植物罪——种植罂粟500株以上。(9)贪污罪、受贿罪——个人贪污、受贿数额在5000元以上,或者虽然不满5000元但情节较重的,也可构成犯罪;而因贪污、受贿判处死刑的,要求个人贪污、受贿数额在10万元以上。(10)挪用公款罪——三种行为方式中,"进行非法活动"以5000元—1万元为起点,而个人使用和进行营利以1万元为起点。在我国刑法理论中,把这种以一定的数额作为构成犯罪要件的犯罪类型称为"数额犯"。

对于数额犯的概念,我国刑法理论中也存在不同的表述方式。例如,有的学者认为,在我国刑法中,以一定数额作为犯罪构成要件的称为"数额犯"。[①]还有的学者认为,数额犯,是指以法定的犯罪数额的发生作为犯罪的成立或者犯罪既遂标准的一种犯罪类型。[②] 此外,还有其他表述方式。例如,有的学者

---

① 参见陈兴良:《刑法哲学》(修订版),中国政法大学出版社1997年版,第579页。
② 参见童伟华:《数额犯若干问题研究》,载《华侨大学学报(人文社科版)》2001年第4期。

认为，行为人实施了以侵害对象的数额或者数量来衡量社会危害性的行为，并以侵害对象的数额或者数量作为罪之有无和罪之轻重标准的，是数额犯；也有的学者认为，数额犯，是指刑法明文规定以一定的经济价值量或者行为对象的物理量作为犯罪构成要件的一类犯罪形态。[①] 数额犯在我国刑法中占有很重要的比重，它的存在也是由我国刑法中犯罪概念的定量因素所决定的，其最基本的特征就是把犯罪数额作为犯罪构成要件，犯罪数额对该类型犯罪的定罪和量刑起到很重要的作用。所以，有学者认为，在我国刑法中的数额分类有以下几种类型：[②] 第一，数目型，即刑法明确规定以具体数目作为最低档次法定刑适用的条件，或者构成具体犯罪的多个罪刑阶梯，其中又包括具体数字型、幅度数字型和比例数字型；第二，概括型，即用"数额较大""数额巨大""数量较大"等概括性词语，作为最低档次法定刑适用的条件，或者构成具体犯罪的多个罪刑阶梯；第三，并列型，即刑法在规定数目型、概括型数额的同时，规定有关情节或后果，并列作为定罪量刑的依据。无论以上哪种类型的数额规定形式，如果将一定的数额作为犯罪构成要件或者认定该类犯罪的既遂形态的犯罪类型，皆称为"数额犯"。如前文所述，数额犯在我国刑法中占有相当大的比重，这与我国刑法中犯罪概念的定量因素有着直接的关系；另一方面，数额犯，尤其是以具体的数额作为犯罪定量标准的数额犯，也是与罪刑法定的要求——刑法规范的明确性原则——一脉相承的。

数额犯的基本特征是：第一，数额犯以具体的犯罪数额或者概括的犯罪数额作为犯罪的构成要件和既遂形态的犯罪类型；第二，数额犯应当以刑法分则明文规定为限度，不能任意扩大或者缩小其外延；第三，数额犯作为一种犯罪类型，其数额内涵具有特定性。我国刑法中情节犯之情节严重包含的内容较为广泛，其中常常包括数额、数量等。这样，情节犯与数额犯之间就存在某种关联性。但是，情节严重的内容又不仅仅包括犯罪数额、数量等因素。因此，情节犯与数额犯之间又存在各种不同的特质。下文将就针对情节犯与数额犯的关系分别论述。

---

① 参见唐世月：《数额犯论》，中国人民大学 2003 年博士论文。
② 参见张勇：《犯罪数额研究》，中国方正出版社 2004 年版，第 15 页。

### 6.1.2 数额犯与情节犯之比较

**(一) 数额犯与情节犯的包含关系**

我国《刑法》在 1997 年修订的时候,把"情节严重"具体化、明确化,即把情节严重中涉及数额的犯罪类型,尽量以具体的犯罪数额要求取代情节严重的要求。但是,无论是情节犯还是数额犯,都是刑法分则明确规定将定量因素作为犯罪构成要件的犯罪类型。同时,关于数额犯之数额与情节犯之情节的法律性质,在我国刑法理论中都存在构成要件说与处罚条件说之争。以盗窃罪为例:关于数额较大在认定盗窃犯罪中的作用,构成要件说强调数额是定罪条件,是盗窃罪必不可少的构成要件,盗窃数额较小的财物便不能构成盗窃罪。处罚条件说认为数额是量刑条件,并不是构成盗窃罪必不可少的条件。① 通行的观点认为,数额与情节是犯罪的构成要件,且是符合性的构成要件,因而不同于一般的构成要件。应当指出,数额犯与情节犯中,在数额与情节的性质问题上的构成要件说与处罚条件说之争,与客观上处罚条件的争论既有相似之处又存在着性质上的区分。相似之处在于:数额与情节不同于行为、行为客体、结果等一般的构成要件,而是在此基础上反映行为的违法性程度;相异之处在于:数额与情节都与行为具有直接关联,数额是行为之数额,情节是行为之情节,因而归为构成要件是顺理成章的。而客观的处罚条件则与行为及其结果没有关联,是第三者的行为或者立法机关设定的处罚事由,将之纳入犯罪构成要件需要特别说明。有学者认为,数额犯的数额只表示可计算价值量的客观危害结果,不像"情节严重"的综合性规定那样包含各种主客观因素,有其局限性,因此主张摒弃数额犯的规定。② 亦有持相反观点者认为,数额犯中的数额是构成犯罪的要件,但不是定罪的唯一依据或者绝对标准。虽然刑法明文规定了数额为犯罪构成要件,但数额并不是决定社会危害性程度的唯一因素,其他情节对定罪也有不可忽视的作用。所以,刑法规定大量数额犯中的数额是作为

---

① 参见高铭暄、王作富主编:《新中国刑法的理论与实践》,河北人民出版社 1988 年版,第 593 页。
② 参见陈兴良主编:《刑事司法研究——情节·判解·解释·裁量》,中国方正出版社 1996 年版,第 53 页。

选择性要件存在的，与"情节严重"这样的概括性规定或具体情节规定并列。①

数额犯和情节犯都是刑法明确将数额或者情节这种反映社会危害性的定量因素通过刑法加以明确规定，把它们作为犯罪成立或者犯罪既遂的条件。情节犯中的情节和数额犯中的数额，在不同的类型下具有不同关系。在有的情节犯类型中，它们具有包容关系，数额是情节犯中的情节之一，即情节包容数额。例如，《刑法》第213条（假冒注册商标罪）、第215条（非法制造、销售非法制造的注册商标标识罪）、第216条（假冒专利罪）、第227条第2款（倒卖车票、船票罪）等等。② 而在有的情节犯类型中，情节犯之情节并不包容数额，此种立法模式下，立法者将数额和情节作为并列的关系明确列举出。例如，在并列式的情节犯中，该种类型的情节犯以"情节严重"与犯罪成立的其他特殊要素相并列，用"或者"连接。该种类型的情节犯的构成模式是："行为＋数额巨大、后果严重或者其他严重情节"。在我国《刑法》中，有以下条文和罪名涉及：第158条（虚报注册资本罪）、第159条（虚假出资、抽逃出资罪）、第160条（欺诈发行股票、债券罪）、第179条（擅自发行股票、公司、企业债券罪）、第221条（损害商业信誉、商品声誉罪）、第268条（聚众哄抢罪）、第275条（故意毁坏财物罪）等等。

---

① 参见张勇：《犯罪数额研究》，中国方正出版社2004年版，第82—83页。
② 例如，2010年《最高人民检察院、公安部关于公安机关管辖的刑事案件立案追诉标准的规定（二）》对假冒注册商标案中情节严重的规定："未经注册商标所有人许可，在同一种商品上使用与其注册商标相同的商标，涉嫌下列情形之一的，应予立案追诉：（一）非法经营数额在五万元以上或者违法所得数额在三万元以上的；（二）假冒两种以上注册商标，非法经营数额在三万元以上或者违法所得数额在二万元以上的；（三）其他情节严重的情形。"再如，非法制造、销售非法制造的注册商标标识案（《刑法》第215条）："伪造、擅自制造他人注册商标标识或者销售伪造、擅自制造的注册商标标识，涉嫌下列情形之一的，应予立案追诉：（一）伪造、擅自制造或者销售伪造、擅自制造的注册商标标识数量在二万件以上，或者非法经营数额在五万元以上，或者违法所得数额在三万元以上的；（二）伪造、擅自制造或者销售伪造、擅自制造两种以上注册商标标识数量在一万件以上，或者非法经营数额在三万元以上，或者违法所得数额在二万元以上的；（二）其他情节严重的情形。"又如，假冒专利案（《刑法》第216条）："假冒他人专利，涉嫌下列情形之一的，应予立案追诉：（一）非法经营数额在二十万元以上或者违法所得数额在十万元以上的；（二）给专利权人造成直接经济损失在五十万元以上的；（三）假冒两项以上他人专利，非法经营数额在十万元以上或者违法所得数额在五万元以上的；（四）其他情节严重的情形。"2004年《最高人民法院、最高人民检察院关于办理侵犯知识产权刑事案件具体应用法律若干问题的解释》中更是几乎把情节解释为数额，如果不是有个"其他情节严重的"作为兜底性条款，在这里情节和数额几乎等同。

有学者认为，数额犯中的数额是一个明确的、能够独立确定犯罪构成符合性的定量要件，在确定罪与非罪、罪轻与罪重时具有决定性作用；而情节犯中作为情节因素的数额则不能产生这样独立的、决定性的作用，它必须与其他各种情节因素综合在一起，从总体上确定行为是否具有符合犯罪构成的定量要求。① 应当说，这种分析具有一定的合理性，但是又有以偏概全之嫌。在有些犯罪中，上述观点是可以成立的，即数额并不完全反映行为的社会危害性，无法确定犯罪。因为行为的社会危害性除了考虑行为的客观危害性以外，还应考虑行为人的人身危险性，此时要判断某个行为是否构成犯罪就应该把数额和其他情节相结合。例如，2013年《最高人民法院、最高人民检察院关于办理盗窃刑事案件适用法律若干问题的解释》第2条规定："盗窃公私财物，具有下列情形之一的，'数额较大'的标准可以按照前条规定标准的50%确定：（一）曾因盗窃受过刑事处罚的；（二）一年内曾因盗窃受过行政处罚的；（三）组织、控制未成年人盗窃的；（四）自然灾害、事故灾害、社会安全事件等突发事件期间，在事件发生地盗窃的；（五）盗窃残疾人、孤寡老人、丧失劳动能力人的财物的；（六）在医院盗窃病人或者其亲友财物的；（七）盗窃救灾、抢险、防汛、优抚、扶贫、移民、救济款物的；（八）因盗窃造成严重后果的；"第7条规定："盗窃公私财物数额较大，行为人认罪、悔罪，退赃、退赔，且具有下列情形之一，情节轻微的，可以不起诉或者应予刑事处罚；必要时，由有关部门予以行政处罚：（一）具有法定从宽处罚情节的；（二）没有参与分赃或者获赃较少且不是主犯的；（三）被害人谅解的；（四）其他情节轻微、危害不大的。"这里就将数额和其他情节结合起来，综合考虑行为的社会危害性，此时可以说"数额则不能产生独立的、决定性的作用，它必须与其他各种情节因素综合在一起"。但是，在以下两种类型的情节犯中，数额就是作为一个独立的情节而存在的：

首先，刑法明确规定"数额较大或者有其他严重情节的"，在这类情节犯的规定中，② 数额和情节是两个完全并列的概念，在定罪量刑中所起的作用也相同。例如，《刑法》第217条（侵犯著作权罪）规定："以营利为目的，有下

---

① 参见张勇：《犯罪数额研究》，中国方正出版社2004年版，第85页。
② 当然，在此种情形下，有学者认为该类犯罪既是情节犯又是数额犯，二者具有选择和互补的关系。参见《盗版非法经营数额的认定标准》，载《人民法院报》2003年6月16日。

列侵犯著作权情形之一,违法所得数额较大或者有其他严重情节的,处三年以下有期徒刑或者拘役,并处或者单处罚金;违法所得数额巨大或者有其他特别严重情节的,处三年以上七年以下有期徒刑,并处罚金:(一)未经著作权人许可,复制发行其文字作品、音乐、电影、电视、录像作品、计算机软件及其他作品的;(二)出版他人享有专有出版权的图书的;(三)未经录音录像制作者许可,复制发行其制作的录音录像的;(四)制作、出售假冒他人署名的美术作品的。"1998年《最高人民法院关于审理非法出版物刑事案件具体应用法律若干问题的解释》第2条规定:"以营利为目的,实施刑法第二百一十七条所列侵犯著作权行为之一,个人违法所得数额在五万元以上,单位违法所得数额在二十万元以上的,属于'违法所得数额较大';具有下列情形之一的,属于'有其他严重情节':(一)因侵犯著作权曾经两次以上被追究行政责任或者民事责任,两年内又实施刑法第二百一十七条所列侵犯著作权行为之一的;(二)个人非法经营数额在二十万元以上,单位非法经营数额在一百万元以上的;(三)造成其他严重后果的。"2004年《最高人民法院、最高人民检察院关于办理侵犯知识产权刑事案件具体应用法律若干问题的解释》第5条规定:"以营利为目的,实施刑法第二百一十七条所列侵犯著作权行为之一,违法所得数额在三万元以上的,属于'违法所得数额较大';具有下列情形之一的,属于'有其他严重情节',应当以侵犯著作权罪判处三年以下有期徒刑或者拘役,并处或者单处罚金:(一)非法经营数额在五万元以上的;(二)未经著作权人许可,复制发行其文字作品、音乐、电影、电视、录像作品、计算机软件及其他作品,复制品数量合计在一千张(份)以上的;(三)其他严重情节的情形。"

其次,有的情节犯中,把数额作为一个独立的情节评价标准,此时的数额也不需要与其他情节综合考虑,就可以起到独立定罪量刑的作用。例如,《刑法》第215条(非法制造、销售非法制造的注册商标标识罪)规定:"伪造、擅自制造他人注册商标标识或者销售伪造、擅自制造的注册商标标识,情节严重的,处三年以下有期徒刑、拘役或者管制,并处或者单处罚金;情节特别严重的,处三年以上七年以下有期徒刑,并处罚金。"2010年《最高人民检察院、公安部关于公安机关管辖的刑事案件立案追诉标准的规定(二)》第71条规定:"伪造、擅自制造他人注册商标标识或者销售伪造、擅自制造的注册商标标识,涉嫌下列情形之一的,应予立案追诉:(一)伪造、擅自制造或者销售伪造、擅自制造的注册商标标识数量在二万件以上,或者非法经营数额在五万元以上,或者违法所得数额在三万元以上的;(二)伪造、擅自制造或者销售伪造、擅自制造两种以上注册商标标识数量在一万件以上的,或者非法经营数额在三万元以上,或者违法所得数额在二万元以上的;(三)其他情节严重的情形。"

### (二)数额犯与情节犯的转化关系

情节犯与数额犯之间存在着各种关联,还表现为情节犯和有的数额犯都在一定程度上存在模糊性,这种模糊性要通过司法者将其具体化,尤其是对于那些以概括性数额标准——数额较大等——作为犯罪的定量标准的。

首先,情节犯与数额犯之间存在不同程度的转换,其中主要是情节犯转换为数额犯。我国现行《刑法》中的很多数额犯都是由 1979 年《刑法》中的情节犯发展而来的。例如,走私罪、偷税罪、盗伐、滥伐林木罪、敲诈勒索罪、故意毁坏财物罪、套汇罪等等,这些犯罪原来都是情节犯,而在 1997 年《刑法》修订过程中,都被改为数额犯。这种转换,有的是将情节犯中之情节严重转换为具体的犯罪数额,并以这些犯罪数额作为构成犯罪的起点;有的是将情节犯之情节严重转换为概括性的犯罪数额并作为犯罪成立的起点。具体而言,这两种转换的方式如下:

第一,将"情节严重"转换为具体的犯罪数额的情形。例如,1979 年《刑法》第 121 条(偷税罪、抗税罪)规定:"违反税收法规,偷税、抗税,情节严重的,除按照税收法规补税并且可以罚款外,对直接责任人员,处三年以下有期徒刑或者拘役。"而 1997 年《刑法》第 201 条(偷税罪)规定:"纳税人采取伪造、变造、隐匿、擅自销毁账簿、记账凭证,在账簿上多列支出或者不列、少列收入,经税务机关通知申报而拒不申报或者进行虚假的纳税申报的手段,不缴或者少缴应纳税款,偷税数额占应纳税额的百分之十以上不满百分之三十并且偷税数额在一万元以上不满十万元的,或者因偷税被税务机关给予二次行政处罚又偷税的,处三年以下有期徒刑或者拘役,并处偷税数额一倍以上五倍以下罚金;偷税数额占应纳税额的百分之三十以上并且偷税数额在十万元以上的，处三年以上七年以下有期徒刑，并处偷税数额一倍以上五倍以下罚金。扣缴义务人采取前款所列手段，不缴或者少缴已扣、已收税款，数额占应缴税额的百分之十以上并且数额在一万元以上的，依照前款的规定处罚。对多次犯有前两款行为，未经处理的，按照累计数额计算。"这就将原来的情节严重进行了具体化，把原来的情节犯转换为了数额犯。这主要是结合了司法实践中积累的经验以及立法者对该罪认识程度不断深入的结果。

第二，虽然把原来犯罪中的情节严重之要求转换成了犯罪数额之要求，即把情节犯转换成了数额犯，但是在转换的过程中并没有以具体的犯罪数额作为犯罪的起点，而是代之以概括性的数额规定。这种情况在1997年《刑法》修订以后仍然存在。例如，1997年《刑法》第190条（逃汇罪）规定：国有公司、企业或者其他国有单位，违反国家规定，擅自将外汇存放境外，或者将境内的外汇非法转移到境外，情节严重的，对单位判处罚金，并对其直接负责的主管人员和其他直接责任人员，处五年以下有期徒刑或者拘役。"1998年全国人大常委会《关于惩治骗购外汇、逃汇和非法买卖外汇犯罪的决定》第3条对上述刑法条文进行了修订，即修改为："公司、企业或者其他国有单位，违反国家规定，擅自将外汇存放境外，或者将境内的外汇非法转移到境外，数额较大的，对单位判处逃汇数额百分之五以上百分之三十以下罚金，并对其直接负责的主管人员和其他直接责任人员处五年以下有期徒刑或者拘役；数额巨大或者有其他严重情节的，对单位判处逃汇数额百分之五以上百分之三十以下罚金，并对其直接负责的主管人员和其他直接责任人员处五年以上有期徒刑。"这里就是将原来的"情节严重"的要求转换成了"数额较大"的要求。

其次，即使是在数额犯中，数额标准也不是绝对的定罪标准，有时候还要通过情节来反映犯罪的质和量的统一性。例如，盗窃罪中，盗窃数额较大是盗窃罪的定量标准。但是，2013年《最高人民法院、最高人民检察院关于办理盗窃刑事案件适用法律若干问题的解释》第2条规定："盗窃公私财物，具有下列情形之一的，'数额较大'的标准可以按照前条规定标准的百分之五十确定：（一）曾因盗窃受过刑事处罚的；（二）一年内曾因盗窃受过行政处罚的；（三）组织、控制未成年人盗窃的；（四）自然灾害、事故灾害、社会安全事件等突发事件期间，在事件发生地盗窃的；（五）盗窃残疾人、孤寡老人、丧失劳动能力人的财物的;(六)在医院盗窃病人或者其亲友财物的;(七)盗窃救灾、抢险、防汛、优抚、扶贫、移民、救济款物的;(八)因盗窃造成严重后果的。"第7条规定:"盗窃公私财物数额较大,行为人认罪、悔罪、退赃、退赔,且具有下列情形之一,情节轻微的,可以不起诉或者免予刑事处罚;必要时,由有关部门予以行政处罚:(一)具有法定从宽处罚情节的;(二)没有参与分赃或者获赃较少且不是主犯的;(三)被害人谅解的;(四)其他情节轻微、危害不大的。"由此司法解释可以看出,数额犯和情节犯之间的界限并没有那么确定,它们之间除了情节犯向数额犯转换的立法例以外,还存在数额犯也要依靠情节予以犯罪化或者出罪化的情形。

最后,即使是将情节犯转换为数额犯,也同样存在问题。单纯以数额定罪,仍然难以实现个案的公平与正义;刑法典规定确定的数额难以实现司法横向和纵向的平衡,同样的犯罪数额在不同的区域表现出来的社会危害有一定的差异,刑法上作相同的处理,忽视了犯罪危害的特殊性,必然会影响刑罚的效果;司法解释的无规律性,可能造成同样情况的不同处理。鉴于以上原因,有学者指出,司法解释确定犯罪数额一般都是由最高司法机关规定一个幅度,然后由各省、自治区、直辖市制定本辖区的具体数额标准。从刑法颁布到最高司法机关解释出台,再到各地制定出具体数额标准,时间跨度少则一两年,多则好几年,其间就容易造成适用法律的差异。另外,司法解释出台后,一般也不根据发展变化的社会治安和经济状况作出调整。[①] 据此,笔者认为,情节犯与数额犯之间不能绝对被割裂。

此外,数额犯和情节犯中,都把数额和情节严重作为犯罪成立或者认定犯罪既遂的要件;在认定犯罪过程中,数额和情节严重都作为犯罪成立"量"的要求。所以,可以说,它们都是基本犯罪构成以外的犯罪成立要素。在立法者和司法者对行为性质进行评价的时候,它们使危害行为总体上达到应受刑罚处罚的程度。但是,由于情节严重中包含较为丰富的内涵,所以才出现与数额犯包容、并列和相互转化的关系。

---

[①] 参见原占斌:《建立科学的数额犯立法与司法解释体系初探》,载《中共山西省委党校学报》2004年第3期。

## 6.2 情节犯与结果犯

### 6.2.1 结果犯概念之争议

结果犯虽然是德日等大陆法系国家刑法理论之概念,但是随着我国刑法理论的发展,这一概念被引入我国刑法中来,并且在我国刑事立法中占有很大的比例。对于结果犯的概念,在我国刑法学界存在较为广泛的争论,概括起来,大致分为两大类:一类以犯罪成立作为标准,可称为"犯罪成立标准说";另外一类以犯罪既遂作为标准,可称为"犯罪既遂标准说"。目前刑法学界的通说可以认为是犯罪既遂标准说,即犯罪行为必须造成法定的危害结果才构成既遂的犯罪是结果犯。例如,有的学者认为,结果犯是指"不仅实施犯罪构成客观要件的行为,而且必须发生法定的危害结果,才构成既遂的犯罪"[1]。还有的学者认为,所谓结果犯,是指以法定的危害结果作为犯罪构成客观方面的必要条件的犯罪。同时,一定的危害结果的出现,是构成既遂罪的必要条件,危害结果还必须是法定的,至于它与犯罪人预期的危害结果是否一致不影响结果犯的成立。[2] 通说的观点近来在刑法学界受到了质疑。例如,有的论者认为,"所谓结果犯,是指行为人实施了法定的危害行为,并且实际造成了法定的危害结果所成立的犯罪",在这种犯罪中,法定的危害结果是否发生是区分罪与非罪的标志,而非衡量既遂与未遂的标志。该论者进而认为,通说的结果犯不过是"结果既遂犯"。[3] 还有学者指出,结果犯"是指行为在时间和空间上与发生的损害或危险结果分离的构成要件"。该学者还认为,因果关系只对结果

---

[1] 参见高铭暄主编:《中国刑法学》,中国人民大学出版社1989年版,第169页。类似的表述还可参见赵秉志、吴振兴主编:《刑法学通论》,高等教育出版社1993年版,第189页;赵廷光主编:《中国刑法原理》(总论卷),武汉大学出版社1992年版,第417页;苏惠渔主编:《刑法学》,中国政法大学出版社1994年版,第211页;陈兴良:《刑法哲学》,中国政法大学出版社1992年版,第216页。例如,有的学者把结果犯表述为:它是指不仅实施犯罪客观构成要件的行为,而且还必须发生特定的犯罪结果,才成立犯罪既遂的犯罪类型。这里的"特定的犯罪结果"既包括法定的构成要件的结果,也包括根据该罪的构成特征推定的犯罪结果。参见金泽刚:《结果犯的概念及其既遂形态研究》,载《法律科学》1999年第3期。

[2] 参见马克昌主编:《犯罪通论》,武汉大学出版社1997年版,第469页。

[3] 参见段立文:《结果犯与举动犯术语探略》,载《现代法学》1991年第6期。

犯具有意义，对于行为犯没有意义。行为犯的既遂认定限于认定行为存在本身，终了的未遂与既遂在行为犯中的意义是相同的。① 笔者认为，结果犯作为我国刑法中的一种犯罪类型，应当是指行为人实施一定的危害行为，该危害行为所产生的法定的危害结果是犯罪构成客观方面的要素，并且以该结果的实际发生作为认定该类犯罪既遂的标准的犯罪类型。

对于结果犯，有学者根据刑法分则条文对其犯罪构成要件的要求以及危害结果对成立犯罪的意义不同，对其进行了划分。有的结果犯在刑法分则条文中找不到标志其既遂成立的危害结果，需要对其加以解释和推断。这是最常见的一类结果犯，我国1997年《刑法》规定了130多个这样的结果犯。论者称这类结果犯为普通构成的结果犯。有的结果犯在刑法分则条文中已标明标志其既遂成立的危害结果，不需要也不能对其作其他解释或推理。这是较为特殊的一类结果犯，1979年《刑法》只规定了两个此类结果犯（第126条规定的挪用救灾救济款物罪和第158条规定的扰乱社会秩序罪），而1997年《刑法》则规定了40多个这样的结果犯。论者称之为特殊构成的结果犯。② 无论从哪个角度对结果犯进行分类，要理解结果犯都必须从其本质特征上加以把握。笔者认为，结果犯应包括以下两个基本特征，第一，结果犯中的结果是认定犯罪既遂形态的犯罪构成要件；第二，结果犯中的结果是认定犯罪既遂必须具体确认的法定结果。

### 6.2.2 结果犯与情节犯之比较

情节犯是一种独特的犯罪既遂形态，由于情节犯中之情节严重可能包括结果犯中之结果要素，但是又不限于仅仅包括结果要素，所以情节犯与结果犯无论是在刑法理论上还是刑事立法上，是两种既有关联又存在区别的犯罪类型。它们有时候相互隶属，有时候相互交叉。

**（一）结果犯与情节犯的联系**

首先，情节犯和结果犯可能存在并列的情况。这类情节犯中的"情节严重"并不包含危害结果，"情节严重"是用来修饰行为人的行为性质的。相对

---

① 参见李海东：《刑法原理入门（犯罪论基础）》，法律出版社1998年版，第43—44页。
② 参见金泽刚：《结果犯的概念及其既遂形态研究》，载《法律科学》1999年第3期。

来说，这种类型的情节犯中的"情节严重"的外延较小，把危害结果单独列出，也作为犯罪构成的要素之一，与"情节严重"并列作为该类犯罪的定量要素。例如，情节并结果式的情节犯类型。该类型的情节犯的成立不仅仅要求行为性质严重，而且包括法定危害结果的出现，其中情节严重并不包含危害结果。该类型的情节犯的构成模式是："行为＋情节严重（情节恶劣）＋结果"。在我国《刑法》中有以下条文和罪名涉及：第250条（出版歧视、侮辱少数民族作品罪）、第273条（挪用特定款物罪）、第290条第1款（聚众扰乱社会秩序罪）、第371条第2款（聚众扰乱军事管理区秩序罪）、第407条（违法发放林木采伐许可证罪）、第436条（武器装备肇事罪）、第443条（虐待部属罪）。此外，在该种类型的情节犯中还存在一种构成模式——结果＋情节严重，即不是前面所述的用"情节严重（情节恶劣）"来修饰行为，然后再加上危害结果，而是结果加上"情节严重"的情形。该类情节犯涉及的条文是：《刑法》第409条（传染病防治失职罪）。

其次，情节犯和结果犯可能存在包容的情况。无论是从现行刑事立法来看，还是从刑法学理论上看，都存在情节犯中包容结果犯的情形。对于这种类型的情节犯而言，"情节严重"中就包括危害结果，换句话说，就是把危害结果作为"情节严重"的一种具体表现形式。例如，我国《刑法》第255条（打击报复会计、统计人员罪）规定："公司、企业、事业单位、机关、团体的领导人，对依法履行职责、抵制违反会计法、统计法行为的会计、统计人员实行打击报复，情节恶劣的，处三年以下有期徒刑或者拘役。"其中，对于会计、统计人员进行打击报复，情节恶劣的行为中就应当包括导致上述人员自杀死亡等危害结果的情形。再如，《刑法》第293条（寻衅滋事罪）规定："有下列寻衅滋事行为之一，破坏社会秩序的，处五年以下有期徒刑、拘役或者管制：（一）随意殴打他人，情节恶劣的；（二）追逐、拦截、辱骂他人，情节恶劣的；（三）强拿硬要或者任意损毁、占用公私财物，情节严重的；（四）在公共场所起哄闹事，造成公共场所秩序严重混乱的。……"其中前三项行为都要求以情节严重或者情节恶劣作为该罪的成立条件，其中情节严重或者情节恶劣就应当包括导致他人轻伤或者导致他人财产实际上损失的危害结果的情形。

最后，在有的情节犯中，把"情节严重"作为该类犯罪构成要件，同时把情节犯作为基本犯罪，再把危害结果的出现作为该类犯罪的加重构成要件。例如，我国《刑法》第 243 条（诬告陷害罪）规定："捏造事实诬告陷害他人，意图使他人受刑事追究，情节严重的，处三年以下有期徒刑、拘役或者管制；造成严重后果的，处三年以上十年以下有期徒刑。国家机关工作人员犯前款罪的，从重处罚。不是有意诬陷，而是错告，或者检举失实的，不适用前两款的规定。"对于诬告陷害罪而言，其成立要求以"情节严重"作为其构成要件，但是"情节严重"中并不包括危害结果的出现，而危害结果的出现则成为诬告陷害罪的加重构成要件。诸如此类的还有《刑法》第 260 条（虐待罪）："虐待家庭成员，情节恶劣的，处二年以下有期徒刑、拘役或者管制。犯前款罪，致使被害人重伤、死亡的，处二年以上七年以下有期徒刑。……"

### （二）结果犯与情节犯的区别

首先，本书中对于情节犯构成主观方面的要求是：情节犯只存在于故意犯罪中，过失犯罪不存在情节犯的场合。① 但是，对于结果犯来说，其犯罪构成的主观方面既存在故意罪过形式，同时又存在过失的罪过形式，并且我国刑法中对于过失犯罪的规定都要求危害结果的出现。因此，可以说，我国刑法中的过失犯罪都是结果犯。

其次，情节犯或者结果犯中的情节要求或者结果要求都是该类犯罪成立的要件，或者以其达到某种程度作为该类犯罪既遂的形态。但是，情节犯中的情节严重相对来说是个较为概括性的规定，它需要结合具体案件并将情节具体化，以综合考虑行为的社会危害性和行为人的人身危险性。而结果犯的危害结果相对来说就较为具体，虽然它也包含实际上造成的可见的、物质性的危害结

---

① 但是，我们在前文对情节犯类型进行分类的时候，曾经把情节犯的一种类型称为"故意过失并行式"。该种类型的情节犯，存在于同一法律条文中，但是该法律条文的规定，除了犯罪主观方面不一样以外，其他构成要素都相同，而且其法定刑也相同。这在我国刑法中是少见的。对于该种罪名是否为情节犯，笔者持否定意见。因为在本书中，笔者认为情节犯的主观方面只能由故意构成，但是从其他构成形式上看，该种情节犯也和其他情节犯的构成一样。因此，我们在此也把它作为一种构成模式单独列出。在我国《刑法》中只有两个条文涉及四个罪名属于该种情形，它们分别是：第 398 条（故意泄露国家秘密罪、过失泄露国家秘密罪）："国家机关工作人员违反保守国家秘密法的规定，故意或者过失泄露国家秘密，情节严重的，处三年以下有期徒刑或者拘役；情节特别严重的，处三年以上七年以下有期徒刑。非国家机关工作人员犯前款罪的，依照前款的规定酌情处罚。"第 432 条（故意泄露国家军事秘密罪、过失泄露国家军事秘密罪）："违反保守国家秘密法规，故意或者过失泄露军事秘密，情节严重的，处五年以下有期徒刑或者拘役；情节特别严重的，处五年以上十年以下有期徒刑。战时犯前款罪的，处五年以上十年以下有期徒刑；情节特别严重的，处十年以上有期徒刑或者无期徒刑。"

果和无形的、无法具体测量的危害结果等形式，但是相对情节犯中的情节要求来说，其所涵盖的范围相对较小。

最后，结果犯是相对于行为犯的一个具体概念。而作为我国刑法中特有的情节犯，则没有一个与之相对应的概念，仅仅是从刑事立法实践和我国犯罪概念的定量要素出发所归纳的一个概念。所以，情节犯的范围较为广泛，它可能包含行为犯的情形，也可能包含结果犯的情形。

## 6.3 情节犯与行为犯

### 6.3.1 行为犯的简单界定

行为犯是与结果犯相对应的一种犯罪类型。行为犯与结果犯的区别以成立既遂是否要求发生结果为标准，以发生结果为既遂条件的称为"结果犯"，不以发生结果为既遂的犯罪称为"行为犯"。对于行为犯的概念，我国刑法学界存在很大的争论，例如，有的学者认为，所谓行为犯，是指以侵害行为的实施为构成要件的犯罪，或者是以侵害行为实施完毕而成立犯罪既遂状态的犯罪。前者如强奸罪、煽动分裂国家罪等；后者如诬告陷害罪、伪证罪、偷越国境罪等。[①] 还有的学者认为，行为犯是指以危害行为的完成作为犯罪客观方面齐备标准的犯罪。只要行为人完成了刑法规定的犯罪行为，犯罪的客观方面即为齐备，犯罪即为既遂形态。[②] 还有的学者把行为犯也称为"举止犯"，认为行为犯是指只要实施刑法分则规定的某种危害社会的行为就会构成既遂的犯罪形态。[③] 持类似观点的还有，认为行为犯也称"举动犯"，是指行为人只要单纯地实施刑法分则所规定的构成要件的行为就足以构成犯罪，而无须发生一定的犯罪结果。这种观点还认为，结果犯与实害犯是同一的，由于危险犯也只要实施一定的行为，而无须发生一定的实害结果，所以行为犯包括危险犯。[④] 当

---

① 参见苏惠渔主编：《刑法学》，中国政法大学出版社1994年版，第83页。
② 参见王作富主编：《刑法》，中国人民大学出版社1999年版，第117页。
③ 参见姜伟：《犯罪形态通论》，法律出版社1994年版，第115页。该论者同时认为，举动犯只是行为犯的一种类型，另外还包括一种过程犯，即行为的完成需要一个过程，并非只要一着手即能达到既遂。
④ 参见陈兴良：《刑法哲学》，中国政法大学出版社1992年版，第214—218页。

然，对上述观点也有持不同意见的，认为行为犯并不同于举动犯。该论者认为，所谓行为犯，是指以实行法定的犯罪行为作为犯罪构成必要条件的犯罪。它与举动犯的相同点在于：都不以发生实际的危害结果作为犯罪构成的必要条件。二者的区别在于：举动犯的既遂以着手实行犯罪为标志；而行为犯只有当实行行为达到一定程度时，才过渡到既遂状态。须指出的是，该观点虽然认为结果犯与实害犯同义，但同时指出，危险犯既不同于举动犯和行为犯，也有别于结果犯，判断其既遂的标准只能是行为人所实行的危害行为是否达到了足以造成一定危害结果的客观危险状态，并且危险犯分为具体危险犯和抽象危险犯两种。[①] 此外，有学者认为，行为犯是指构成要件的具备与行为的终了同时发生，分离于行为的结果不单独出现的构成要件。如伪证、诬告等，其成立并不需要误判或者误捕的结果，其可罚性也不以后者为要件。[②] 还有的学者认为，行为犯与结果犯的区别以构成要件是否要求侵害具体对象为标准，构成要件要求具体侵害对象的是结果犯，构成要件不要求具体侵害对象的是行为犯。

以上种种观点从不同方面阐述了行为犯的基本特征，但是笔者认为，我国刑法中的行为犯概念应从以下两个方面加以把握：一是对行为犯进行定义时，应以其法律规定中的形式概念为特定的表达方式；二是在对行为犯的界定上，应以犯罪既遂为标准来概括行为犯的法律特征。据此，有学者认为，我国刑法中的行为犯，是指在刑法分则规定的具体构成要件范围内，该罪构成既遂只以行为的充分实施与否为标准，而不以行为所造成的危害结果为必要条件的一类犯罪形态。[③] 笔者认为，这种观点从法律形式和本质两大特征上把握住了行为犯的特征，是具有科学性的。所以，在本书中，采用这种观点作为行为犯和情节犯比较的基本点。

### 6.3.2 行为犯与情节犯之比较

有学者从行为犯的研究角度出发，认为对于某些行为犯而言，仅凭实施了某种危害行为，其社会危害性尚未达到严重的程度，不能以犯罪论处。因此，对于这类犯罪，在刑事立法的规定中必须附加一定的情节作为衡量社会危害性

---

[①] 参见马克昌主编：《犯罪通论》，武汉大学出版社1997年版，第469—475页。
[②] 参见李海东：《刑法原理入门（犯罪论基础）》，法律出版社1998年版，第43页。
[③] 参见郑飞：《行为犯论》，吉林人民出版社2004年版，第79页。

的尺度，才能使其社会危害性达到严重的程度，从而构成犯罪，进行定罪量刑。据此，可把行为犯分为普通行为犯和情节行为犯。其中，普通行为犯，是指只要实施了刑法分则条文规定的行为就可以构成犯罪既遂的犯罪形态；而情节行为犯，是指除了已经实施刑法分则条文规定的行为之外，还需要出现法定的严重情节才能成立的行为犯。[①] 根据该种观点，行为犯包含情节犯的范畴。笔者认为，由于"犯罪情节"是一个内涵丰富的概念，其包含的范围非常广泛，简单地把情节犯归于行为犯的范畴，有不妥之处。情节犯与行为犯之间存在对立统一关系，并在特定情况下可能发生转换。

首先，前文分析指出，我国刑法中的情节犯包含多种类型的构成模式，而不同的构成模式下的情节犯与其他犯罪类型之间具有不同的关系。由于情节犯中情节严重的范畴较为宽泛，所以在有的情节犯中，"情节严重"不仅仅是对行为的修饰和限制，它还包含其他可能影响行为社会危害性总体评价的因素。毫无疑问，单一模式下的情节犯是最为典型的。在这种立法模式中，行为犯是不能包含情节犯的。例如，《刑法》第223条（串通投标罪）规定："投标人相互串通投标报价，损害招标人或者其他投标人利益，情节严重的，处三年以下有期徒刑或者拘役，并处或者单处罚金。投标人与招标人串通投标，损害国家、集体、公民的合法利益的，依照前款的规定处罚。"对于"情节严重"，2010年《最高人民检察院、公安部关于公安机关管辖的刑事案件立案追诉标准的规定（二）》第76条规定："投标人相互串通投标报价，或者投标人与招标人串通投标，涉嫌下列情形之一的，应予立案追诉：（一）损害招标人、投标人或者国家、集体、公民的合法利益，造成直接经济损失数额在五十万元以上的；（二）违法所得数额在十万元以上的；（三）中标项目金额在二百万元以上的；（四）采取威胁、欺骗或者贿赂等非法手段的；（五）虽未达到上述数额标准，但两年内因串通投标，受过行政处罚二次以上，又串通投标的。（六）其他情节严重的情形。"其中既有对行为方式的解释，也有对危害结果的解释。

其次，由于立法者在制定法律时总是要受到当时物质生活条件和认识水平以及立法技术的限制，在将某种行为犯罪化的时候，对行为的手段、性质等在

---

① 郑飞：《行为犯论》，吉林人民出版社2004年版，第118页。

认识上就会存在把握不准确的情况，只能从宏观上或者总体上认定该行为的社会危害性，这样往往就会对行为加上某种限制性的情节要求。而随着社会发展以及结合司法实践中对某种犯罪行为模式认识的成熟，立法者会将某种行为从立法模式上进行细化。例如，1979 年《刑法》中规定的偷税、抗税罪，从条文上看，是将这两个罪名规定在同一个法律条文中，并且都是在总体上要求是"情节严重"的偷税、抗税行为。根据本书所界定的情节犯，1979 年《刑法》中规定的偷税罪和抗税罪都是情节犯。但是，1997 年《刑法》第 202 条（抗税罪）规定："以暴力、威胁方法拒不缴纳税款的，处三年以下有期徒刑或者拘役，并处拒缴税款一倍以上五倍以下罚金；情节严重的，处三年以上七年以下有期徒刑，并处拒缴税款一倍以上五倍以下罚金。"从现行《刑法》的规定来看，抗税罪应该属于行为犯的范畴，这就是由于上述的原因，该罪由原来的情节犯转换为行为犯。

最后，必须承认，在很多情况下，情节犯中的"情节严重"是单纯用来修饰和限制犯罪行为的，即把"情节严重"作为行为危害社会性质的严重程度。例如，《刑法》第 315 条（破坏监管秩序罪）规定："依法被关押的罪犯，有下列破坏监管秩序行为之一，情节严重的，处三年以下有期徒刑：（一）殴打监管人员的；（二）组织其他被监管人破坏监管秩序的；（三）聚众闹事，扰乱正常监管秩序的；（四）殴打、体罚或者指使他人殴打、体罚其他被监管人的。"

## 6.4 情节犯与其他犯罪类型之比较

### 6.4.1 危险犯与情节犯之比较

受日本等国家和地区学者的影响，危险犯概念在我国刑法学理论界也存在不同的理解。但是，目前我国刑法学界关于危险犯的通说认为，危险犯是指以行为人实施的危害行为造成的法律规定的发生某种危害结果的危险状态为既遂标志的犯罪。除此之外，还有的学者将危险犯表述为："所谓危险犯，是指行为人实施的行为足以造成某种实害结果发生，但实害结果尚未发生，即构成既遂的犯罪。或者简洁地说，危险犯是指以行为人实施的危害行为造成的危险结果作为犯罪构成必要条件的犯罪。"① 还有论者认为："危险犯是指以危害行为具有造成一定后果的客观危险状态作为犯罪构成必要条件的犯罪，判断危险犯既遂的标准是行为人所实行的危害行为是否达到了足以造成一定后果的客观危险状态。"② 笔者认为，危险犯是相对于实害犯而提出的，并且是与行为犯和结果犯相区别的一种犯罪形式。把危险犯视为与实害犯对立的一种犯罪，显然是把危险犯看成还没有造成实际危害的一种情形，是一种处于产生实害结果之前可能的危险状态。传统的过失犯罪均为实害犯，即以过失行为造成一定的实害结果为必要要件。从实害犯的这些理论中，我们可以推导出，危险犯实质上是一种危险的行为犯，这种危险行为并不要求它必须造成实际的危害结果就可以构成犯罪。同时，我们从实害犯的基本概念中，又可以推导出，实害犯等于结果犯，因为结果犯本身就是指以侵害行为产生了相应的法定结果为构成要件的犯罪，或者是指因侵害结果的出现而成立犯罪既遂状态的犯罪。这样，相对于实害犯而出现的危险犯，实际上又属于相对于结果犯而成立的一种行为犯，实际上就是危险行为犯。根据前文对"情节严重"内涵的界定，情节严重在行为犯中不仅仅包含危害结果等因素，更主要是为修饰行为性质而存在的。据此，作为情节犯中的情节严重就可能包含以行为危险性的严重程度作为犯罪构成要件的要求。

在我国《刑法》的规定中，只有一个罪名涉及情节犯与危险犯的竞合问题，即第130条（非法携带枪支、弹药、管制刀具、危险物品危及公共安全罪）规定："非法携带枪支、弹药、管制刀具或者爆炸性、易燃性、放射性、毒害性、腐蚀性物品，进入公共场所或者公共交通工具，危及公共安全，情节严重的，处三年以下有期徒刑、拘役或者管制。"2001年（2009年修改）《最高人民法院关于审理非法制造、买卖、运输枪支、弹药、爆炸物等刑事案件具体应用法律若干问题的解释》第6条规定："非法携带枪支、弹药、爆炸物进入公共场所或者公共交通工具，危及公共安全，具有下列情形之一的，属于刑法第一百三十条规定的'情节严重'：（一）携带枪支或者手榴弹的；（二）携带爆炸装置的；（三）携带炸药、发射药、黑火药五百克以上或者烟火药一千

---

① 参见鲜铁可：《新刑法中的危险犯》，中国检察出版社1998年版，第27页。
② 参见马克昌主编：《犯罪通论》，武汉大学出版社1997年版，第474页。

克以上、雷管二十枚以上或者导火索、导爆索二十米以上的；（四）携带的弹药、爆炸物在公共场所或者公共交通工具上发生爆炸或者燃烧，尚未造成严重后果的；（五）具有其他严重情节的。行为人非法携带本条第一款第（三）项规定的爆炸物进入公共场所或者公共交通工具，虽未达到上述数量标准，但拒不交出的，依照刑法第一百三十条的规定定罪处罚；携带的数量达到最低数量标准，能够主动、全部交出的，可不以犯罪论处。"从上述司法解释中可以看出，危险犯中的行为危险性的程度也是认定该罪的罪量要求，而"情节严重"就承担了这个角色。根据本书的观点，情节犯以刑法分则明文规定为限度。所以，在该罪中，从不同的角度划分，既可以认定为是危险犯，又可以认定为是情节犯。

### 6.4.2 目的犯与情节犯之比较

关于目的犯的概念表述，刑法学界说法不一。有的学者认为，目的犯是指法律明文规定以行为人主观上具有一定目的作为构成要件的犯罪。[①] 还有的认为，目的犯是法律明文规定以行为人主观上具有一定目的作为构成要件，或者虽无法律明文规定，但根据刑法理论和司法实践，没有特定目的便无法构成特定犯罪的犯罪形式。[②] 有的学者认为："有些犯罪，刑法分则条文中虽然没有规定构成该罪必须具有某种特定犯罪目的，但从司法实践与刑法理论上看，则必须具备某种特定目的才能构成犯罪，即所谓的不成文的构成要件。"[③] 有的学者认为："刑法分则明文规定某些犯罪以具有特定目的为要件；如果行为人主观上不具有这种特定目的，则不构成犯罪或者只能构成其他犯罪。这种以特定目的作为构成要件的犯罪，称为目的犯。"[④] 还有学者认为："从应然的范畴分析，目的犯必须由法律明确规定，没有法律明文规定的特定目的，不能称为目的犯。故此，所谓目的犯，就是刑法中明文规定的以特定的目的作为特殊构成要件的犯罪形态。"[⑤]

---

① 参见马克昌、杨春洗等主编：《刑法学全书》，上海科学技术文献出版社1993年版，第34页。
② 参见刘明祥：《论目的犯》，载《河北法学》1994年第1期。
③ 陈兴良：《刑法哲学》，中国政法大学出版社1992年版，第266页。
④ 张明楷：《刑法学》（上），法律出版社1997年版，第214页。
⑤ 高铭暄、赵秉志主编：《刑法论丛》（第5卷），法律出版社2002年版，第69页。

笔者认为，目的犯的本质在于强调行为人的主观恶性在犯罪构成中的地位和作用，其立法本质也就在于对该类行为的性质进行限定。而情节犯中的情节严重，在某些情况下也包含对行为人主观方面的要求。情节犯中的情节是体现行为人主观恶性的一个重要因素，往往由于某些特定情节的加入，使犯罪类型发生转化。情节犯的"情节严重"中不仅仅包含客观的行为要素，还包括行为人主观方面的某些要素，例如其中所包含的行为人的犯罪动机、犯罪目的等都是衡量和决定行为人主观恶性和人身危险性的重要因素，而这些因素会影响对行为社会危害性的综合性评价。而在目的犯中，除了"故意"的主观要件之外，还有"目的"的主观要件存在，这就说明在目的犯成立的场合下同时包含两个主观要件。前文分析指出，在我国《刑法》中，在以"目的＋行为＋（数额）＋情节严重（情节恶劣）"为构成模式的情节犯中，有以下条文和罪名涉及：第217条（侵犯著作权罪）、第228条（非法转让、倒卖土地使用权罪）、第326条（倒卖文物罪）。在这些犯罪中，首先，犯罪的成立或者认定该类犯罪的既遂形态应当以"情节严重"为要求，而这类犯罪的"情节严重"中都不包含行为人主观目的，因为犯罪目的已经作为犯罪成立条件而被刑法条文单独列出。① 对于这类犯罪，由于以不同的标准进行类型化，所以既可称之为"目的犯"，又可以称之为"情节犯"，而这也正说明了情节犯内涵的丰富性。但是，情节犯和目的犯并存的情况有时候还会发生转变，把犯罪目的作为"情节

---

① 例如侵犯著作权罪，1998年《最高人民法院关于审理非法出版物刑事案件具体应用法律若干问题的解释》第2条规定："以营利为目的，实施刑法第二百一十七条所列侵犯著作权行为之一，个人违法所得数额在五万元以上，单位违法所得数额在二十万元以上的，属于'违法所得数额较大'；具有下列情形之一的，属于'有其他严重情节'：（一）因侵犯著作权曾经两次以上被追究行政责任或者民事责任，两年内又实施刑法第二百一十七条所列侵犯著作权行为之一的；（二）个人非法经营数额在二十万元以上，单位非法经营数额在一百万元以上的；（三）造成其他严重后果的。"再如非法转让、倒卖土地使用权罪，2000年《最高人民法院关于审理破坏土地资源刑事案件具体应用法律若干问题的解释》第1条规定："以牟利为目的，违反土地管理法规，非法转让、倒卖土地使用权，具有下列情形之一的，属于非法转让、倒卖土地使用权'情节严重'，依照刑法第二百二十八条的规定，以非法转让、倒卖土地使用权罪定罪处罚：（一）非法转让、倒卖基本农田五亩以上的；（二）非法转让、倒卖基本农田以外的耕地十亩以上的；（三）非法转让、倒卖其他土地二十亩以上的；（四）非法获利五十万元以上的；（五）非法转让、倒卖土地接近上述数量标准并具有其他恶劣情节的，如曾因非法转让、倒卖土地使用权受过行政处罚或者造成严重后果等。"其中，第5项虽然包含主观恶性的内容，但是与犯罪目的还是有区别。所以，其中的"情节严重"都未包含行为人主观目的的内容，主观目的作为犯罪构成的一个独立的构成要件而存在。

严重"的内容来考察，例如第 345 条第 3 款（非法收购、运输明知是盗伐、滥伐的林木罪）规定："非法收购、运输明知是盗伐、滥伐的林木，情节严重的，处三年以下有期徒刑、拘役或者管制，并处或者单处罚金；情节特别严重的，处三年以上七年以下有期徒刑，并处罚金。"该款为《刑法修正案（四）》所修改，原来的内容为："以牟利为目的，在林区非法收购明知是盗伐、滥伐的林木，情节严重的，处三年以下有期徒刑、拘役或者管制，并处或者单处罚金；情节特别严重的，处三年以上七年以下有期徒刑，并处罚金。"

情节犯与目的犯之间的关系，从犯罪构成的角度上看具有相似性，即都是在基本犯罪构成要件以外，加入特别的构成要素，作为犯罪成立的充足条件，而它们所表现出来的内涵则有所区别。在有些情节犯中，由于概括性的"情节严重"要求的存在，对犯罪目的没有作出明确的要求，"情节严重"的内涵中就包含行为人的主观目的的内容。但是，在有些情节犯中，"情节严重"的内涵中并不包含行为人的主观犯罪目的，所以立法者把犯罪目的作为独立的要件加以说明。目的犯中的犯罪目的体现于行为人的犯罪主观方面，而情节犯中的情节严重不仅仅体现于行为人的犯罪主观方面，甚至更多侧重行为的客观要素。因此，情节犯和目的犯之间既有相似之处，又存在本质上的区别。

## 6.5 本章小结

综上所述，由于情节犯没有像其他犯罪类型那样有个相互对应的概念，例如行为犯与结果犯、危险犯与实害犯，所以可以认为它是一种综合型的犯罪类型，在基本犯罪构成要件之外加入"情节严重（情节恶劣）"的评价要素，从而使行为在总体上的社会危害性达到应受刑罚处罚的程度。情节犯与结果犯、目的犯、数额犯等犯罪类型具有相似性。但是，如果从不同的角度对犯罪类型进行划分，情节犯既可能是危险犯也可能是实害犯，既可能是行为犯也可能是结果犯。此外，它还可能与数额犯、目的犯等犯罪类型存在并列、包容和转化等关系。

我国刑法中尽管按不同的标准分类，可以分为各种犯罪类型，但是无论是哪一种犯罪类型，其本质都是行为的客观社会危害性和行为人的人身危险性的有机统一。在以社会危害性为中心的犯罪理论遭到质疑的今天，笔者从马克思辩证唯物主义和历史唯物主义的犯罪观出发，仍然认为，犯罪是对统治阶级所确认的社会关系的破坏，社会危害性及其严重程度仍然是衡量一个行为是否构成犯罪的本质标准，而犯罪构成则是其法律形式的表征。因此，无论哪种犯罪类型——行为犯、危险犯、结果犯、目的犯、数额犯等等，都只是在犯罪完成形态上存在某种差异，而这种差异仅仅在于社会危害性及其程度在法律形式上为立法者所要求的基本要素不同。但是，立法者对犯罪的本质要求及其所追求的价值理念则具有同一性。所以，情节犯的存在，并不要求有一个与之相对应的概念，它本身就是一个综合的犯罪类型，将情节犯与其他犯罪类型进行比较，更有利于我们从理论上弄清情节犯与其他犯罪类型的分野，对刑事立法和刑事司法，尤其是刑事立法具有一定的意义。

第 7 章

# 情节犯完善论

我们正在步入个人和社会双重利益并重的历史时期，无论是侧重强调个人本位还是侧重强调社会本位的国家都正在价值取向上趋于融合。情节犯作为一种立法模式，既提供了判断行为罪与非罪的标准，又给予法官一定的自由裁量权。情节犯满足了罪刑法定主义人权保障和社会保护的双重功能，而这两个方面的功能是相辅相成的。如果画一个犯罪圈，情节犯强调情节严重，就是缩小犯罪圈，对于犯罪圈外的人则是保障他们最大的自由度，体现了保障人权的功能；与此同时，对犯罪圈内的人处以刑罚，则体现了保护社会的功能。情节犯的存在是对中国特定背景下刑事法律文化、刑事法律观念、刑事法律的科学性、刑事立法和刑事司法解释、刑事司法过程等方面内容的科学阐释。情节犯不仅有利于树立科学的罪刑法定主义观，而且对我国犯罪构成理论产生了重要的影响，即认可了修正犯罪构成中开放犯罪构成理论和实践的存在。此外，情节犯还具有很强的实践性，它在立法和司法上摆脱了传统构成要件理论的严格规则主义的羁绊，注意到了构成要件要素的多重性和非确定性，为我国犯罪构成理论的研究提供了立法和司法实践以及理论基础。情节犯的存在为现有犯罪构成理论的拓展和深化提供了可能性。情节犯使刑法在具备稳定性与相对明确性的同时，又能兼顾到社会的多变性与司法的灵活性。情节犯以追求实质合理为己任，并注意到了形式要件上的要求，它解决了刑法典的稳定性与社会发展之间的矛盾，既遵循立法者的法律规则主义，又赋予司法者一定程度的自由裁量权。综而论之，情节犯所具有的灵活性、时代性、多样性与实用性，不仅使得司法者根据案件的实际情况作出决断成为可能，而且使得我国犯罪构成理论的发展有了赖以生存的土壤和更为广阔的空间。

　　此外，由于情节犯使用了概括的和不确定的法律概念，这就要求司法者行使自由裁量权来补充适用刑法规范，从而协调了保持刑法典的稳定性和迅速变化的社会现实需要之间的矛盾。情节犯的存在，使刑法理解和运用中的教条主义日趋衰落，而代之以"关注社会现实"为基础观念的开放主义刑法观，因为对情节犯的适用需要法官对刑法条文进行符合社会现实的解释——以人权保障和保护社会为基准的合理解释。这不仅有利于发挥法官的主动性能动性，而且在客观上促进了司法者业务素质的提高，从而为当今司法改革提供了"人"的保障性。同时，情节犯还对刑事诉讼程序的完善起到促进作用。情节犯的立法现实，使很多刑事案件被"消化"在起诉阶段，缓解了法院的案件压力。我国刑法中对情节犯理论的承认及运用在刑事实体法和程序法之间架起了一道通行的桥梁。

情节犯上述价值的体现都是从应然的角度所作的论证，而要使情节犯真正实现其中的价值，关键则在于情节犯制度设置在理论上的自足性和周延性。我国刑事立法中尽管存在大量情节犯，但是这并不表明我国刑法中的情节犯在理论上和实践中都尽善尽美。因此，一方面，我们肯定情节犯存在的必要性和各种理论和实践价值，即情节犯制度本身的设置；另一方面，从现实出发，情节犯制度本身是应当肯定的，但是我国情节犯无论在刑事立法上还是在刑事司法中都需要完善。

## 7.1 情节犯的立法完善

有些学者针对刑事立法的状况曾提出"重要概念定义权的旁落现象"。论者认为，我国刑事立法"首先表现为立法者在已经制定的法律文件中没有穷尽一切重要概念，或对某些重要概念表述得极为简略；其次表现为除立法机关外，司法机关和行政机关也分别享有重要概念的定义权。"[①] 情节犯的存在正是上述论点的佐证。笔者认为，在任何时候，我们都必须记住，人比概念重要，人必须处于第一位。情节犯的存在是立法者基于对现实认识的结果，尽管情节犯在立法模式的设置上，在某种程度上确实存在一些问题，但是如果据此就认为要取消情节犯，笔者是不能赞同的。

---

① 刘亚丽：《论情节犯》，载《河南省政法管理干部学院学报》2000年第4期。此外，有的学者认为，情节犯构成要件的概括性决定了其在认定上的任意性，往往会因为司法人员的素质或者能力较低而导致出入法律，随意扩大或者缩小情节犯的适用范围，而且还为一些枉法之徒枉法裁判提供了可乘之机。内容不确定的构成要件不可避免地导致法的类推使用，孕育刑法滥用的危险，有损刑法的完整性。所以，该论者认为，情节犯一日不消，这种滥用刑法的危险就会相随而生。参见叶高峰、史卫忠：《情节犯的反思及立法完善》，载《法学评论》1997年第2期。

### 7.1.1 情节犯的立法模式缺陷

首先,情节犯在我国刑事立法上具有一定的随意性,缺乏必要的科学分析和论证。这具体表现为对情节犯的设置缺乏统一标准。在立法模式上,行为本身的性质越严重,对犯罪构成要件的要求就越低;相反,如果行为本身的性质相对较轻,则对犯罪构成要件的要求就越高,表现为在犯罪构成的基本要件之外增加或者强调某些要素,突出对行为危害性"量"的要求,"情节严重(情节恶劣)""数额较大""造成严重后果"等表述是其表征。例如,我国《刑法》第 399 条第 1 款(徇私枉法罪)规定:"司法工作人员徇私枉法、徇情枉法,对明知是无罪的人而使他受追诉、对明知是有罪的人而故意包庇不使他受追诉,或者在刑事审判活动中故意违背事实和法律作枉法裁判的,处五年以下有期徒刑或者拘役;情节严重的,处五年以上十年以下有期徒刑;情节特别严重的,处十年以上有期徒刑。"而第 2 款(民事、行政枉法裁判罪)则规定:"在民事、行政审判活动中故意违背事实和法律作枉法裁判,情节严重的,处五年以下有期徒刑或者拘役;情节特别严重的,处五年以上十年以下有期徒刑。"从上述两个罪来看,民事、行政枉法裁判罪是情节犯,而徇私枉法罪不是情节犯。通过简单的比较不难发现,两个罪在其所侵犯的客体中都包含司法机关的正常活动,具体而言,就是侵犯了司法工作人员公务行为的廉洁性、司法的公正性、公平性等社会关系。此时,根据立法模式的基本要求,可以作出如下解释:徇私枉法罪发生在刑事诉讼活动中,而民事、行政枉法裁判罪则发生在民事、行政诉讼过程中,不同的诉讼程序所涉及的范围不同,刑事诉讼中涉及人身权利即出入人罪的内容,而民事、行政诉讼中涉及的则是有关当事人财产关系的内容。二者相比较,徇私枉法行为的性质相对于民事、行政枉法裁判行为的性质要严重,因此后者在犯罪构成的要求上就比较严格,需要以"情节严重"作为其要求。此时的立法模式体现了立法者对行为性质的判断和对立法模式的科学选择。但是,我国刑法中对有些情节犯的规定表现出随意性,对哪些条文作为情节犯、哪些条文不作为情节犯并无充足的理由——尽管我们一向主张应该根据已有立法作出符合现实的合理解释。例如,我国《刑法》第 129 条(丢失枪支不报罪)规定:"依法配备公务用枪的人员,丢失枪支不及时报告,造成严重后果的,处三年以下有期徒刑或者拘役。"《刑法》第 441 条(遗失武器装备罪）规定："遗失武器装备，不及时报告或者有其他严重情节的，处三年以下有期徒刑或者拘役。"从上述刑法规定可以看出，在法定刑相同的情况下，依法配备公务用枪的人员，丢失枪支不及时报告，需要造成严重后果的，才可以构成丢失枪支不报罪；而因为武器装备的特殊性和重要性，立法者对其构成犯罪的要求相对较低，对于遗失武器装备的，只要不及时报告就可以构成遗失武器装备罪。此时的"情节严重"与"不及时报告"这个行为相并列，所以这里的"情节严重"的要求与其本来设置的意义相反，即它不再是反映立法者对该罪的限制性要求，体现行为性质较轻的立法意图，而是在"降低"行为构成犯罪的要求，并以此说明行为本身性质的严重。因此，"情节严重"的情节要求在立法上表现出随意性和对行为性质的科学性鉴别。

其次，前文分析指出，情节犯本身制度的设置是科学的，只是由于对情节犯的刑法理论研究的缺乏，导致情节犯在立法和司法上出现了很多难以克服的缺陷。不可否认，情节犯在某种程度上是把部分立法权转移给了司法者，这就给了人们"司法权对立法权僭越"的印象。我们从来不主张司法者对立法权的染指。孟德斯鸠就明确地指出："如果司法权和立法权合二为一，则将对公民的生命和自由施行专断的权力，因为法官就是立法者。"① 洛克也曾指出："如果同一批人同时拥有判定和执行法律的权力，这就是给人们的弱点以绝大诱惑，使他们动辄要攫取权力，借以使他们自己免于服从他们所制定的法律，并且在制定和执行法律时，使法律适合于他们自己的私人利益。"② 但是，目前对情节犯的批判指责的诱因实际上是在情节犯的立法设置上缺乏科学分析和甄别。据此，有学者指出，情节犯的规定是迫不得已的，是立法粗疏的一种表现。由于情节是否严重完全取决于司法人员的理解，因此司法人员不仅具有相当大的刑罚裁量权，而且还具有极大的犯罪裁量权。在司法人员业务素质低、政治品德差的情况下，往往会导致出入人罪。③ 笔者认为，这是对情节犯本身设置上所存在问题的解释。而我们要说明和强调的是，情节犯的存在是不是对立法权的僭越并不体现在情节犯制度的设置上，因为任何法律都需要解释，此为"徒法不足以自行"的道理。但是，情节犯制度的存在，并不能成为立法者

---

① 〔法〕孟德斯鸠：《论法的精神》（上册），张雁深译，商务印书馆1961年版，第156页。
② 〔英〕洛克：《政府论》（下篇），瞿菊农、叶启芳译，商务印书馆1964年版，第89页。
③ 参见陈兴良：《刑法哲学》（修订版），中国政法大学出版社1997年版，第585页。

"惰性"的挡箭牌。将某个行为设置为情节犯,要使该行为具备情节犯立法的需求。而从我国刑事立法的整体上看,有的情节犯的设置是立法者"惰性"的表现,不对行为进行细致研究,直接代之以"情节严重(情节恶劣)",从而导致司法者不得不在司法过程中,在某种程度上担当"立法者"的角色。此时,情节犯制度本身成了情节犯立法设置弊端的"替罪羊"。所以,有人说,情节犯在立法上缺乏针对性的表现,成为情节犯理论研究和实践运用的桎梏。这种不仔细研究法律规定的行为,使立法者产生了依赖心理,把原本属于立法的问题转嫁给了司法过程。

最后,刑法在情节犯的表述上欠缺周延性和统一性。我国刑法中,有的用"情节严重"来表述,有的则用"情节恶劣"来表述。我国刑法中的情节犯大多数是用"情节严重"作为其表征,而有少数使用了"情节恶劣"的表述方式。例如,《刑法》第260条(虐待罪)规定:虐待家庭成员,情节恶劣的,处二年以下有期徒刑、拘役或者管制。犯前款罪,致使被害人重伤、死亡的,处二年以上七年以下有期徒刑。……"《刑法》第261条(遗弃罪)规定:"对于年老、年幼、患病或者其他没有独立生活能力的人,负有扶养义务而拒绝扶养,情节恶劣的,处五年以下有期徒刑、拘役或者管制。"其中对于"情节严重"和"情节恶劣"的不同表述在本质上是否存在区别?对此,在有的情节犯中,用"情节恶劣"来表述,体现了刑法伦理性的评价。上述两个罪名都是适例。但是,这种解释又不具有普适性,因为在有的用"情节恶劣"表述的罪名中,用伦理性来解释似乎有些牵强。例如,《刑法》第255条(打击报复会计、统计人员罪)规定:"公司、企业、事业单位、机关、团体的领导人,对依法履行职责、抵制违反会计法、统计法行为的会计、统计人员实行打击报复,情节恶劣的,处三年以下有期徒刑或者拘役。"在该罪的构成中,我们就很难说其中有伦理性评价的因素。因此,在我国刑法中的情节犯的情节要求上,表述方式各异,而它们本质上并没有什么差异,这也增加了法律语言表述上的不统一性,即对同样内容的概念却用不同的表述方式。除此之外,在表述上存在其他方面的差异但是反映的内容相同的立法例也不可取。例如,《刑法》第409条(传染病防治失职罪)规定:"从事传染病防治的政府卫生行政部门的工作人员严重不负责任,导致传染病传播或者流行,情节严重的,处三年以下有期徒刑或者拘役。"对于这种类型的情节犯,"情节严重"是与危害结果并列而存在的。也就是说,"情节严重"中不包含"传染病传播或者流行"的危害结果。1999 年《关于人民检察院直接受理立案侦查案件立案标准的规定（试行）》第 18 条规定:"传染病防治失职罪是指从事传染病防治的政府卫生行政部门的工作人员严重不负责任,不履行或者不认真履行传染病防治监管职责导致传染病传播或者流行,情节严重的行为。涉嫌下列情形之一的,应予立案:1. 导致甲类传染病传播的;2. 导致乙类、丙类传染病流行的;3. 因传染病传播或者流行,造成人员死亡或者残疾的;4. 因传染病传播或者流行,严重影响正常的生产、生活秩序的;5. 其他情节严重的情形。"根据上述解释,甚至可以认为,"情节严重"是用来修饰"传染病传播或者流行"这个危害结果的。我国刑法中把"情节严重"和危害结果并列的时候,大都是把"情节严重"放在危害结果之前的,唯独此处把"情节严重"置于危害结果之后。

此外,在我国刑法中的情节犯的主观罪过上,很多学者都认为应当为故意。① 在前文中,笔者也持这种观点并作了相应的论述。我国刑法中的情节犯确实绝大多数的主观罪过均为故意犯罪,但是刑法分则中仍然存在情节犯的罪过为过失的罪名。例如,过失泄露国家秘密罪、过失泄露国家军事秘密罪、武器装备肇事罪、传染病防治失职罪等等。众所周知,过失犯罪都是以危害结果为要件的,所以把过失犯罪规定为情节犯的情形,大多数是因为对危害结果需要限制。那么,为什么有的过失犯罪危害结果需要加以"情节严重"的限制,而其他的过失犯罪却又不需要呢?笔者以《刑法》第 398 条过失泄露国家秘密罪②为例来说明。

第一,该条中包含两个罪名,即故意泄露国家秘密罪和过失泄露国家秘密罪。故意泄露国家秘密罪是指国家机关工作人员或者非国家机关工作人员违反保守国家秘密法,故意使国家秘密被不应知悉者知悉,或者故意使国家秘密超出了限定的接触范围,情节严重的行为。过失泄露国家秘密罪是指国家机关工作人员或者非国家机关工作人员违反保守国家秘密法,过失泄露国家秘密,或

---

① 参见叶高峰、史卫忠:《情节犯的反思及立法完善》,载《法学评论》1997 年第 2 期;刘亚丽:《论情节犯》,载《河南省政法管理干部学院学报》2000 年第 4 期;等等。
② 国家机关工作人员违反保守国家秘密法的规定,故意或者过失泄露国家秘密,情节严重的,处三年以下有期徒刑或者拘役;情节特别严重的,处三年以上七年以下有期徒刑。非国家机关工作人员犯前款罪的,依照前款的规定酌情处罚。

者遗失秘密文件，致使国家秘密被不应知悉者知悉，或者超出了限定的接触范围，情节严重的行为。根据上述概念，在同一个法律条文中规定了两个罪名，而这两个罪名从法律条文的规定上看，它们的构成要件除了犯罪主观罪过不同，其他均相同，甚至法定刑的设置也相同，这无法从根本上反映行为人的主观恶性和人身危险性的内容，实现罪责刑相适应的基本刑法原则。

第二，这两个罪均是情节犯，而对"情节严重"的解释，根据1999年《关于人民检察院直接受理立案侦查案件立案标准的规定（试行）》的规定，故意泄露国家秘密案（第398条）："国家机关工作人员涉嫌故意泄露国家秘密行为，具有下列情形之一的，应予立案：1. 泄露绝密级或机密级国家秘密的；2. 泄露秘密级国家秘密3项以上的；3. 向公众散布、传播国家秘密的；4. 泄露国家秘密已造成严重危害后果的；5. 利用职权指使或者强迫他人违反国家保守秘密法的规定泄露国家秘密的；6. 以牟取私利为目的泄露国家秘密的；7. 其他情节严重的情形。过失泄露国家秘密案（第398条）："国家机关工作人员涉嫌过失泄露国家秘密行为，具有下列情形之一的，应予立案：1. 泄露绝密级国家秘密的；2. 泄露机密级国家秘密3项以上的；3. 泄露秘密级国家秘密3项以上，造成严重危害后果的；4. 泄露国家秘密或者遗失秘密文件不如实提供有关情况的；5. 其他情节严重的情形。"从上述解释可以看出，两个罪在成立上的情节要求是不相同的，过失泄露国家秘密罪的情节要求更高。因此，在我国刑法中，以危害结果作为犯罪成立的条件可以取代"情节严重"，此时把它规定为情节犯实际上是完全没有必要的。为了保证情节犯设置上的协调性，对此种情况应考虑修改。

### 7.1.2　情节犯的立法构置原则

**（一）统一性原则**

统一性原则，就是在刑事立法上，将情节犯的立法模式尽可能单一化，并以此避免因为情节犯在立法上的不统一而给司法者在司法过程中带来无所适从的困惑。统一性原则可以尽可能地防止司法适用上的不均衡。有学者指出，最高司法机关应当通过颁布司法解释和刑事判例等各种方式，对情节犯之所谓情节作出统一的规定,以便正确地适用刑法分则条文。① 该种观点从刑事司法的角度指出了情节犯适用中应该注意保证统一性。而从前文指出的情节犯的立法模式上看,我国刑法中的情节犯呈现多样性的特点,缺乏统一的标准,"情节严重"所包含的内容常常因为其中某个要素被单独列出而使情节犯的构成呈现多元化。这给司法中的认定带来了很大的不确定性,而且使刑法条文变得缺乏科学性和协调性。对于情节犯统一性的模式,有学者指出,有两种模式可供选择:② 一是将刑法分则中情节犯所涉及的情节具体化,或是强调其目的、动机,或是强调其结果、数额,总之不要既强调动机,又强调情节。这样,就将其从情节犯中分离出来,或构成目的犯,或构成数额犯,而不再是以"情节严重"等为构成要件的情节犯。二是对前一种方法的补充。当情节犯中的情节不能被具体地列举出来时,或虽可列举但不能穷尽所有犯罪现象时,可以采用一个笼统的、模糊的概念——"情节严重"或"情节恶劣"等,然后将其特别强调的情节由立法解释加以规定。上述观点有可以借鉴之处,但是从对"情节"分解并具体化的角度来解决统一性问题的。而笔者认为,情节犯立法模式上的多样性,会导致立法上的不统一,进而影响情节犯在司法中的认定。对"情节"具体化当然有必要,但是如果把这些具体化的情节都在刑法条文中加以表述,则又回到了"情节犯与刑法明确性原则"的问题上了。前文已经对此作出分析并得出结论,在此不再赘述。笔者所主张的统一性原则主要强调情节犯立法模式上的统一性。

### (二) 科学性原则

立法首先应体现科学性原则。该原则要求法律规定具有理性化、合理性和主观符合客观特征。科学性原则在刑事立法中对情节犯的设置上主要表现为,对情节犯立法模式的构置应该以科学性为指导。刑事立法作为国家立法中最重要的立法活动之一,要为国家、社会以及公民提供一种行为模式,创立一种合理的制度,提供一种正确的价值选择。情节犯作为我国刑事立法中的一个模式选择,应该对行为的性质判断以及"情节"要素作科学分析与鉴别,并以此确定把哪些行为确定为情节犯,而把哪些行为不确定为情节犯。以理性化为该立

---

① 参见陈兴良:《刑法哲学》(修订版),中国政法大学出版社1997年版,第585页。
② 参见王美茜:《情节犯的立法完善》,载《松辽学刊(人文社会科学版)》2001年第6期。

法例的根基，即建立在理性思维和理性判断的基础之上，反映出立法的合理性。我国现行刑事立法中，情节犯的设置表现出随意性，缺乏以科学性原则为指导。例如，我国《刑法》中以"虐待"为主要行为方式的犯罪共有四个，它们分别是第 443 条（虐待部属罪）①、第 248 条（虐待被监管人员罪）②、第 260 条（虐待罪）③、第 448 条（虐待俘虏罪）④。从法律规定来看，这四个罪名都是情节犯，但是在情节犯的选择模式上却表现出不同。其中，虐待部属罪，要求行为"情节恶劣"并以造成"致人重伤或者造成其他严重后果的"为构成要件；而其他三个罪名都把"致人重伤或者造成其他严重后果的"或者包含于"情节严重（情节恶劣）"之中，例如虐待被监管人员罪，或者作为情节加重犯的构成要求。这一方面反映出立法者的价值选择，另一方面也在某种程度上反映出立法者对"情节严重（情节恶劣）"使用的随意性。

（三）紧缩性原则

所谓紧缩性原则，不是针对刑法在整个法律体系中所占比重的下降，它是指在刑事立法中，不应当首先考虑情节犯的设置，而应当尽可能地优先考虑其他犯罪模式的选择。由于情节犯的伴生特点之一的存在——国家本位的观念使个人独立存在价值的弱化，容易使人联想到对个人权利侵害的危险性，尽管情节犯的设置更主要是为了缩小犯罪圈，从而保障人权。所以，我们的立法者对某个行为性质进行判断的时候，应首先放弃对情节犯的考虑。从某种程度上说，情节犯在刑事立法中的设立不宜表现出主动性。

（四）适时性原则

所谓适时性原则，是指情节犯的设置，必须不断地顺应历史发展和时代的变迁，及时合理地从实际出发，对情节犯作出调整以适应这种变化。情节犯设

---

① 滥用职权，虐待部属，情节恶劣，致人重伤或者造成其他严重后果的，处五年以下有期徒刑或者拘役；致人死亡的，处五年以上有期徒刑。

② 监狱、拘留所、看守所等监管机构的监管人员对被监管人进行殴打或者体罚虐待，情节严重的，处三年以下有期徒刑或者拘役；情节特别严重的，处三年以上十年以下有期徒刑。致人伤残、死亡的，依照本法第二百三十四条、第二百三十二条的规定定罪从重处罚。监管人员指使被监管人殴打或者体罚虐待其他被监管人的，依照前款的规定处罚。

③ 虐待家庭成员，情节恶劣的，处二年以下有期徒刑、拘役或者管制。犯前款罪，致使被害人重伤、死亡的，处二年以上七年以下有期徒刑。第一款罪，告诉的才处理，但被害人没有能力告诉，或者因受到强制、威吓无法告诉的除外。

④ 虐待俘虏，情节恶劣的，处三年以下有期徒刑。

立的原因之一就是对行为性质复杂性的考虑，因此情节犯是处在不断变化之中的。随着司法实践经验的积累和我们对行为所侵犯的社会关系的认识不断深入，情节犯应尽可能及时转换为其他犯罪类型，以便更好、更准确地对社会关系进行保护。瞿同祖先生就曾经针对法律变化的必要性指出：法律是社会的产物，是社会制度之一，是社会规范之一。它与风俗习惯有密切的关系，它维护现存的制度和道德、伦理等价值观念，它反映某一时期、某一社会结构和意识形态。法律与社会的关系极为密切。因此，我们不能像分析学派那样将法律看成一种孤立的存在，而忽略其与社会的关系。任何社会的法律都是为了维护并巩固其社会制度和社会秩序而制定的，只有充分了解产生某一种法律的社会背景，才能了解这些法律的意义和作用。① 情节犯作为我国刑事法律中的一个立法模式，它的变化性特征表现得尤为明显。例如，我国 1979 年《刑法》中的很多情节犯，随着立法者对该行为性质、表现形式以及该行为所侵犯的社会关系认识的深入，在 1997 年《刑法》中都被转换为其他犯罪类型了，走私罪、偷税罪、抗税罪等都是其适例。

### 7.1.3 情节犯的立法重构模式

首先，对于那些我国刑法中情节并结果式的情节犯，考虑将其转换为结果犯或者数额犯等其他犯罪类型。该类型的情节犯的成立不仅仅要求行为性质严重，而且包括法定危害结果的出现，其中情节严重并不包含危害结果。该类型的情节犯构成模式是："行为＋情节严重（情节恶劣）＋结果"。例如，我国《刑法》中的以下条文和罪名涉及：第 250 条（出版歧视、侮辱少数民族作品罪）、第 273 条（挪用特定款物罪）、第 290 条第 1 款（聚众扰乱社会秩序罪）、第 371 条第 2 款（聚众扰乱军事管理区秩序罪）、第 407 条（违法发放林木采伐许可证罪）、第 436 条（武器装备肇事罪）、第 443 条（虐待部属罪）。笔者认为，在该种类型的情节犯中，把犯罪结果作为犯罪成立的限制性条件就可以了，没有必要再在其中加入"情节严重"的限制性修饰。我们以第 290 条来说明。该条第 1 款（聚众扰乱社会秩序罪）规定："聚众扰乱社会秩序，情节严重，致使工作、生产、营业和教学、科研、医疗无法进行，造成严重损失的，

---

① 参见瞿同祖：《中国法律与中国社会》，中华书局 1981 年版，第 1 页。

对首要分子，处三年以上七年以下有期徒刑；对其他积极参加的，处三年以下有期徒刑、拘役、管制或者剥夺政治权利。"而该条第 2 款（聚众冲击国家机关罪）规定："聚众冲击国家机关，致使国家机关工作无法进行，造成严重损失的，对首要分子，处五年以上十年以下有期徒刑；对其他积极参加的，处五年以下有期徒刑、拘役、管制或者剥夺政治权利。"按照本书对情节犯的界定，聚众扰乱社会秩序罪是情节犯，而聚众冲击国家机关罪不属于情节犯。比较两罪，笔者认为，聚众冲击国家机关的行为也是聚众扰乱社会秩序的一种形式，而刑法没有将其规定为情节犯的合理解释是：鉴于"聚众冲击"的行为对象的特殊性——国家机关，因而其社会危害性程度较一般聚众扰乱社会秩序的行为更大。但是，这并不意味着聚众扰乱社会秩序罪的立法模式也是合理的。通过对聚众扰乱社会秩序罪的构成模式的分析，笔者认为，聚众扰乱社会秩序罪设立的着眼点也应在于对行为方式——聚众和危害结果——致使工作、生产、营业和教学、科研、医疗无法进行，造成严重损失。因此，在认定聚众扰乱社会秩序罪的时候，侧重点也就在于"聚众"行为以及因此扰乱社会秩序而"致使工作、生产、营业和教学、科研、医疗无法进行，造成严重损失"。"情节严重"在此所起到的"限制犯罪圈"的作用并不明显，因而可以把该罪的立法模式变为结果犯，并以此与聚众冲击国家机关罪的构成模式相呼应。至于聚众冲击国家机关罪，由于其行为的社会危害性更为严重，所以刑法已经提高其法定刑幅度，从罪责刑相适应的刑法基本原则出发，也做到了前后周延的效果。此外，在虐待被监管人员罪、虐待罪、虐待俘虏罪和虐待部属罪等罪中，对于虐待部属罪也可以从这个角度出发作出修订。

其次，把现行刑法中规定的主观罪过为"过失"的情节犯转换成其他类型的犯罪。我国刑法的基本理论是，以处罚故意犯罪为原则，以处罚过失犯罪为例外。对于过失犯罪，要以刑法分则明确规定为准则。其中，过失犯罪都以危害社会的实际结果发生为犯罪构成齐备要件之一。我国刑法中的情节犯绝大多数都是轻罪，也正是因为如此，刑法才用"情节严重"作为限制性构成要件，以防止犯罪圈过大，模糊犯罪与一般违法行为的界限。而过失犯罪已经把特定的危害结果作为犯罪成立的条件了，此时已经没有必要再以"情节严重"作为限制性条件。从我国现行《刑法》中规定的四个以主观罪过为过失的"情节犯"来看，包含两种情况：

第一，在该类立法模式中，仅仅以"情节严重"限制危害结果。例如，对于过失泄露国家秘密罪中的"情节严重"之要求，1999年《关于人民检察院直接受理立案侦查案件立案标准的规定（试行）》规定："国家机关工作人员涉嫌过失泄露国家秘密行为，具有下列情形之一的，应予立案：1. 泄露绝密级国家秘密的；2. 泄露机密级国家秘密3项以上的；3. 泄露秘密级国家秘密3项以上，造成严重危害后果的；4. 泄露国家秘密或者遗失秘密文件不如实提供有关情况的；5. 其他情节严重的情形。非国家机关工作人员涉嫌过失泄露国家秘密犯罪行为的立案标准参照上述标准执行。"对于过失泄露国家军事秘密罪和传染病防治失职罪中的"情节严重"之要求，也可以如此理解。

第二，仍然以"情节严重"限制行为。例如，《刑法》第436条（武器装备肇事罪），其中"情节严重"是对"违反武器装备使用规定"行为的修饰。此罪的构成同时要求以"因而发生责任事故，致人重伤、死亡或者造成其他严重后果"为结果要件。对于此种情况，可以考虑将其直接转换为结果犯，既保证情节犯的主观罪过只能为故意的罪过要求，又保证过失犯罪的结果要求。

此外，《刑法》第441条（遗失武器装备罪）的罪过形式值得研究。① 有的学者指出："遗失武器装备情节严重的，应是过失；而遗失武器装备不及时报告的，似乎应是故意；但是如果将不及时报告作为客观的超过要素，便可以认定其为过失。"② 笔者认为，对于遗失武器装备罪的主观方面，应当认定为可能存在复合罪过的情况比较合理。③ 因为行为人对遗失武器装备不及时报告的行为所产生的直接后果就是使遗失的武器装备处于失控状态，此时就构成了遗失武器装备罪，对于不及时报告行为应认定为故意。但是，遗失武器装备包括两种情形可以定罪，即不及时报告与"情节严重"，二者是并列的关系，体现了遗失武器装备罪的罪质的严重性（与丢失枪支不报罪相比）。而对于"情

---

① 对于丢失枪支不报罪的主观罪过，有的主张为过失，参见苏惠渔主编：《刑法学》（修订版），中国政法大学出版社1997年版，第447页；有的主张为故意，参见张明楷：《刑法学》（第二版），法律出版社2003年版，第563页。笔者认为，丢失枪支不报罪的主观方面界定为故意比较合理。
② 张明楷：《刑法学》（第二版），法律出版社2003年版，第974页。
③ 但是，对于我国刑法中是否承认一个犯罪存在复合罪过的情况，存在很大的争论。到目前为止，持否定说的观点仍然占绝大多数，而持肯定说的学者较少。我们暂时不去判断复合罪过在我国刑法中是否有存在的空间以及复合罪过是否有合理性，从遗失武器装备罪的立法形式上看，确实是存在这种可能的，至于这种规定是否合理，尚有待研究。

节严重"中应当包括他人利用行为人遗失的武器装备造成严重后果的情形，可以认定为遗失武器装备后产生的间接后果。此时，无论行为人对遗失武器的行为，还是对遗失武器后所可能造成的危害结果，都应当持过失的心理态度。这样，遗失武器装备罪的主观罪过既可能是故意，也可能是过失。对于这种情况，刑法的规定是否合理，值得研究。

最后，取消"情节严重"和"情节恶劣"等表述上的差别，统一代以"情节严重"作为情节犯在刑法分则中的表征。这样，既有利于刑法语言表述上的统一性，又避免将本来简单的问题复杂化。

## 7.2 情节犯的司法完善

### 7.2.1 情节犯的司法适用缺陷

#### （一）情节犯之"情节严重"解释主体的多元化

情节犯在司法适用中，无论是基本情节犯，还是情节加重犯、情节减轻犯，都应该严格把握对"情节"的解释主体的限制。在目前的司法实践中，对情节的解释呈任意化，甚至有些地方性司法机关诸如高级人民法院等都对情节进行解释。例如，北京市高级人民法院《关于如何适用刑法第347条第4款"情节严重"的意见》中指出："刑法第347条第4款规定：'走私、贩卖、运输、制造鸦片不满200克、海洛因或甲基苯丙胺不满10克或者其他少量毒品的，处3年以下有期徒刑、拘役或管制，并处罚金；情节严重的，处3年以上7年以下有期徒刑，并处罚金'。鉴于审判实践中对如何掌握'情节严重'认识不一，为统一全市执法，我们认为，具有以下情形之一的，可视为'情节严重'：1.缉毒人员或其他国家机关人员利用职务便利走私、贩卖、运输、制造海洛因的；2.曾因犯罪受到过刑事处罚或涉毒行为受过行政处罚的；3.向未成年人贩卖毒品或利用未成年人走私、贩卖、运输、制造毒品的；4.向被监管人或强制戒毒人员贩卖毒品的；5.多次或向多人贩卖毒品的；6.以暴力手段抗拒检查、拘捕的；7.有其他严重情节的。"诚然，地方性司法机关根据辖区内的实际情况，对于立法中的有些情节规定进行具体化，具有一定积极作用，但是这种做法是否合适，值得思考。尤其是在涉及出入人罪的情况下，这种情况应该得到控制。这种看起来是为了"统一"司法适用中情节犯内容的"解释",实际上导致了全国范围内适用上的"不统一",使情节犯在适用上出现随意性。

### (二) 情节犯之"情节严重"解释内容的任意化

犯罪的情况是复杂多变的,而且我国各地的社会风貌差异很大,导致在很大程度上对行为的社会危害性的评价不可能完全相同。情节犯之"情节严重"具有相对的伸缩性,立法者把它的解释权赋予司法机关,对于保证情节犯的灵活适用具有相当的意义。但是,"情节严重"的内容在司法实践中被任意化了,缺乏对"情节严重"相对固定合理的判断标准,这就在事实上既造成了对社会保护无法具体实现,也给了"人权保障主义者"以情节犯对人权侵害危险的口实。此外,对情节犯之"情节严重"的内容判断缺乏统一的依据和标准,从而使司法者对情节犯的认定具有很大的随意性。他们不仅拥有较大的刑罚自由裁量权,而且在事实上拥有较大的定罪自由裁量权。在当前法官素质普遍需要提高的背景下,出入人罪容易发生在情节犯的认定中。

### (三) 情节犯之"情节严重"入罪化思想泛化

我国刑法中的定罪情节根据其性质,可以分为积极的定罪情节和消极的定罪情节。其中,积极的定罪情节,是指作为积极揭示行为犯罪性的犯罪构成要件,此时的定罪情节起到犯罪化作用;消极定罪情节,是指作为消极否定行为犯罪性的犯罪构成要件,此时的定罪情节起到出罪化作用。目前在我国刑法学界比较普遍的看法是:我国《刑法》第13条但书即"情节显著轻微,危害不大的,不认为是犯罪"中的"情节显著轻微"就是消极定罪情节,而情节犯中的"情节严重"则是积极定罪情节。情节犯在设立之初,是考虑到"情节严重"的伸缩性,"对于那些经验不成熟的,没有把握的,先不给予规定","大家认为逐项列举很不容易列举得全,如果解释不好,反而弊多利少"[①]。因此,情节犯设立时所带有的"有利于打击犯罪"这一浓厚的国家主义色彩不容回避。当前,在受到立法权和行政权双重影响下的审判权仍然弱化的司法背景下,情节犯之"情节严重"的功能仍然未能在实践中摆脱"入罪化"思想的桎梏。

---

[①] 高铭暄:《中华人民共和国刑法的孕育和诞生》,法律出版社1981年版,第19—20页。

### 7.2.2 情节犯的司法适用原则

情节犯在当前司法实践中正在并且仍将发挥着重大的作用。笔者认为，在当前情况下，对情节犯的司法适用应当把握以下几个基本原则：

首先，对情节犯之"情节严重"的解释应加强立法解释的工作，限制司法解释的范畴。* 一方面，要严格限制解释主体的多元化，减少直至最终消除"会同解释"的"联署"解释环境。例如，1998 年，最高人民法院、最高人民检察院"会同"公安部、国家工商行政管理局发布《关于依法查处盗窃、抢劫机动车案件的规定》；2000 年，最高人民法院、最高人民检察院"会同"公安部、民政部、司法部、全国妇女联合会发布《关于打击拐卖妇女、儿童犯罪有关问题的通知》；等等。另一方面，要限制当前我国刑事司法中关于情节犯之"情节严重"的政策性解释，使其所受政治体制和社会环境等因素的影响不至于过大。《关于进一步加强法律解释工作的决议》中规定："凡关于法律、法令条文本身需要进一步明确界限或作补充规定的，由全国人民代表大会常务委员会进行解释或者用法令加以规定。"而情节犯之"情节"是否严重涉及公民的行为性质的决定性判断，就要求对情节犯之"情节严重"的解释应属于立法解释的范畴。况且，由于立法解释的权威性，如此既有利于公民对自己行为进行约束，又有利于解决由于其他解释主体所作的解释是否具有普适性所带来的矛盾。

其次，消解司法解释的异化作用。浩如烟海的刑事司法解释是我国刑事司法的一大特点，对情节犯之"情节严重"的司法解释尤甚。从积极意义上说，这种细密化的司法解释在某种程度上解决了全国性法律适用的"统一性"，提供了可供参考的依据和法律标准。从消极意义上看，一方面，严格的司法解释

---

\* 有人提出，在对情节犯中的"情节严重"的解释中，立法解释和司法解释权限应如何划分？

笔者认为，应该严格遵循立法解释要针对的问题是立法条文本身的问题，司法解释针对司法适用中的问题。但是，当前确实存在司法解释越权、立法解释"惰性"的问题，原因有很多种，甚至还有可能出现重复解释的情况，如对挪用公款归个人使用问题的解释。单长宗有关要多作立法解释、压缩司法解释的观点表明了要树立对有权解释的严肃性。笔者也认为，对于条文本身的解释要通过立法解释的形式。但对情节问题，笔者还是主张司法解释。因为情节犯的这种立法模式本身就是表明，一方面，立法者对该罪的认定要有量的考虑；另一方面，对于这个量要如何把握，又要保留法官适当的自由裁量权。

在事实上造成了法官没有自由裁量的余地，成为刑事法律条文（刑事司法解释）的机械执行者；另一方面，过于细密的实体法在某种程度上会弱化程序法的存在意义，再加上我国传统的"重实体，轻程序"的执法思想的影响，程序正义理念被进一步弱化。正如有学者指出的那样："通过实体法的细则化也可以限制程序性操作，其结果必然是压抑了程序本身的发展，助长了人民回避程序的倾向。"[①] 此外，过多的司法解释，也使法官产生依赖心理，这与当前我国司法改革中所提出的提高司法人员的素质——法律知识的积累、法律意识的培养、执法责任心的加强、主观能动性的积极发挥等等——不相符合。

再次，留给司法者足够的自由裁量权，并建立起信赖司法者的执法环境。前文曾指出，对于情节犯之"情节严重"的解释，无论从解释主体还是从解释内容都应该加以限制，即保证解释主体的单一性和内容上的统一性。但是，这并不是说应该把每一个情节犯之"情节严重"都解释得非常详细且面面俱到。一方面，刑事法律解释具有与刑事法律条文同样的先天性缺陷——语言表述上的局限性和社会的发展变化性之间的矛盾，因此我们不能像完全依赖刑事法律条文那样去依赖刑事法律的解释，以解决各个千变万化的情节犯之"情节严重"的内容。另一方面，对情节犯之"情节严重"的解释应该从宏观内容上去把握，而不应该从微观的角度去解释。这样，在司法者面对每个活生生的具体案件的时候，留给他们足够的自由裁量权。与此同时，我们应该相信司法者对情节犯的判断——即使不同的司法者对其判断可能出现差异，我们也应该允许这种差异的存在，保证个案的公正性和个案的法律效果、社会效果和政治效果的统一性。

最后，司法者应转变对情节犯认定的执法理念。情节犯从设立之初到现在，它的发展经历了重要的变化，其中最为重要的就是其功能所赖以存在的基础和其价值目标都正在发生着重要的转变：由原来以国家本位为基础，以有利于打击犯罪、注重保卫社会的角度，转向以国家本位和个人权利本位并重为基础，以有利于打击犯罪和保障人权并重为目标。这就要求司法者对情节犯制度的理解不能停留在入罪化阶段，尤其是在特定的政治背景和社会治安环境下，例如"严打"，真正发挥情节犯之限制犯罪圈的功能和作用。所有这些，都需

---

① 季卫东：《法治秩序的建构》，中国政法大学出版社1999年版，第26页。

要司法者对情节犯的认定树立正确的执法理念。

### 7.2.3　情节犯的司法认定依据

情节犯在司法实践中的认定所涉及的最主要问题就是如何确定情节犯之"情节严重"的问题。关于这个问题，笔者认为应当从以下几个方面去把握：

首先，以有关法律、法规明确规定为依据，判断行为性质的"量"的要求。我国刑法中的某些情节犯，是采取空白罪状的立法方式的，在定罪的时候，往往要参照有关法律。在有些情况下，有关法律对情节轻重是有所区分的，可以作为认定情节犯之情节的标准。此外，刑事司法解释与刑事法律并行，对司法实践起着重要的指导作用，这些司法解释在很多地方涉及对情节犯之"情节严重"的解释，也是对情节犯进行认定的重要依据之一。

其次，司法实践经验也是我们认定情节犯之"情节严重"的重要依据。美国著名大法官霍姆斯就曾经指出："法律的生命在于经验，而不是逻辑。"认定情节犯时，在其他法律和司法解释对情节犯之情节没有明确规定的情况下，应当根据司法实践经验进行。我国也有学者指出，对情节犯之"情节严重"的认定具体可以从以下几个方面去考虑：第一，凡是跟数额有关的，应当从数额大小上认定情节是否严重；第二，从主观恶性上认定情节是否严重；第三，从行为方式上认定情节是否严重；第四，从客观后果上认定情节是否严重。[①] 笔者认为，可以把"情节"所包含的内容分为两大类：一类是主观方面的因素，即犯罪目的、动机等因素；另一类是客观方面的因素，即犯罪的时间、地点、手段、方法、对象、后果等因素。在认定情节因素时，司法者应把这些抽象意义的情节因素与实际案件有机结合起来，依靠司法审判的经验对其加以判断。

再次，情节犯之"情节严重"的司法认定不应一成不变，要根据具体个案发生的时空进行判断，其"时空性"既包括具体的时空，还包括案件发生的政治形势、经济形势以及社会治安形势等大环境。因为情节犯的犯罪本质特征在"质"的要求上是"社会危害性"，同时需要对行为性质进行"量"的判断。在不同的政治形势下，统治阶级对危害社会行为的"量"的要求是不同的，这也正反映出阶级性的犯罪观，与马克思主义犯罪观一脉相承。不同的经济形势会

---

① 参见陈兴良：《刑法哲学》（修订版），中国政法大学出版社1997年版，第587页。

导致不同的经济犯罪认定,例如1979年《刑法》中的投机倒把罪和1997年《刑法》中的非法经营罪就反映出这种变化性特征。至于社会治安形势对情节犯之"情节严重"判断所产生的影响,则应辩证地看待。有的学者认为,"情节严重"或"情节恶劣",在社会治安形势好的时候就可以从宽掌握,而在社会治安形势不好的情况下就可以从严掌握。① 因此,同样的行为,在社会治安形势好的情况下可能会被认为情节尚不严重或者情节尚不恶劣,此时的行为就不会被认为是犯罪;而在社会治安形势不好的情况下,例如在"严打"时期,上述行为就有可能被认为是情节严重或者情节恶劣,从而被作为犯罪来处理。对于这种社会治安形势对情节犯的认定所产生的影响,我们应该慎重对待。不可否认,社会治安形势对情节犯之"情节严重"所产生的影响是客观存在的,但是我们不应该以此作为随意出入人罪的依据。否则,法制将遭到践踏,刑事法治国的建立也会面临巨大的挑战。

又次,如何在司法实践中正确处理适用《刑法》第13条但书和刑法分则的情节犯问题。有学者主张,从立法论来说,应该删除各罪在犯罪成立上的情节,将其统一作为司法问题,由司法机关自行解决,而刑法只保留总则之情节性宣言或规定,以与我国的法体系相适应。② 其基本理由是:如果有了总则第13条但书的规定,分则各罪中的情节等的规定就只有两方面的意义:一方面,在确定其有情节等问题的意义上有价值,以区别于没有情节问题的犯罪,即相对应的没有情节等规定的犯罪,只要行为一出现就具有可罚性,将总则第13条但书规定的范围限定化。另一方面,限定成罪情节的范围。论者认为上述这两个方面都未必是有效的,原因是:第一,在未规定情节等的情况下,未必只要行为一出现就一定构成犯罪,就连法定最低刑为3年有期徒刑的抢劫罪,也存在着因情节显著轻微不构成犯罪的问题,如中学生抢小学生零用钱一类轻微事件就是明显的例证。第二,如果是为了限定成罪情节的范围,其情节就应该具有明确性,或者列举,或者用其他方法明确限定其内容。但是,作为基本犯的成罪情节,以概括的情节规定为主,即用情节严重、情节恶劣等语言表述,而这样的语言只不过是将情节显著轻微危害不大的总则性规定以相反的方式予

---

① 参见王勇:《定罪导论》,中国人民大学出版社1990年版,第244页。
② 参见李洁:《中日涉罪轻微行为处理模式比较研究》,载《法律科学》2002年第4期。

以确认而已，并不具有明确的限定情节范围的作用。笔者认为，上述观点有可商榷之处，简述理由如下：第一，从逻辑上看，其所述第一个理由不能成立，因为其逻辑顺序出现问题。同样以抢劫为例，对于"中学生抢小学生零用钱一类轻微事件"，其行为方式就根本不符合我国刑法关于抢劫罪的基本构成要求，不是以符合抢劫罪的犯罪构成要件，再以但书加以出罪化；第二，限制犯罪成立的范围并不一定要求都以明确性为原则，而关于情节犯中的表述与刑法明确性问题在前文已经有所说明，在此不再赘述。

最后，"情节严重"等规定是用来描述犯罪构成系统的要素、结构和性能的复杂变化的。要素、结构和性能等都是不定的可变因素，其中任何一个因素的变化都意味着犯罪构成整体性的变化，这种极其复杂的变化是难以在法律上作出明确具体规定的，只能用"情节严重"之类模糊的表述加以概括。故"情节严重"等内容都属于犯罪构成的自身变化。① 一方面，立法上要追求刑法的简短价值；另一方面，立法上又要追求刑法的明确性，而明确性则与简短之间产生了不可调和之矛盾。在明确性追求永远只能是相对主义的情况下，明智的选择只能是维持刑法的简短价值。1997年《刑法》"在立法指导思想上摈弃了'宁粗勿细'的原则，而且追求明确性，使刑法具有可操作性，这是一个历史性的进步。"② 不过，事实上，1997年《刑法》反而增加了大量的情节犯，我们认为这不再是"宁粗勿细"的立法指导思想的结果，而应是立法者的慎重选择——尽管这不能完全排除其中有立法粗疏因素。至于情节犯之"情节严重"和"情节恶劣"的内容具有不确定性、伸缩性大以及标准难以把握的一面，法律没有明确规定这类犯罪的构成标准和条件，容易导致混淆罪与非罪的界限，甚至有违背刑法之谦抑原则和忽视刑法的保障机能之嫌。③ 但是，正如有学者指出的那样，刑法规范总是受到一定时期社会物质关系的制约，当一定时期的生产关系具有不稳定性时，刑法规定的明确性就受到影响。而刑法把某种危害行为规定为犯罪主要取决于立法者对行为的社会危害性程度的认识，当特定时期某种危害行为的社会危害性程度的伸缩性较大时，不把这种行为纳入犯罪的范围就势必放纵犯罪。于是，在明确主要构成要件之后，再规定具有概括性的

---

① 参见何秉松主编：《刑法教科书》，中国法制出版社1997年版，第195—196页。
② 参见陈兴良：《刑法哲学》（修订版），中国政法大学出版社1997年版，第103—104页。
③ 参见史卫忠：《行为犯研究》，中国方正出版社2002年版，第173页以下。

情节要件，就成为趋利避害之后相对合理的选择。至于说司法者不能正确把握情节要件，混淆罪与非罪，则是解释法律或适用法律的问题。这同对其他法律的解释和运用并无质的区别，关键是如何客观地、合乎时代地解释好法律，运用好法律。正如有的英美学者所言，"在一定程度上，所有的规则都是'空空荡荡'的"，我们在讲求刑法的谦抑原则和保障机能时，不应以迁就犯罪甚至放纵犯罪为代价。[①] 我们的司法者在认定情节犯之"情节严重"的时候，其判断标准应以保障人权和保护社会并重的价值目标为基础，并着眼于情节之抽象意义的目的、动机、行为手段或者方法、时间、地点、对象等等，然后结合案件的实际情况作出具体判断。

## 7.3 本章小结

一方面，笔者肯定情节犯存在的必要性与各种理论和实践价值，即情节犯本身制度的设置。另一方面，笔者从现实出发，认为情节犯制度本身是应当肯定的，但是我国情节犯无论在刑事立法上还是在刑事司法中都需要完善。情节犯在我国刑事立法上具有一定的随意性，缺乏必要的科学分析和论证，而且在表述上也存在一定的不周延性和不统一性。所以，笔者主张以统一性、科学性、紧缩性和适时性为原则，对情节犯的立法进行完善，对于那些我国刑法中情节并结果式的情节犯，考虑将其转换为结果犯或者数额犯等其他犯罪类型，把现行《刑法》中规定的主观罪过为"过失"的情节犯转换为其他类型的犯罪，并取消情节犯中"情节严重"和"情节恶劣"的区分。在刑事司法上，由于情节犯之"情节严重"解释主体的多元化、情节犯之"情节严重"的解释内容的任意化、情节犯之"情节严重"的入罪化思想泛化等问题，笔者提出了关于情节犯在刑事司法中应当予以完善的建议。

---

① 参见金泽刚：《论定罪情节和情节犯》，载《华东政法学院学报》2000年第1期。

第 8 章

# 刑法总则中的情节与
# 分则中的情节之关系

## 8.1 我国《刑法》第 13 条但书司法化之非

我国《刑法》第 13 条但书的规定，只是立法者给自己的"宣言"，不具有司法适用的价值。立法者在制定刑法分则条文时，已经将"情节显著轻微，危害不大"的行为排除在外。无论是将但书置于犯罪构成体系之外，还是将但书转化为可罚的违法性、可罚的责任理论融入犯罪构成模式之内，发挥出罪机能都难以做到理论自洽。"情节"要素的判断内容只有被具体化为刑法分则中所规定某个具体犯罪构成要件要素时才有意义。但书司法化破坏了刑法分则中具体犯罪构成的定型作用，动摇了罪刑法定原则的根基，增加了司法上的恣意性。对于当前司法实践中在司法文书上直接引用《刑法》第 13 条但书出罪化的做法，应当及时纠正并终结。

1979 年我国第一次进行刑法立法时，在其第 10 条设置对犯罪概念进行定义的条款，在其末尾作出以"但是"为转折词的特殊表述，规定"情节显著轻微危害不大的，不认为是犯罪"。[①] 而 1997 年修订的《刑法》第 13 条保留了这一类似结构表述，规定"一切危害国家主权、领土完整和安全，分裂国家、颠覆人民民主专政的政权和推翻社会主义制度，破坏社会秩序和经济秩序，侵犯国有财产或者劳动群众集体所有的财产，侵犯公民私人所有的财产，侵犯公民的人身权利、民主权利和其他权利，以及其他危害社会的行为，依照法律应当受刑罚处罚的，都是犯罪，但是情节显著轻微危害不大的，不认为是犯罪。"我国刑法理论认为，1997 年《刑法》第 13 条构成的是我国对犯罪概念的完整定义，前半段从正面规定犯罪的内涵，后半段"但是情节显著轻微危害不大的，不认为是犯罪"则被称为"但书"规定，它从量化角度限定了犯罪概念的外

---

① 1979 年《刑法》第 10 条的表述为："一切危害国家主权和领土完整，危害无产阶级专政制度，破坏社会主义革命和社会主义建设，破坏社会秩序，侵犯全民所有的财产或者劳动群众集体所有的财产，侵犯公民私人所有的合法财产，侵犯公民的人身权利、民主权利和其他权利，以及其他危害社会的行为，依照法律应当受刑罚处罚的，都是犯罪；但是情节显著轻微危害不大的，不认为是犯罪。"

延。因此，有不少学者认为但书规定应当具有出罪功能，甚至对但书出罪功能能够直接在司法中进行适用持赞成态度。例如，一些学者认为，但书属于据以直接出罪的实质性标准，对于但书的原则性规定加深了司法工作者对犯罪的认识，避免了混淆罪与非罪界限的错误。① 还有一些学者认为，但书出罪功能符合刑法谦抑性要求，司法工作者应当在检察、审判工作中严格区分罪与非罪的原则界限，从而避免把一些虽然违反刑法但情节显著轻微的行为人轻易认定为犯罪分子，有利于维护社会的和谐稳定。②

在当前我国司法实践中，也屡屡出现直接适用但书规定进行出罪处理的案例。如我国第一例安乐死案件中，一审法院在认定王明成、蒲连升的行为均属故意剥夺公民生命权利的行为的情况下，通过援用 1979 年《刑法》第 10 条（现行《刑法》第 13 条）关于犯罪定义条款中的但书规定，即"情节显著轻微，危害不大的，不认为是犯罪"，从而作出无罪判决。③ 这一判决结果得到了最高人民法院的认可，并且将此案编入全国颁行的案例汇编，④ 这也导致司法领域直接引用但书规定进行出罪的情况越来越多的现实趋势。然而，笔者认为，这一特殊情形的个案，其判决结果虽然在某种程度上满足了社会效果的需求，但其判决说理中"先入罪后出罪"的逻辑思路仍有值得商榷之处，"司法公正的内在逻辑是借助法律之内的正义来实现个案正义，而个案正义应当只能通过普遍正义而不是绕开普遍正义去追求个案公正"⑤。不可否认，对于但书出罪功能的肯定在一定程度上符合刑法谦抑性、限制刑事犯罪圈及刑法保障人权等现代刑法理念的要求，然而不能仅因为某些个案所达到的"公正"结果就理所应当地推导出但书条款在司法领域直接适用整体公正，而忽略其内在值得

---

① 参见杨忠民、陈志军：《刑法第 13 条"但书"的出罪功能及司法适用研究》，载《中国人民公安大学学报》2008 年第 5 期。
② 参见赵秉志、陈志军：《论社会危害性与刑事违法性的矛盾及其解决》，载《法学研究》2003 年第 6 期。
③ 1986 年，陕西汉中发生我国首例安乐死案件，被告人蒲连升、王明成以涉嫌故意杀人罪被起诉。1991 年 4 月，汉中市法院对两名被告人作出无罪判决，认为其属于"情节显著轻微，危害不大，不认为是犯罪"。1992 年 3 月 25 日，陕西汉中中级人民法院维持了一审判决。
④ 参见张永红：《论刑法司法中实质理性的实现》，载《黑龙江省政法管理干部学院学报》2008 年第 6 期。
⑤ 参见郑成良：《法律之内的正义：一个关于司法公正的法律实证主义解读》，法律出版社 2002 年版，第 102 页。

质疑的逻辑合理性。一旦将但书规定之出罪功能不加限制地于司法领域扩张适用，赋予司法机关原本属于立法机关的出罪权，对司法裁量权的权力界限以及犯罪构成标准的唯一性地位必将带来新的冲击与拷问，其带来的缺陷与弊端将是不可忽视的。因此，将但书的出罪功能直接应用于司法中，甚至出现了使其成为司法实践中对司法裁量者赋予判断"罪与非罪"巨大权限的直接依据之现象，值得我们反思与探究，也需要我们再次对但书规定进行理性审视与科学定位。

### 8.1.1 但书规定的再定位

**（一）但书规定是我国混合犯罪概念"定性＋定量"模式的体现**

犯罪概念是刑法学科的重要范畴之一，它为刑法学科的整体建构设置了理论基点，划定了研究外延。纵观各国刑法理论与实践，一般存在三种不同类型的犯罪概念：其一为形式的犯罪概念，最早见于1810年《法国刑法典》，后又被1871年《德国刑法典》、1903年《俄国刑法典》采纳。所谓形式的犯罪概念，即指只有违反刑事法律规范的行为，才被认为是犯罪。它强调犯罪的法律特征，突出犯罪的规范依赖性，凸显以立法者制定的刑法文本规范限定法官认定犯罪权力的意蕴，迎合了特定历史时期限制司法权的形式法治要求。随着历史的发展，阶级压迫下的广大民众对维护和实现个人权利的诉求愈发强烈，形式的犯罪概念过于强调法律的技术性，而相对忽视法律内在公平、正义价值蕴含的特征，使其变得愈发不合时宜，实质的犯罪概念应运而生。其二，实质的犯罪概念，认为犯罪乃反社会的行为，非正义性是犯罪的本质特征。它强调犯罪的社会属性，认为一切具有社会危害性的行为在本质上均属于犯罪。这一时期，犯罪圈呈现不断扩大的趋势，随之产生的刑事类推制度也成为司法者挣脱刑事规范束缚，追求实质正义、个案公正的重要理论工具。然而，实质的犯罪概念因过于强调犯罪的社会属性，忽视犯罪的规范限定，也为刑罚权的肆意行使埋下了祸根。因此，刑法学中的犯罪概念转向第三种犯罪概念，即混合的犯罪概念。此种犯罪概念以形式法治为优先，同时兼顾实质法治。它首先要求罪刑法定，即无法无罪，无法无刑；同时，强调法官的定罪量刑只能以刑法规范的明文规定为依据，不能为了追求某种实质的正义，突破刑法规范对于犯罪圈的限定。在这一层面之中，司法权受到立法权的限制，为有效防止刑罚权的恣意行使，要求只有具有严重社会危害性的行为才能被规定为犯罪，其意在限制立法权，以实现刑法所追求的实质正义。质言之，"形式法治优先，兼顾实质法治的刑事法治概念既要求限制刑事司法权，也要求限制刑事立法权；既强调法的安定性对人权的形式保障，也关注法的妥当性、正义性对人权的实质保障。"①

当前，我国刑法中的上述犯罪概念属混合的犯罪概念。《刑法》第 13 条的前半段是以列举的方式对犯罪的规范界定，而后半段则是强调犯罪社会危害性程度。我国刑法犯罪概念中的但书规定，其直接渊源应当是苏俄的刑事立法规定。1926 年苏俄刑法典第 6 条规定了犯罪概念，其附则规定，"形式上虽符合本法典分则规定的要件，但因显著轻微，缺乏损害后果，缺乏危害社会性质的行为，不认为是犯罪行为"。1960 年苏俄刑法典第 7 条规定，"形式上虽然符合刑事法律所规定的某种行为的要件，但是由于显著轻微而对社会没有危害性的作为或不作为，不认为是犯罪"。虽然这与我国目前《刑法》第 13 条的表述略有差异，但从立法结构上看，无疑是一脉相承的。结合但书规定在我国《刑法》第 13 条中的上下文可知，第 13 条前半部分以列举的方式概括了犯罪的定义范围是指"危害社会已经达到触犯刑法的程度，并且应当受到刑罚处罚的行为"。而后半部分的但书内容表述则可分为两个部分：一方面是但书规定涉及行为需符合的条件，即"情节显著轻微，危害不大"；另一方面是符合但书规定条件的行为的处理结果，即"不认为是犯罪"。这种结构的犯罪概念表述，正是我国采用混合犯罪概念的表现。相较于形式的犯罪概念过于强调犯罪的法律特征与立法技术而忽略实体正义要求、实质的犯罪概念过于强调社会危害性的本质而缺乏具体裁量标准的弊端，混合犯罪概念既指出犯罪的法律特征是触犯刑法，符合刑事违法性，又指出犯罪的本质特征与社会属性是情节显著轻微、危害不大的行为的区别。这样的立法模式既限制了法官的定罪权，又限制了立法者的治罪权，同时满足了形式法治优先、兼顾实质法治的刑事法治国要求。②

有学者提出，《刑法》第 13 条前半段已经对犯罪概念作了界定，后半段

---

① 苏彩霞、刘志伟：《混合的犯罪概念之提倡——兼与陈兴良教授商榷》，载《法学》2006 年第 3 期。

② 同上。

"但是"之后,再从反面否定哪些行为不属于犯罪,将二者放置于统一条文中,存在逻辑上与操作上的欠缺之处,① 甚至否定但书条款在此处的立法价值。但笔者认为,恰恰是但书规定的存在,才构成了我国犯罪概念中的混合犯罪概念立法模式,并使得犯罪的法律特征与社会属性在《刑法》第13条中得以完整呈现。从字面上看,我国的《刑法》第13条以"但是"二字为界被拆分为两个部分:前半部分从正面阐述犯罪概念的定义,以明文列举罪状的形式定性犯罪,其最后落脚点在于"依照法律应当受刑罚处罚的,都是犯罪",这是犯罪法律属性——刑事违法性的有力体现;而后半部分则从反面论证了犯罪的实质特征与社会属性——社会危害性。"情节显著轻微,危害不大的,不认为是犯罪",根据逻辑学否命题公式,可推出其反面对应命题,即凡是作为犯罪处理的,其情节必然不属于显著轻微,且具有一定的社会危害性特征。这种对于犯罪情节与危害性"大"与"小"的界定,是一种"定量"因素。因此,第13条后半部分的但书恰恰是对前半部分符合犯罪概念定性之后,进一步限定犯罪圈的定量分析,二者互相补充,相互结合,才能完整准确地构成我国刑法对于犯罪概念的划定。正如有学者曾指出的,犯罪的科学概念应当理解为"犯罪是社会危害达到一定程度而应予以刑罚制裁的违法行为",但书是第13条犯罪立法定义的必要组成部分,它把人类认识发展史上达到的新水平"定量分析"引入刑法领域,有着重大价值。② 应该说,这种在犯罪概念中引入"定性+定量"模式的立法手段是我国刑法的独有创新,犯罪概念的定量因素除了具体体现在刑法总则规定的犯罪的一般概念之外,还同时体现在刑法分则规定的诸多具体犯罪的概念之中。因此,但书的这一规定也是对刑法分则诸多具体犯罪构成数量要件(直接规定的和实际内含的)的概括。③

**(二)但书规定实质是立法者给立法者的宣言**

尽管但书规定对于完整理解我国刑法犯罪概念具有重要意义,但对于《刑法》第13条但书的质疑之声也不在少数。质疑的矛头直指但书的出罪机能。对此,支持者认为,在我国混合的犯罪概念之下,但书规定的这种出罪功能是

---

① 参见贾宇、林亚刚:《犯罪概念与特征新论》,载《法商研究》1996年第4期。
② 参见储槐植:《刑事一体化与关系刑法论》,北京大学出版社1997年版,第268页。
③ 参见李翔:《情节犯研究》,上海交通大学出版社2006年版,第96页。

对实质犯罪概念所具有的强大入罪功能的一种救济和纠偏。① 在但书的影响下，犯罪的认定分为两步：第一步，看是否符合犯罪构成，如果不符合，则直接排除犯罪性（形式判断）；第二步，如果符合犯罪构成，再看是否情节显著轻微，危害不大，如果是则不认为是犯罪，如果不是才认为是犯罪（实质判断）。② 进一步，该说认为，犯罪构成只是犯罪成立的必要条件，而不是充分条件，更不是充要条件；不具备犯罪构成的行为必然不成立犯罪，具备犯罪构成的行为并不必然成立犯罪。与此相对，反对者认为，当刑法分则条文对犯罪成立条件的表述已经将情节显著轻微的情形排除在犯罪之外时，只要行为符合刑法分则规定的成立条件，就应当认定为犯罪，而不能以"情节显著轻微，危害不大"为由宣告无罪。③ "直接以但书作为出罪根据，实质上弱化了犯罪构成的功能。认为犯罪构成对于界定罪与非罪只有形式意义而无实质意义，会从质（社会危害性）和量（但书）两个方面阉割犯罪构成作为犯罪成立的终局或者唯一规格的资格。"④ 但书规定的内容高度抽象、模糊性很强，适用中标准不统一，在与我国传统犯罪构成的关系上难以定位。⑤ 笔者认为，之所以会出现对但书规定的种种诟病，其根本正在于对但书规定出罪功能的误读。但书出罪机能的支持者以刑法总则指导分则个罪具体适用为逻辑出发点，以混合的犯罪概念为其理论基础，赋予但书"微罪不举"的神圣职能。然而，所有的这一切都源于一场"美丽的误会"。其实，但书规定中对于"情节显著轻微，危害不大的，不认为是犯罪"的表述，其实质只是立法者写给立法者的文字。由上文可知，质疑第13条但书条款的立法价值，甚至主张废除但书规定的学者所提出的观点中，最主要的理由集中在以下两个方面：其一，认为但书具有出罪机能存在逻辑漏洞。一旦承认但书条款存在可以在实践中直接适用的出罪功能，便意味着承认存在既满足第13条前半部分的犯罪定义，又符合"情节显著轻微，危害不大，不认为是犯罪"的情况。倘若如此理解，将这种先判断成立犯罪，又进一步排除犯罪的表述同时放置于对犯罪概念定义的刑法条文中，

---

① 参见张永红：《我国刑法第13条但书研究》，法律出版社2004年版，第98页。
② 参见储槐植、张永红：《善待社会危害性观念——从我国刑法第13条但书说起》，载《法学研究》2002年第3期。
③ 参见张明楷：《刑法学》（第4版），法律出版社2011年版，第93页。
④ 王政勋：《论社会危害性的地位》，载《法律科学》2003年第2期。
⑤ 参见陈兴良：《社会危害性理论——一个反思性检讨》，载《法学研究》2000年第1期。

明显存在立法上的相互矛盾。其二，赋予但书出罪机能将从根本上动摇犯罪构成对于判断行为是否构成犯罪所具有的唯一的、终局的主导地位。正如有论者认为的那样，行为符合犯罪构成，就意味着该行为的社会危害性已经达到应受刑罚处罚的程度，满足了第 13 条规定的犯罪概念要求。在犯罪构成之外以但书出罪，既无视我国的犯罪构成本身所具有的量的规定性，更忽视了犯罪构成的实质属性，转而依赖犯罪概念中的实质标准，这不仅是以抽象标准取代具体标准，会人为地使得犯罪的认定趋于复杂、不稳定，更混淆了犯罪概念与犯罪构成之间的位阶关系。① 同时，但书规定中对"情节"和"危害性"的定量要求仅为对分则具体罪名的概括，因而表述得相对笼统、含糊，一旦将其作为出罪工具在司法中适用，不仅与我国由犯罪构成占主导地位的罪与非罪评价体系存在冲突，也容易导致司法裁量上的标准难以把握之障碍。因此，笔者认为，但书规定中"情节显著轻微，危害不大的，不认为是犯罪"的表述，其实质只是立法者写给立法者的文字，它并未被赋予直接、具体的出罪功能，而仅是一种立法宣言。立法者将之放置于第 13 条中的目的，仅仅是前文所说的，为了从正面与反面两个角度完整展现犯罪概念中法律属性与社会属性的立法需要，所反映的是我国刑法追求形式法治与实质法治相统一的刑法观，只对立法者有直接指导作用，对司法的指导作用则是间接的。既然刑法条文将此处表述为"不认为是犯罪"，而不是"不以犯罪论处"或"可以不认为是犯罪"，从文义上可以理解为，立法者从一开始就将但书视为一种对犯罪圈的再限定，其规定的作用力应当归属于那些本身便不构成犯罪的行为，将现实生活中情节显著轻微，危害不大的实施行为明确地排除出刑法的犯罪圈范围，而不能理解为其行为"已经构成犯罪"，但由于"情节显著轻微，危害不大"而对其从宽处理。作为界定罪与非罪的犯罪概念，其本身就是立法者的专属。判断某一刑法规定的犯罪行为中哪些属于情节显著轻微，并将其从犯罪中分离出来，也应当是立法机关的职责和权限，司法者所需做的，只是依照立法者划定的犯罪圈范围按图索骥。因此，不管是但书规定，还是《刑法》第 13 条的犯罪概念之完整表述，其法律地位都只是一个"立法宣言"，而非"司法标准"。

---

① 参见王昭武：《犯罪的本质特征与但书的机能及其使用》，载《法学家》2014 年第 4 期。

### 8.1.2 犯罪构成定罪标准唯一性的再提倡

我国的四要件犯罪构成理论深受苏联影响，可以说，苏联刑法是我国刑法犯罪构成的最主要法律渊源。而"犯罪构成是追究刑事责任的唯一依据"理论正是由苏联刑法学者所提出，① 它也一直为我国刑法理论界多数学者所认同。晚近，虽然有学者对我国传统四要件犯罪构成模式的体系构造提出质疑，认为应以德日刑法三阶层或二要件的犯罪构成理论对我国的犯罪构成体系进行重构，但这种学术讨论仍建立在"犯罪构成是定罪量刑的唯一根据"这样的统一认识之下，讨论的内容也仅局限于犯罪构成体系具体应当如何设置，而非在犯罪构成之外设置其他的出入罪条件。因此，有必要厘清但书出罪说理论的本质，重申犯罪构成之于认定犯罪的唯一、终局规格标准地位。

**（一）但书出罪难以做到理论自洽**

笔者注意到，当前学界对于但书出罪功能运作机制的设计大致依循以下两种路径：其一，有部分学者提出，但书可以作为犯罪构成的补充，作为犯罪构成之后的消极要件而存在。② 对此观点，正如前文所述，在犯罪构成之外，再以但书作为载体设置以社会危害性为内容的实质判断，不仅弱化了犯罪构成对行为性质进行实质评判的功能，使犯罪构成流于形式，而且正如有学者指出的那样，"判断'情节显著轻微危害不大'的过程就是对行为的社会危害性进行评价的过程，是通过判断社会危害性的程度而得出有无刑事违法性的结论。"③ 而社会危害性的评价充满主观色彩，具有较大的不确定性，从而造成出入罪的随意性。在此，必须强调，我国四要件犯罪构成模式既是对行为成立犯罪的形式判断，也是实质判断。无论是客观的还是主观的、技术的还是规范的行为要素，都应当在犯罪构成内部予以评价，行为符合犯罪构成要件即具备刑事违法性，并且我国刑法学中的刑事违法性概念即表征行为形式的违法，也意蕴行为的实质不法。④ 其二，有学者试图在犯罪构成内部寻找但书的"栖身之地"。

---

① 苏联传统刑法理论认为，追究一个公民的刑事责任的唯一依据是，在他的行为中应具有刑事法律条文严格规定的犯罪构成。参见《苏联刑法科学史》，曹子丹等译，法律出版社1984年版，第46页。
② 参见郎士超：《我国刑法第十三条但书研究》，黑龙江大学2009年硕士论文。
③ 王昭武：《犯罪的本质特征与但书的机能及其使用》，载《法学家》2014年第4期。
④ 这里的犯罪构成符合性判断不同于德日三阶层模式中犯罪构成该当性的判断，后者仅被认为是违法的类型，是违法成立的形式判断。

如有学者认为，我国《刑法》第 13 条实为"可罚的违法性"理论的规范表述，而"可罚的违法性"是德日三阶层犯罪构成理论中"违法性"判断的内容。① 还有学者依循这一研究思路，进一步指出，《刑法》第 13 条的出罪机能不仅可以通过"可罚的违法性"理论融入犯罪构成，还可以通过"可罚的责任"纳入犯罪构成理论之中。② 笔者对此同样不敢苟同。首先，可罚的违法性、可罚的责任理论即便在德日刑法学中也饱受争议，将其植入有着不同刑法传统、不同犯罪构成体系的我国，其理论自洽性难免不无疑问。可罚的违法性理论，最先在黑格尔 1821 年出版的《法哲学原理》一书中提出，③ 主张刑事违法性与违反其他部门法，特别是民商事法律不同，凸显刑事违法的特殊性。可罚的违法性理论系早期古典刑法学的产物，即将构成要件理解为客观的、描述性的、价值中立的概念范畴。然而，随着构成要件主观要素、规范要素的发现，古典犯罪构成理论逐渐成为历史的遗迹，故而可罚的违法性理论也丧失了存在的根基。这也是 20 世纪 70 年代这一理论逐步为日本刑事司法实践所摒弃的原因所在。其次，违法一般可以从形式与实质两个层面加以理解，形式违法即刑事法规范的违反性，而实质违法是指行为与整体法秩序的对立。通常意义上，事物之间的对立关系仅存在对立与否的问题，而不存在对立程度问题，况且在刑法理论上只有不法才有可罚的不法和不可罚的不法之区别。可罚的违法理论主张违法性取决于行为是否具有科以刑罚的必要性，在刑法理论学上也有所不当，因为违法性是刑罚必要性的前提条件，而非刑罚必要性系违法性的前提。④ 最后，运用"可罚的违法性""可罚的责任"理论体现但书的出罪机能无疑是建立在德日阶层犯罪构成理论体系之内，上述论者似乎均未明确指出此二理论在我国四要件犯罪构成模式中的具体定位。笔者认为，在形式与实质相统一的传统四要件犯罪构成体系中并无"可罚的违法性""可罚的责任"的栖身之地。因为根据日本刑法学通说，缺乏可罚的违法性是指虽然在其他的法律领域被评价为存在违法性，但在刑法上从科以刑罚的角度来看缺乏适合性，而这种违法

---

① 王昭武：《犯罪的本质特征与但书的机能及其使用》，载《法学家》2014 年第 4 期。
② 参见刘艳红：《目的二阶层体系与"但书"出罪功能的自洽性》，载《法学评论》2012 年第 6 期。
③ 参见〔德〕黑格尔：《法哲学原理》，范杨、张企泰译，商务印书馆 1995 年版，第 91—96 页。
④ 参见林山田：《刑法通论》（上），2008 年自版，第 310—311 页。

阻却事由在刑法中无明确的规定，即所谓的超法规违法阻却事由。① 缺乏可罚的责任亦是如此，即存在所谓的超法规责任阻却事由。由此，一方面，但书规定在可罚的违法性、可罚的责任意义上，大抵以形式的四要件犯罪构成为前提，这使得齐备犯罪构成诸要件来征表社会危害性的入出罪判断与犯罪概念但书的出罪判断出现了实质性重合；② 另一方面，可罚的违法性、可罚的责任是在犯罪构成之外，也就是在规范之外，寻找阻却违法、阻却责任的事由。在我国的司法实践中，立法者显然没有授予法官此般超越罪刑法定，在"法"外寻"法"的权力。同时，在司法裁判水平尚未高度发达的我国，法官拥有这样的权能，也是极具风险的。在此，有学者会列举一些司法实践中的判例来言说赋予但书出罪机制具有实质合理性，如之前提及的我国首例安乐死案例，再如学界讨论颇多的醉驾问题。③ 笔者认为，上述判例不但未能给但书出罪机制提供任何的理论支撑，反而影射了司法者运用但书出罪的主观性和随意性。一切非法剥夺他人生命的行为均构成故意杀人罪，刑法对于生命权的保护是不加任何附加条件的。即使在承认被害人承诺的英美法系中，也同样否定被害人对生命权的承诺成立无罪抗辩。另外，有别于"追逐竞驶"，刑法未对醉酒驾驶规定任何的"情节"要素，如果仍以"开得不远"来否定醉驾行为成立危险驾驶罪，那么笔者不禁要问，是否"够远"有谁来界定？依据何在？今天 A 地的法官觉得 20 米不够远，明天 B 地的法官觉得 50 米也不够远，倘若如此，刑法规范岂不沦为"儿戏"？

综上，无论是将但书置于犯罪构成体系之外，还是将但书转化为可罚的违法性、可罚的责任理论融入犯罪构成模式之内，赋予但书出罪机制都存在理论的缺陷。在我国司法实践中已经习惯运用传统犯罪构成理论来判断罪与非罪的情况下，理论的革新应当具备必要性和可行性。

---

① 参见〔日〕大塚仁：《犯罪论的基本问题》，冯军译，中国政法大学出版社 1993 年版，第 121 页。
② 参见刘艳红：《目的二阶层体系与"但书"出罪功能的自洽性》，载《法学评论》2012 年第 6 期。
③ 2011 年底，深圳龙岗区坪地街道办事处副主任莫王松因危险驾驶被刑事拘留。2012 年，龙岗区人民检察院提起公诉，要求判刑 2 个月。但龙岗区人民法院以被告醉驾驾驶距离不远，"情节显著轻微"为由，免除其刑事责任。参见惠铭生：《有种醉驾免刑叫"开得不远"》，载《广州日报》2012 年 6 月 16 日第 2 版。

## （二）但书出罪将引发新的司法风险

但书规定在司法中本身就只具有间接指导意义，而不具有直接适用价值，一旦滥用但书规定的出罪功能，而忽略了犯罪构成对于司法实践中认定犯罪的唯一性地位，将但书规定并行于犯罪构成体系，作为判断罪与非罪的另一条件，必然会带来诸多混乱。因此，有必要清楚认识到犯罪构成判断出罪入罪的唯一性标准地位在司法实践中的重要意义，使司法者在进行出入罪裁量时回归到对个罪犯罪构成要素的精细化解读路径上来。

美国著名大法官卡多佐曾说道："即使在当今时代，权利应严格且永久分立的观点——法官是法律的解释者，立法机关是法律的创造者——依然在司法界一呼百应。"[①] 我国目前采用的犯罪构成体系由犯罪主体、犯罪客体、犯罪主观方面、犯罪客观方面四要件组成，它来源于苏联犯罪构成理论，同时吸收了其他国家犯罪构成学说的内容，并且是在总结我国实践经验基础上逐步建立起来的。目前的四要件犯罪构成体系长年来受到了许多来自我国刑法理论界的争议与质疑，许多理论观点也从不同角度对这一体系提出过批评和修正。但是，不可否认的是，当前的犯罪构成体系符合刑法的规定和司法实践中认定犯罪的需要，具有整体上的科学性，我国刑法分则的个罪条文也都是以犯罪构成中的四个要件为指导进行相应的规定。反映在司法实践中，作为只拥有法律解释权的法官，应当严格遵从立法所给予的明确导向，因而犯罪构成对于法官正确地认定罪与非罪、何种犯罪、何种刑罚都具有绝对地位的决定性作用。在司法实践中进行法律适用时，仍然以分则各罪中的犯罪构成作为认定犯罪的唯一标准。而但书条款对于司法者来说，应当只是以社会危害性为指导，实质地解释了犯罪构成要件。法官在判定"情节显著轻微，危害不大"这一属于立法者的导向性语句时，并不能脱离刑法分则中犯罪构成要件的具体情节与危害性而重新进行评估，其自由裁量权的界限应当严格控制在刑法条文范围内。这是当代法治强调程序正义的要求，也是有效防止司法擅断与司法恣意的有效保障。正如有学者指出的，对于认定犯罪来说，刑事违法性才是根本的标准。只有在刑事违法性的范围之内，社会危害性标准对于认定犯罪才有意义。离开了刑事违法性，社会危害性就不能成为犯罪的特征。如果将过于笼统而缺乏有效标准

---

① 〔美〕本杰明·卡多佐：《司法过程的性质》，苏力译，商务印书馆1998年版，第73页。

约束的社会危害性视为游离于刑事违法性之外的独立概念,希望借此实现对罪与非罪的界定,无异于与虎谋皮。① 因此,《刑法》第 13 条但书的出罪功能不是表现在直接依据但书规定而认为某一行为不构成犯罪,而只能表现在其指导法官实质地理解与适用犯罪构成的解释机能上。因为一旦赋予法官权力将一个行为符合犯罪构成已然成立犯罪,又依据《刑法》第 13 条但书来否定其属于犯罪范畴,也就意味着法官掌握了立法者划定罪与非罪的功能以及司法者执行法律的功能,在犯罪构成之外另设了出罪标准,从而动摇了整个犯罪认定标准。② 孟德斯鸠曾对此作过经典阐述:"当立法权和行政权集中在同一个人或同一个机关之手,自由便不复存在了;因为人们将要害怕这个国王或议会制定暴虐的法律,并暴虐地执行法律。如果司法权不同立法权和行政权分立,自由也就不存在了。如果司法权同立法权合而为一,则将对公民的生命和自由施行专断的权力,因为法官就是立法者。如果司法权同行政权合而为一,法官便将握有压迫者的力量。"③ 根据这一以权制权的制衡原理,倘若由仲裁者自主决定何为犯罪(即立法权与司法权的合一行使),而不是由立法者独立制定的法律(即法律规定的犯罪构成要件)来确定何为犯罪,很容易造成暴虐的制法与执法,同一方既作为立法者又作为执法者,它们之间缺少了应用的监督与限制,那么公民就注定无法享有自由。

**(三)但书出罪将动摇罪刑法定原则的根基**

罪刑法定原则在刑法中处于基本原则地位,并得到后世的广泛认同。对罪刑法定原则的一般表述为:认定行为人的行为是否构成犯罪、构成什么样的犯罪以及应承担什么样的刑事责任并给予什么样的刑罚处罚,必须以刑法的明文规定为前提,即"法无明文规定不为罪,法无明文规定不处罚"。同时,在量刑时还要考虑是否具有法定或酌定的量刑情节。正如贝卡里亚的一段经典阐述:"只有法律才能为犯罪规定刑罚。只有代表根据社会契约而联合起来的整个社会的立法者才拥有这一权威。任何司法官员(他是社会的一部分)都不能自命公正地对该社会的另一成员科以刑罚。超越法律限度的刑罚就不再是一种

---

① 参见陈兴良:《社会危害性理论——一个反思性检讨》,载《法学研究》2000 年第 1 期。
② 参见苏彩霞、刘志伟:《混合的犯罪概念之提倡——兼与陈兴良教授商榷》,载《法学》2006 年第 3 期。
③ 〔法〕孟德斯鸠:《论法的精神》(上册),张雁深译,商务印书馆 1961 年版,第 156 页。

正义的刑罚。"① 由此可知，罪刑法定原则所主要强调的便是刑罚的确定性。贝卡里亚认为，正是刑罚的必定性而不是严酷性才是对于犯罪最强有力的约束力量。它"比联系着一线不受处罚希望的可怕刑罚所造成的恐惧更令人印象深刻。因为，即便是最小的恶果，一旦成了确定的，就总令人心悸。"② 而根据近代费尔巴哈的心理强制说，每个人生来都是趋利避害的，在做每个行为之前，都会对所得到的利益在心中作一个权衡与取舍，这就要求建立痛苦与犯罪之间不可分的确信，使得禁止犯罪行为一方的威慑力超过实行犯罪行为所能得到的利益。这样，刑法的预防犯罪功能才能得到实现。我国《刑法》在1997年修订时就确立了罪刑法定原则，在总则中明确犯罪的共性，而在分则中则表现为对个罪的具体描述。不管是总则中的概括性犯罪特征，还是分则中个罪的具体犯罪构成，都具有标准明晰、条件清楚的特征，为明确违法与犯罪界限、划定犯罪圈提供明晰依据。尤其是分则中对个罪犯罪构成要素的具体规定，具有较强的针对性，体现个罪的个性特征，是司法机关定罪量刑的基本依据。因此，它突出地体现为司法适用性，是司法机关判断一个嫌疑行为是否构成特定犯罪的尺度和标准。③ 只有通过犯罪构成评价体系，完成符合刑法中明文规定的犯罪构成要件的行为，才能认定为犯罪，这也是我国罪刑法定原则的直接要求和具体体现。

然而，但书出罪的支持者显然对我国的罪刑法定原则有着不一样的解读。这其中，之于但书与罪刑法定原则的关系，其解说大致分为两类：其一，不违反说。该说认为，《刑法》第13条前半段不能理解为"只要法律明文规定为犯罪行为的，就应当依照法律定罪处罚"，而应当理解为"只有法律明文规定为犯罪行为的，才能依照法律定罪处罚"。该说进而将第13条解读为："入罪"应当有法律依据，但是"出罪根本就不需要法律根据"，从而认为但书出罪并不违反罪刑法定原则。④ 其二，增补说。该说一定程度上承认"但书对现有的刑事主义的罪刑法定原则存在突破"，但并不认为但书出罪与罪刑法定原则存

---

① 〔意〕贝卡里亚：《论犯罪与刑罚》，黄风译，中国大百科全书出版社1993年版，第11页。
② 同上书，第59页。
③ 参见李克杰：《"醉驾入刑"争议的立法学思考——兼及〈刑法〉第13条的逻辑解读》，载《法治研究》2013年第4期。
④ 参见陈兴良：《但书规定的法理考察》，载《法学家》2014年第4期。

在根本的冲突——"冲突与突破有原则界限,前者指两事物价值取向不同,而后者指价值取向相同条件下对事物的一种更新"。该论者进而认为,但书出罪实为对罪刑法定原则的一种增补。[①]

对于不违反说,抛开《刑法》第 13 条的规定,回答我国是否承认罪刑法定原则的问题,答案当然是肯定的。除极少数国家,世界上绝大多数国家都将罪刑法定原则奉为一国刑事法治的根基。众所周知,罪刑法定原则与生俱来即是与罪刑擅断相对立的,并且在与罪刑擅断主义的斗争中不断发展壮大。既然承认罪刑法定原则在我国刑事法治中的地位,笔者认为,不违反说有关"行为出罪根本就不需要法律依据"的观点,显然存在逻辑上的不周延。罪刑法定原则要求定罪严格地依循刑法规范,即"法无明文规定不为罪";与此同时,当刑法规范已经"明文"将某一行为界定为犯罪时,也应当严格依法定罪量刑,不可罪刑擅断。毕竟,刑法不仅是犯罪者的大宪章,亦为善良人的大宪章,如果说过度的入罪化违背了罪刑法定保障人权之宗旨,那么不适当的出罪化同样不利于法益的保护。[②] 所谓"出罪不需要法律依据"的观点,着实存在偷换概念之嫌。因为一般意义上,排除行为的不法当然不需要任何依据,行为不齐备任一犯罪的构成要件即足以否定其成立犯罪的可能,而不再需要任何的"法律依据"。然而,这里我们所讨论的"出罪"是在行为齐备犯罪构成要件的情况下,是否应存在"法律依据"来排除犯罪性的问题,二者的前提条件不同。论者之所以有意无意地将不同语境下的概念混同,恐怕还是难以达成理论自洽所致。正如有学者指出的,正当行为符合犯罪构成(具有刑事违法性),却不具有刑事违法性(不具有实质违法性),不成立犯罪;或者说,正当行为不是犯罪,不具有刑事违法性(不具有实质违法性),却符合犯罪构成(具有形式违法性),二者显然自相矛盾。[③]

对于增补说,笔者同样认为对于罪刑法定原则的承认和遵从应当是无条件的,任何在罪刑法定之外设置的所谓"革新""增补"都是为罪刑擅断寻找的

---

[①] 参见储槐植、张永红:《善待社会危害性观念——从我国刑法第 13 条但书说起》,载《法学研究》2002 年第 3 期。

[②] 参见李翔:《从"但书"条款适用看司法如何遵循立法》,载《法学》2011 年第 7 期。

[③] 参见夏勇:《刑事违法性之本土语境》,载贾宇主编:《刑事违法性理论研究》,北京大学出版社 2008 年版,第 104—105 页。

理论说辞。虽然罪刑法定已经由最初形式的、绝对的罪刑法定逐渐发展为实质的、相对的罪刑法定，对于刑法规范的解释也存在由形式走向实质的趋向，但是在罪刑法定之外，再设置其他非法定的排除违法性事由，而且这些事由充满了主观主义色彩，笔者认为这是对罪刑法定原则的根本否定，是为罪刑擅断打开的便利之门。在此，笔者提倡积极的罪刑法定主义，即对于一切犯罪行为，都要严格运用刑法加以惩罚，做到有法必依，违法必究。其基本精神是：严肃执法，惩罚犯罪，保护人民。从这个基本点出发，积极的罪刑法定原则要求：其一，法律明文规定为犯罪行为的，要依法追究其刑事责任，任何机关或个人，不得违反刑法的规定，任意出入人罪，宽纵罪犯；其二，对犯罪分子定罪和处刑，都必须严格遵守刑法的规定，该定什么罪定什么罪，该判什么样的刑罚就判处什么样的刑罚，不得违反刑法的规定，重罪定为轻罪，轻罪定为重罪或重罪轻判，轻罪重判。①

因此，在中国的犯罪构成理论框架下，根本不应当存在所谓的"法律明文规定为犯罪"但需要作出罪处理的情况。正确的逻辑思路应当是：倘若以刑法分则规定的犯罪构成要件为标准，可以判定行为人实施的不法行为类型，属于情节显著轻微，危害不大的，依据《刑法》总则第13条但书之规定，就应当不认为是犯罪，也就是行为本身就不构成犯罪；而不是所谓的将已有分则法律明文规定为犯罪的行为，再适用但书规定作出罪处理。②

**（四）但书出罪模式有悖司法公正的实现**

虽然最高人民法院肯定了在我国第一例安乐死案件中直接引用但书规定出罪的做法，但并不意味着但书规定能够僭越犯罪构成的唯一性标准地位，而成为在对行为进行犯罪构成判定后第二次判定出入罪的标准。但书出罪模式仅能在个别不存在期待可能性的特殊案件中收到一定的正面效果，但其个案之利无法成为有效的、可推广的纠纷解决模式。由于它过于抽象与含糊的条文表述无法如犯罪构成标准般在刑法分则条文中实现一一对应，解决冲突的方式是个案化的、断裂的、零碎的，且具有极大的任意性，这就对于个案中法官的自身水平提出极高的要求。然而，在我国司法改革刚刚起步，法官素质尚处在参差不

---

① 参见何秉松主编：《刑法教科书》，中国法制出版社2000年版，第68页。
② 参见杨忠民、陈志军：《刑法第13条"但书"的出罪功能及司法适用研究》，载《中国人民公安大学学报》2008年第5期。

齐阶段的情况下，对但书出罪模式的司法滥用必然对法制的统一性构成威胁，有违现代法治社会同等情况同等对待的基本原则，这最终会使得民众对法律规范所构筑秩序的可预期值下降，并对立法合理性与正当性产生怀疑，从而危及构建秩序的基本要素和社会资本——信任。① 尤其是当前法官在面对疑难案件时，往往过分依赖司法解释，而在相关司法解释缺位或不明朗的情况下，但书条款的出罪功能往往会成为解决某些"实质上无处罚必要，但形式上'符合'刑法条文规定"案件的某种"万金油"，而忽略了对案件构成要件的进一步解读与释法。这一方面容易造成司法裁量权不断扩大化的隐患；② 另一方面，在司法领域长期对但书条款的出罪功能进行随意解释与滥用，必然导致司法工作人员在办案中养成思维定式：不再重视对犯罪构成的抽丝剥茧，而是一味依赖百试百灵的但书条款作出罪处理，放任其过于粗放化的办案思维。

因此，相对于但书规定中"显著轻微""危害不大"的抽象表述，犯罪构成判断标准更利于司法者进行相对统一与规范的入罪门槛把握，在对犯罪构成进行正确理解而合理定罪的基础上，规范司法者的法律思维，也为司法者在释法与判案说理时提供更具说服力的理由，实现司法领域法律效果与社会效果的统一。

### 8.1.3 但书规定在司法领域之指引功能

综合前文可知，但书规定只是立法者写给立法者的原则性宣言，并不具有实质性的司法出罪功能。但书最为重要的意义在于刑事立法。在但书精神指引下，立法者规定了众多的具体犯罪情节严重（恶劣）、数额较大、危害结果等作为构成要件。在司法领域，判断罪与非罪的标准仍然应当回归到犯罪构成体系中来。但是，这并不意味着但书规定所具有的立法宣言功能无法在司法领域发挥任何实质性影响。应当看到，要在司法领域对但书规定的适用找准定位，就要求司法者准确把握但书规定与犯罪构成之间的关系，使但书规定走出其出

---

① 参见劳东燕：《论犯罪构成的功能诉求——对刑事领域冲突解决机制的再思考》，载《金陵法律评论》2001年秋季卷。

② 2011年底，深圳市龙岗区坪地街道办事处副主任莫王松因危险驾驶被刑事拘留。2012年，龙岗区人民检察院提起公诉，要求判刑2个月，但龙岗区人民法院却以"情节显著轻微"为由，免除其刑事责任，并以涉密为由拒绝公开判决书，引起较大社会争议。参见《深圳一官员醉驾被免刑责 法院以涉密为由拒公开判决书》，载《中国青年报》2012年6月19日第3版。

罪功能滥觞之弊，回归司法领域的间接指引功能。

（一）指引司法者在规范犯罪构成框架内把握罪与非罪的界限

正如有学者指出的那样，《刑法》第 13 条但书的意义，不是表现在直接依据第 13 条之但书而认为某行为不构成犯罪，而是表现在其指导法官实质地理解和适用犯罪构成之解释机能上。[①]《刑法》第 13 条对犯罪概念作了阐述，其中的但书规定揭示了犯罪概念中一个重要特征，即具备一定程度的社会危害性。而社会危害性的特征又通过分则的犯罪构成各要件进行反映。可以说，犯罪概念是犯罪构成的基础，犯罪构成是犯罪概念的具体化。曾有学者提出，对但书规定进行司法适用时应当分两步：第一步是看是否符合分则规定的犯罪构成要求，如果不符合该犯罪构成要件，则直接出罪，无须进行但书判定；第二步是对行为符合分则个罪犯罪构成的，运用但书判定其是否属于"情节显著轻微，危害不大"，如果是就以不构成犯罪而出罪。[②] 笔者认为，此"两步走"适用方式错误地割裂了但书所在条款的犯罪概念与犯罪构成之间的关系。我国《刑法》既然由总则与分则共同组成，则分则必然在总则的指导下制定，对于分则中各罪名的具体规定也必然符合总则中对于犯罪的要求。换言之，既然总则赋予犯罪概念严重社会危害性、社会违法性与刑事可罚性三大特征，那么依据此犯罪概念制定的分则罪名构成要件也必须满足上述犯罪概念与犯罪属性的要求。而根据"两步走"之第二步，即适用但书规定出罪的前提是该行为符合分则构成要求，则该行为也就满足了严重社会危害性、社会违法性与刑事可罚性三大特征，如果要适用但书规定，也就意味着该行为同时符合"情节显著轻微，危害不大"和"有严重的社会危害性"两个条件，这在逻辑上显然无法自圆其说。事实上，但书规定所在的《刑法》第 13 条作为犯罪概念回答的是"什么是犯罪"和"犯罪有哪些基本属性"这两大问题，而犯罪构成则进一步回答"犯罪是怎样成立的""它的成立需要具备哪些法定条件"这类成立犯罪的具体标准、条件问题。通过犯罪构成一系列主客观要件的综合，具体说明什么样的行为是危害社会，触犯刑律的，从而应受刑罚处罚。也就是说，犯罪概

---

① 参见苏彩霞、刘志伟：《混合的犯罪概念之提倡——兼与陈兴良教授商榷》，载《法学》2006 年第 3 期。

② 参见储槐植、张永红：《善待社会危害性观念——从我国刑法第 13 条但书说起》，载《法学研究》2002 年第 3 期。

念的各个基本属性是通过犯罪构成来具体说明的。犯罪概念是从总体上划清罪与非罪的界限，而犯罪构成则是分清罪与非罪、此罪与彼罪界限的具体标准，是刑法分则（犯罪构成）的抽象概括和归纳，是分则惩罚犯罪精神的体现。①因此，司法者在进行司法裁量时，应当明晰但书规定所给予的罪与非罪概括性提示与具体犯罪构成之间的关系。从但书这一立法宣言所传达的立法导向可知，犯罪的本质特征是社会危害性，并非一切具有社会危害性的行为都是犯罪，而是需达到一定的严重程度。对这一社会危害性程度的具体把握，则需要司法者对照分则条文中犯罪构成的具体情节、罪量规定进行合理判断。对于犯罪构成的理解不应当只局限于表面文义的机械适用，而应当以第13条但书对犯罪本质特征的宣告为指导，综合考量所评价行为与犯罪构成要素之间是否存在匹配关系，使但书规定对于司法的应用价值在规范性的犯罪构成范围内得以合理发挥。②以《刑法》第238条非法拘禁罪为例，分则条文对该罪的规定为："非法拘禁他人或者以其他方法非法剥夺他人自由的，处……"那么，司法实践中若出现行为人与被害人之间为近亲属，其非法限制被害人自由时间较短，采取的手段轻微且没有造成危害结果，此时对该行为人可考虑出罪处理。当前许多司法者可能都会出现"行为人的行为虽然完全符合非法拘禁罪的犯罪构成，但因属于但书规定中情节显著，轻微危害不大的情形，故直接以但书规定为理由予以出罪"的思维误区。由上文分析可知，正确的出罪思维应当是：有且仅有犯罪构成不符这一个出罪理由，通过对案情与犯罪构成要件比对的分析方式，认为由于以上案件的具体情况，行为人的行为本身不符合非法拘禁罪所要求达到的犯罪构成要件，从而不能认为成立该罪。

此外，还可以直接以"情节轻微"否定某一犯罪构成要件的方式直接出罪。如学界讨论颇多的"夜晚在荒无人烟的沙漠公路醉酒驾车"是否构成危险驾驶罪的问题，有论者提出运用但书规定，认为上述醉驾行为"情节显著轻微，危害不大"，应不以犯罪论。笔者赞同上述行为不构成危险驾驶罪的结论，但是仍坚持此案例不应以但书直接出罪。笔者的逻辑为：危险驾驶罪犯罪构成的客体要件为社会交通公共安全，即只有行为危害这一客体要件时，方可成立

---

① 参见殷磊：《论刑法第13条功能定位——兼论（醉酒型）危险驾驶罪应一律入刑》，载《政治与法律》2012年第2期。

② 参见李翔：《从"但书"条款适用看司法如何遵循立法》，载《法学》2011年第7期。

该罪。然而,"夜晚在荒无人烟的沙漠公路醉酒驾车"没有危害到以不特定多数人为对象的社会交通公共安全,或者这种危险不是危险驾驶罪犯罪客体意义上的危险,故可以否定该行为具备危险驾驶罪的犯罪客体要件,排除犯罪。

### (二)指引司法者关注具体犯罪构成之罪量要素

《刑法》第13条中因但书规定的存在,使得犯罪概念的定义出现了独特的"定性+定量"相结合的混合犯罪概念模式,但书规定转化为正面意思,即社会危害大到一定程度才是犯罪。它是对刑法分则诸多具体犯罪构成量化要件的概括,即把犯罪定量因素明确地引进到犯罪的一般概念之中。① 如果说量的规定性在总则中只是一种宣言式的规定,那么具体的定量内容应由分则予以解决。因此,这一定量因素也在分则具体个罪的犯罪构成要件中得以反映。

我国刑法分则的许多具体犯罪构成都含有定量因素,有学者作出统计后指出,立法者在刑法分则中对超过2/3罪名的犯罪构成作了明文规定的量化因素的规定,如数额犯、结果犯就是包含定量因素的典型犯罪构成模式,要求进一步达到一定的数额,或者发生具体的危险,或者造成严重的后果才能构成犯罪。在这些情况下,但书规定的"情节显著轻微,危害不大"就化为构成要件中的具体数额、情节、后果等因素。换言之,这些罪名中的定量底线已经由但书的一般性规定变成了数额、情节、危险、后果等特殊性规定。而对于剩下的不足1/3的罪名,立法者在这些罪名的犯罪构成条文表述中并未明确阐明需要达到的数额、情节、危险、后果等具体量化因素,则可以分为罪素省略型与概括型两种情形来细化讨论。

其一是法律没有明文规定任何罪量要素的省略型犯罪类型,理论上一般称之为"行为犯"或"危险犯"。以《刑法》第232条故意杀人罪为例,其条文表述为:"故意杀人的,处死刑、无期徒刑或十年以上有期徒刑……"此处仅表述了"故意杀人"行为本身应受处罚,而对是否出现死亡结果没有任何要求,亦未将"情节严重""情节恶劣"等作为构成犯罪的必要条件。在此类犯罪行为中,所规定的行为本身已具有足够的社会危害性,达到了行为实施即构成犯罪的严重的社会危害性程度,从而直接满足了《刑法》第13条中犯罪的一般定性要求,不需要具体的量化标准就可使司法者进行罪与非罪的判定。这

---

① 参见李翔:《论我国刑法中情节犯的司法价值》,载《河北法学》2006年第9期。

一类犯罪一般也不会出现"情节显著轻微"的情形，作为直接定性犯罪的行为，立法者已经在立法过程中将但书中涉及的情形予以排除。正如有学者提出的，要寻找"情节显著轻微，危害不大"的情形，必须到不构成犯罪的违法行为甚至连一般违法都不构成的行为里面去找，而不能在刑法分则各条列明的罪状里面找寻。① 那么，对于这类行为犯、危险犯是否存在司法区分犯罪与一般违法行为的余地？笔者认为，由于我国此前长期存在刑事处罚与行政处罚相互交叉混杂的刑罚评价体系，这类行为进入刑事违法评价与一般违法评价之间的界限，就是其行为实质本身。因此，即便是省略型犯罪类型，也有入罪上的程度标准，如伤害罪与一般伤害行为，可以考虑结合刑法规定与行政法等其他非刑事法律综合考察。

其二是虽不含明确定量的因素，只是笼统描述"情节严重""情节恶劣"要求的概括型犯罪条文，这类犯罪一般在理论上称为"情节犯"。情节犯中"情节严重"的要求可以看作分则条文对但书中犯罪概念表述的"照应"。对于此类罪名，笔者认为是由于司法实践中个案表现形态千差万别，无法在分则条文中实现穷尽表述，要在立法中完全实现明确性的罪量程度确实相当困难，故立法者可考虑以立法解释的方式，使罪量因素在分则条文中尽可能明晰化。而在没有明确罪量因素条文指引的前提下，对于此类罪名，司法者要找到其具体对应的"情节严重"入罪条件，仍应回到该罪名具体的犯罪构成要件中，同时结合相应的立法解释、司法解释作为指导，对该罪名的犯罪构成要件进行进一步分析，从而挖掘出分则规定的"情节严重"所应满足的具体条件。如《刑法》第252条的隐匿、毁弃、非法开拆他人信件罪，该条文在对"隐匿、毁弃、非法开拆他人信件，侵犯公民通信自由权利"的行为进行刑法评价后，附加了概括性罪量因素"情节严重"。笔者认为，可考虑先对隐匿、毁弃、非法开拆他人信件罪从主体、客体、主观方面、客观方面四个角度进行实质解释，通过分析犯罪构成中对客体的侵害要求，得出可适用于定罪的"情节"应当包含的具体因素，如本罪中要求行为对公民通信自由权利产生侵犯，则可根据公民通信自由权利的受损程度来判定该行为是否达到情节严重程度。此外，可适

---

① 参见李克杰：《"醉驾入刑"争议的立法学思考——兼及〈刑法〉第13条的逻辑解读》，载《法治研究》2013年第4期。

当参考刑法其他罪名条文中所涉及的危害性评价因素，如作案手段、犯罪金额、危害结果等因素，比对该罪名所处章节中其他同等性质罪名所要求的量化要求作出综合评判。但不管分则中是否有具体的量化因素规定，司法者在进行司法裁量时，仍应做到将但书规定中所宣示的情节危害性量化要求反映到罪名判定过程中，精细化把握每一个罪入罪的量化罪素，才能对罪与非罪、此罪彼罪作出准确判断。

### 8.1.4 结语

但书规定作为犯罪概念的重要组成部分，是对何种行为是犯罪、何种行为不属于犯罪的概括性表述，是立法者写给立法者的宣示条文，它仅具备间接指引功能，而不应当成为司法中宣告犯罪的具体标准。对于司法中的出入罪判定，仍然应当回归到犯罪构成唯一性标准的框架内进行。司法者也应在但书规定引导下正确认识犯罪概念与犯罪构成之间互为照应的关系，把握刑法总则与分则共同要求的罪量因素，从而让但书规定从立法回归立法，让出罪裁量重回犯罪构成规范体系内。

从本质上讲，但书是社会危害性的载体，判断"情节显著轻微，危害不大"的过程就是对行为的社会危害性进行评价的过程。但书出罪论，一方面承认行为的刑事违法性（符合犯罪构成），另一方面又得出不成立犯罪的结论。无论论者是在犯罪构成理论之外，以"行为显著轻微，危害不大"的社会危害性实质判断出罪，还是将但书解读为可罚的违法性、可罚的责任理论发挥出罪机能，都难以做到理论自洽，也难以做到与我国当前司法实践的有效接轨。但书是立法者写给立法者的文字，对于刑事法治的整体而言，除了立法宣言的意义之外，在司法层面仅具有间接的指导意义。面对个案中"微罪不举"的问题，司法者实现个案正义的努力仍应当回归到犯罪构成的层面。刑法在规定犯罪构成时，必然对符合犯罪构成的行为进行实质评价；刑法的解释者、适用者在解释、适用犯罪构成时，也必须从实质上理解，只能将值得科处刑法的违法、有责的行为解释为符合犯罪构成的行为，因而应以行为不符合犯罪构成为由宣告无罪，而不是直接以但书宣告无罪。[①] 贸然地以但书宣告行为无罪，不

---

[①] 参见张明楷：《刑法学》（第4版），法律出版社2011年版，第93页。

仅要面对理论难以自洽的尴尬，还将不得不接受罪刑法定原则的终极考问，这是每一个支持但书出罪论者都无法走出的现实困局。

## 8.2 刑法分则中情节的具体应用
## ——以醉驾型危险驾驶罪为例的分析

### 8.2.1 司法者尊重立法者了吗？

十一届全国人大常委会第十九次会议于 2011 年 2 月 25 日通过了《刑法修正案（八）》，其中在《刑法》133 条后增加一条，作为第 133 条之一："在道路上驾驶机动车追逐竞驶，情节恶劣的，或者在道路上醉酒驾驶机动车的，处拘役，并处罚金。有前款行为，同时构成其他犯罪的，依照处罚较重的规定定罪处罚。"

"醉驾条款"的实定化使得醉酒驾驶是否应该犯罪化的争执告一段落，然而，"醉驾条款"司法适用中关于"醉驾是否一律入罪"的争议，则将争执推上新的高峰。最高法副院长在重庆召开的全国法院刑事审判工作座谈会上提出，各地法院具体追究刑事责任，应当慎重稳妥，不应仅从文意理解《刑法修正案（八）》的规定，认为只要达到醉酒标准驾驶机动车的，就一律构成刑事犯罪，要与修改后的《道路交通安全法》相衔接。也就是说，虽然《刑法修正案（八）》规定追究醉酒驾驶机动车的刑事责任，没有明确规定情节严重或情节恶劣的前提条件，但根据《刑法》总则第 13 条规定的原则，危害社会行为"情节显著轻微，危害不大的，不认为是犯罪"。[①] 此后，刑法学界对此观点支持者甚众，大多也都从《刑法》第 13 条但书规定出发论之，大意为刑法总则对分则有指导性作用等等；[②] 公安、检察机关则坚持对经核实属于醉酒驾驶机动车的一律予以刑事立案、起诉，而不附加其他条件。

诚然，此次公检法最高司法机关在醉驾问题上坚持己见，相互制衡，不失为我国法治之一桩幸事。然而，从深层次来看，却暴露出我国司法实践中长久

---

① 参见《最高人民法院副院长张军：正确把握危险驾驶罪构成条件》，http://news.xinhuanet.com/legal/2011-05/10/c_121400846.htm。

② 参见赵秉志等：《醉驾入罪的法理分析》，载《检察日报》2011 年 5 月 17 日第 3 版。

以来存在着的问题,即实质刑法观念下的《刑法》第 13 条但书规定在司法实践中的不当适用,进而甚至引发司法权对于立法权的僭越。

我们甚至可以追溯至 1987 年发生在陕西汉中的那例曾经轰动全国的安乐死案件,即蒲连升应垂危病人亲属王明成的要求为病人注射药物促进其死亡案。一审法院的判决书认为,被告人王明成在其母夏素文病危濒死的情况下,再三要求主管医生蒲连升为其母注射药物,虽属故意剥夺其母生命权利的行为,但情节显著轻微,危害不大,不构成犯罪。后二审法院维持原判,作出无罪判决。① "在法院的判决书中,我们无法看到法官对于认定王、蒲二人的行为'危害不大,情节显著轻微'的相关推理过程的论述,更无法确证承办或者指导此案的法官们是如何合乎逻辑地推导和演绎出这个关键的阶段性结论的。"②

如今,距离此案已有 30 多年,其间刑法也经历了新旧交替。但刑法中的但书规定从 1979 年旧《刑法》第 10 条变更为 1979 年新《刑法》的第 13 条,除条文序数有所变更外,实质内容并无改变。更耐人寻味的是,深入探究最高法指出的醉驾出罪化的依据,可以发现其与 30 多年前一审法院对于安乐死案件的裁判理由如出一辙,即刑法总则但书规定可以作为司法出罪化的直接裁判依据。这导致我们对于醉驾入刑的困惑:本已经过多番民主而又审慎的立法审议,及至最后修改并通过的醉驾入罪条款,其态度可谓非常鲜明,即醉驾入罪,不视情节。③ 然而,司法者是否有权在刑法分则所有罪名中,以实体法中的但书规定为由,对于罪或非罪的判断起到决定性的作用?立法者对于醉驾的入罪化努力是否会因此打折扣甚至付诸东流?

---

① 关于该案详情,参见《最高人民法院案例汇编》(1992 年)。
② 劳东燕:《论犯罪构成的功能诉求——对刑事领域冲突解决机制的再思考》,载《金陵法律评论》2001 年秋季卷。
③ 《刑法修正案(八)》一审稿中规定:"在道路上醉酒驾驶机动车的,或者在道路上驾驶机动车追逐竞驶,情节恶劣的,处拘役,并处罚金。"在二审稿中,措辞发生变化:"在道路上驾驶机动车追逐竞驶,情节恶劣的,或者在道路上醉酒驾驶机动车的,处拘役,并处罚金。"即对于"醉驾条款",立法者取消了"情节恶劣"这一限制性条件。

### 8.2.2 司法者应当尊重立法者：但书规定司法适用中的反思与检讨

以上的担心并非杞人忧天。实际上，置于我国刑法制度环境，但书规定在司法出罪化裁判中适用的随意性，多少暴露出司法者并未表以对立法者应有的尊重态度。对于司法实践中直接适用但书规定的做法，笔者认为，至少可以从以下三个方面进行质疑：

首先，我国刑法分则关于具体犯罪构成要件的表述中，留给司法者作罪与非罪的解释空间是极其狭窄的。与国外大多数国家刑法"立法定性，司法定量"的模式不同，在社会危害性理念引导下，我国刑法采用的是"立法定性加定量"的模式，即罪质因素与罪量因素均在刑事立法中得以体现。应予指出的是，在实质犯罪概念指导下，我国刑事立法中的定量因素是全方位的，不仅体现在刑法总则中的犯罪概念上，亦指导刑法分则中具体犯罪构成要件之设定。体现在刑法总则中的犯罪概念上，就是《刑法》第13条犯罪概念中的但书规定，这是一种抽象意义上的统括性要求；体现在刑法分则中的具体犯罪上，则为构成要件中的各种罪量因素，如数额犯中的数额要求、情节犯中的情节、结果犯中的具体危害结果等。也就是说，在我国实质犯罪概念统括下，具体犯罪构成要件中的罪量因素实质上起到区分罪与非罪的重大作用；而在我国行政处罚和刑事制裁的违法——犯罪二元机制之下，区分罪与非罪的任务自然应由立法者来完成。作为区分犯罪与违法的"分水岭"，罪量因素也应成为我国犯罪构成中的特有要素。从这种意义上来说，罪刑法定原则在我国刑法中要真正得以贯彻，还应体现在罪量因素的立法明确性方面。

其次，直接以但书规定作为司法出罪化理由，将使我国犯罪构成理论处于尴尬境地。在大陆法系刑法理论上，这种类似的价值评价则在犯罪构成体系内由与实质违法性相关的重要理论，如社会相当性和超法规阻却事由予以完成。而依据基于社会危害性的我国犯罪客体理论，非犯罪行为当然因不具备严重的社会危害性而不能齐备犯罪构成。这给司法中对于个案的救济带来了难题，即如何将形式上符合犯罪构成的行为进行出罪化并完成充分的说理？如果仅仅以但书作为司法者出罪化理由，就相当于向世人昭示，司法活动中，社会危害性的实质评价优越于犯罪构成的形式评价。如此，也意味着现有犯罪构成理论的失败，它不足以发挥判别罪与非罪的功能，犯罪构成是成立犯罪唯一标准原则也将难以得到恪守。"倘使犯罪构成连这项基本的使命都无法完成,试问这样的犯罪构成体系其正当性如何获得,其合理性又如何保证?"①

最后,纵使将但书规定纳入犯罪构成要件之内予以考虑,② 直接将但书规定作为司法出罪化理由,仍不可避免以下一些缺陷:第一,缺乏集中、统一的标准,导致但书的适用必定是零散的、无机制的。第二,这种任意性很强的司法出罪方式架空了刑事违法性标准,对刑事法治秩序造成冲击,破坏民众对于刑事法治的信任感。第三,与司法犯罪化相类似的是,这种以但书规定为由的司法出罪化同样反映了司法实践的实质解释冲动,而将其解释的标准作一拔高之后,无非就是一个——社会危害性。即本应作为立法者设置罪行时考量的抽象的社会危害性因素,在司法实践中以但书规定运用的方式悄声无息地对社会危害性因素进行了再次评价,其中难免会发生具体评价中的冲突,无疑加大了司法权僭越立法权的风险。且如有学者指出的:"将这种'不认为是犯罪'的认定权交予司法机关行使,是不是会使司法机关的权力过大?这种不认为是犯罪的认定,不仅限于人民法院的认定,也包括侦查机关认为情节显著轻微不予立案或者中止侦查,包括人民检察院不起诉。多个司法机关行使这一权力会使这一规定的执行具有更大的随意性。"③

### 8.2.3 司法者应当如何尊重立法者:回归规范主义

由上述分析可知,司法实践中脱离刑法分则的具体犯罪构成标准而直接以但书作为司法出罪化依据的做法,是司法者没有对立法者尽到最大尊重的根源。在刑法解释方法上,素有形式解释论与实质解释论之分。出于对实质解释论的偏好,司法犯罪化与司法出罪化是司法实践中解释的两种偏向。对于这两种倾向,我们都应保持必要的审慎。以往讨论较多的是对于司法过度犯罪化,

---

① 劳东燕:《论犯罪构成的功能诉求——对刑事领域冲突解决机制的再思考》,载《金陵法律评论》2001年秋季卷。

② 这里所指的是,行为虽有一定的社会危害性,但还不严重,因而尚未构成犯罪的情况。这种行为表面上可能符合刑法分则某一条文的规定,但因情节显著轻微,危害不大,实际上不构成该条文所规定的犯罪。参见马克昌主编:《犯罪通论》(第3版),武汉大学出版社1999年版,第30—32页。有学者主张重塑我国的犯罪构成,将但书与正当防卫、紧急避险等正当行为作为犯罪构成的消极要件予以规定。参见张永红:《我国刑法第13条但书研究》,法律出版社2004年版,第174页。

③ 王尚新:《关于刑法情节显著轻微规定的思考》,载《法学研究》2001年第5期。

从而偏离罪刑法定的质疑。① 而对于司法出罪化，我们同样需保持必要的克制。须知，刑法不仅是犯罪者的大宪章，亦为善良人的大宪章，如果说过度的入罪化违背了罪刑法定保障人权之宗旨，那么不适当的出罪化同样不利于法益的保护。因此，在司法操作层面，无论是入罪化还是出罪化，均应当严格以犯罪构成为规格，即回归规范主义，司法者方能对立法者表以最大的尊重。司法者应当牢牢把握但书规定司法适用的逻辑规则：

首先，但书规定不能单独作为司法裁判依据。有论者认为，在行为符合刑法规定的犯罪构成的前提下，可以直接根据但书宣告无罪，并举出陕西汉中蒲连升安乐死案的判决作为依据。② 殊不知，以司法实践中的不当做法作为论证其观点的依据，是站不住脚的。这一做法也恰恰是为笔者所摒弃的。在笔者看来，但书规定司法适用中的误区在于：一方面，忽视了我国刑法中犯罪构成要件的实质属性，转而依赖犯罪概念中的实质标准。与大陆法系的形式构成要件有所区别的是，我国刑法犯罪构成中已具备一定的罪量因素，已掺杂立法者对社会危害程度的考量。对于司法者而言，这种犯罪构成标准应当成为其认定犯罪的唯一规格。另一方面，混淆了犯罪概念与犯罪构成之间的位阶关系。犯罪概念是犯罪构成的基础，犯罪构成则为犯罪概念在个罪层面的具体化，若想以犯罪概念来完成区分罪与非罪的界说功能，不免失之于抽象，而无司法操作上之实益。由此，在我国"定性加定量"的刑事立法模式下，在犯罪构成要件设置过程中，立法者已掺入对社会危害性的考量；在司法认定过程中，犯罪构成则为司法者判断的唯一规格，不宜再以但书规定为由对其社会危害性程度再作一番评价，以此尊重立法者，从而防范司法恣意。

其次，但书规定不能单独作为司法裁判依据，并不代表其之于司法实践一无是处。事实上，但书规定对司法中的出罪化有着重要的指导意义。"犯罪概念的普遍性意义只有在各个具体犯罪的犯罪构成中才能得以体现，此时的犯罪概念才是有意义的。"③ 一方面，犯罪概念中的但书规定对立法者提出了要求，即对于犯罪构成定量因素的规定应尽量做到明确；另一方面，也对司法者提出

---

① 参见孙万怀：《以危险方法危害公共安全罪何以成为口袋罪？》，载《现代法学》2010年第5期。
② 参见张波：《刑法学的若干基本理论探讨》，载《现代法学》2004年第6期。
③ 李翔：《情节犯研究》，上海交通大学出版社2006年版，第100页。

了要求，即对于犯罪构成要件的实质化解释倾向。当然，这并不意味着司法者的实质化解释可以脱逸于规范性的构成要件轨道，裁判的说理应紧密结合犯罪的具体情境，依据规范性的刑法分则的犯罪构成表述。而直接以但书规定作出出罪化的裁判理由则为典型的脱离规范主义的表现。

最后，但书规定对于司法的应用价值，在规范性的犯罪构成范围内始能合理发挥。在司法实践中，但书规定发挥作用应当遵从正确的逻辑思维方式。以抢劫罪的司法适用为例，我国《刑法》第263条规定："以暴力、胁迫或者其他方法抢劫公私财物的，处……"其中虽然没有对抢劫手段——暴力、胁迫或其他方法作进一步描述，也没有对抢劫数额作任何限制，但是如果行为人与被害人系亲属，采用的手段轻微且抢劫数额极其微小，此时对行为人不定抢劫罪的思维方式有两种：一种认为，行为人的行为完全符合抢劫罪的犯罪构成，然后再用但书规定将其出罪化；另一种则认为，由于以上案件的具体情况，可以认为行为人的行为本身就不符合抢劫罪的犯罪构成，因此不能认为成立抢劫罪。笔者认为后一种观点才是但书规定发挥作用的正确逻辑思维模式。[①] 遵从宏观到微观、一般到特殊的视角，但书规定仅为一种定量宣言，其对司法的应用价值是间接性的，而最终落脚点应为刑法分则中规范化的构成要件。

然而，在立法中要完全实现罪量程度的明确化也是相当困难的，甚至在此提出这种成罪之量的明确性要求本身是否有实际可能也是存在疑问的。但这并不表明笔者对其持悲观态度，而是认为要使司法者回归规范主义以最大化尊重立法者，那么立法者也应作出自己最大的努力，以使罪量因素在分则条文中得以明晰化。如果说量的规定性在总则中只是一种宣言式的规定，那么具体的定量内容应由分则予以解决。综观刑法规定，主要有三种规定方式：一种是明列式，一种是概括式，还有一种是无规定。[②] 前两种规定方式包括情节犯、数额犯、结果犯等类型，立法者在刑法分则条文中对这些犯罪的定量因素至少已作出明确表态。从维持并平衡刑法必要的明确性与灵活性角度出发，笔者认为明列式与概括式均为可取的。问题的关键在于，对于分则缺乏罪量规定方式的行为犯、危险犯等情形，应如何区分犯罪与一般违法，或者说是否有司法区分之

---

① 参见李翔：《情节犯研究》，上海交通大学出版社2006年版，第100—101页。
② 参见李洁：《论罪刑法定的实现》，清华大学出版社2006年版，第165页。

余地？笔者认为，在我国，刑事违法与一般违法之间，是依照行为程度而划分，行为的程度实质上就是行为犯的罪量规定，如伤害罪与一般伤害行为、盗窃罪与一般盗窃行为等。从理论上而言，行为犯中的行为亦有入罪程度上的标准，其区分应结合刑法与行政法等其他非刑事法律综合考察。

### 8.2.4 以醉驾入刑争议为例的阐释

让我们重新回到"醉驾是否一律入罪"的争议，观点的交锋可以说很大程度上根源于上述问题的未竟解决。支持"醉驾不应一律入罪"的论者基本上都是从以刑法总则但书条款钳制刑法分则所有条款出发，以实质主义解释立场，将某些较为轻微的醉驾情形解释为"情节显著轻微，危害不大，不认为是犯罪"。例如，有观点指出："我国刑法第十三条的但书条款属于总则性规定，而总则对于分则具有全面的统领作用，适用于分则所规定的所有罪名。因此，对法律无特殊情节要求的行为犯、危险犯（如我国刑法中的非法拘禁罪、非法侵入住宅罪，包括危险驾驶罪）并非一律定罪，而是仍然要考虑总则的规定，对于情节显著轻微危害不大的，不作为犯罪处理。"[①] 笔者认为，以上论证理由的严谨性值得怀疑。从理论上来说，刑法总则条款当然具有统括分则的效力，其统括效力体现在对立法活动中的罪量宣示上，旨在引导罪刑设置中罪量因素的明确性。然而，但书规定的统括效力对于司法活动中具体罪名的认定而言，则应是具体的。也就是说，但书规定统括下的刑法分则条文的构成要件是明确而又具体的，司法者据以裁量的依据是犯罪构成的具体要件，而非脱离刑法分则具体构成要件的但书标准。司法中判断罪与非罪的依据，脱离具体犯罪构成要件而转投但书标准，无论在逻辑思维还是论理说服力方面都是不够到位的。因此，从深层次看，但书规定作为犯罪概念的一部分，其对司法认定的作用是间接的，而连接两者的桥梁则为分则条款中的具体构成要件。脱离危险驾驶罪中醉驾犯罪的具体构成要件而谈醉驾出罪的抽象标准，在笔者看来，是没有多大意义的，因为此种论证方式对于任何犯罪都能适用，进而忽略了罪与罪之间构成要件的差异性。

"醉驾不应一律入罪"的观点即凸显了这一问题。在反对醉驾浪潮中形成

---

[①] 卢建平：《一个刑法学者关于醉驾入刑的理性审视》，载《法制日报》2011年5月25日。

的代表民意的"醉驾条款",其剔除其他情节要求的规定本身就已表明立法者对严重社会危害性的考量,即"醉驾"本身已被视作排除情节显著轻微,不认为是犯罪的考量因素。诚然,以《刑法》第13条但书规定为由对醉驾作出司法出罪化,与立法活动所面对的"醉驾"这一抽象问题是有所区别的。司法者面对的必然是纷繁复杂的、具体化的案件事实,最高法的"醉驾不一定入罪"的态度是审慎的,但其给出的出罪理由却显得过于随意。合理的阐释应当从危险驾驶罪的构成要件本身出发,而非动辄适用难以具体操作且不具说服力的抽象但书规定。

因此,我们须从"醉驾条款"之构成要件着手,方能真正探寻到罪与非罪区分之合理阐释。《刑法修正案(八)》最终定稿取消了草案一审稿中"醉驾条款"中的情节条件,由此也可看出立法者的态度:立法者赋予司法者对该罪的出罪解释空间是极为有限的,仅在于区分酒后还是醉酒,而这一区分标准则是明确的。有学者认为,"就醉驾而言,其情形较为复杂,如果不正视其中的差异性,而简单地搞'一刀切',则不符合刑法谦抑性的理念",并认为区分"醉驾犯罪"与"醉驾违法"主要可以考虑如下因素:行为人醉酒的程度、醉酒的原因、醉驾持续的时间、醉驾的路程、醉驾的路段、醉驾的次数等。① 笔者对此不予苟同。一方面,"醉驾违法"的提法是否科学值得怀疑。对于酒后驾车行为,我国《道路交通安全法》第91条已明确区分"酒后驾车"与"醉酒驾车",将前者界定为违法行为,而将后者界定为刑事犯罪行为。另一方面,将行为人醉酒的程度等量刑情节作为司法出罪情节值得质疑。实际上,我国法律已经对醉酒驾驶给出明确的认定标准:每百毫升血液中含酒精20毫克以上为酒后驾车,每百毫升血液中含酒精80毫克以上为醉酒驾车。在行为人已达醉驾标准时,再以醉酒的程度作为出罪考量因素,那么究竟酒精含量多少为醉驾的出罪标准呢?这不仅有损法律的明确性与严肃性,也不利于醉驾犯罪的严格执法,加大了司法裁量的恣意性。此外,醉酒的原因、醉驾持续的时间、醉驾的路程、醉驾的路段、醉驾的次数等仅仅是量刑情节,以所谓的酌定从轻量刑情节综合考虑为由,对醉驾作出出罪化的观点,同样是值得质疑的。究竟酌定从轻情节的程度要轻到何种程度?要包含哪几项酌定从轻情节才能不认为是犯

---

① 参见刘宪权:《醉驾入刑应杜绝"模糊地带"》,载《法制日报》2011年5月18日第4版。

罪？其标准依然是模糊的。

当然，"醉驾"并非全部入罪的论点至少在逻辑的周延性上仍然是成立的。① 但是，必须坚持在刑法分则规定的具体犯罪构成要件上进行解释。危险驾驶罪被立法者列入"危害公共安全罪"中，由此决定了本罪所保护的法益在于公共安全，对于那些并非关涉公共安全的醉驾行为进行非罪化处理仍然是必要的。"对于醉驾案件，罪与非罪的'商量余地'有限，定罪要坚决，而处置宜灵活。在具体办案中，司法机关在综合考量醉酒程度、醉驾的实际危险性、当事人的表现等情节后，依然拥有比较广阔的裁量空间。"② 在立法者已给予司法者广阔裁量空间的前提下，司法者若动辄以《刑法》第13条但书规定为由作出出罪化判定，那么司法者是否得扪心自问：我们尊重立法者了吗？

## 8.3 醉酒型危险驾驶罪的缩限处罚路径
### ——不宜以"情节"为要素

危险驾驶入刑以来，彼时甚嚣尘上的"社会热点"今已少有见诸报端。然而，学术讨论不存在"时过境迁"的问题，在异议廓清之前，问题永远存在。危险驾驶罪的主观罪过形态问题即是如此。当前，特别是近来，有学者以危险犯同样也是结果犯为立论的基点，通过论证"故意说"的不恰当性，确立危险驾驶罪为过失危险犯。③ 笔者不揣冒昧，以下对危险驾驶罪的主观罪过述一管之见。

### 8.3.1 共同犯罪与谦抑精神

有学者认为，如若把危险驾驶罪认定为故意犯罪，便须处罚危险驾驶的教唆犯、帮助犯、胁从犯等共同犯罪人，"在我国民众道路交通安全意识普遍较为薄弱和过于注重人情的现实情况下，如将上述人员一概作为犯罪处理，则不

---

① 例如，有的学者指出，在没有车辆与行人的荒野道路上醉酒驾驶机动车的，因为不具有抽象的危险，不应以本罪论处。参见张明楷：《危险驾驶罪及其相关犯罪的关系》，载《人民法院报》2011年5月11日第6版。
② 柴春元：《醉驾：定罪要坚决 处置宜灵活》，载《检察日报》2011年5月19日第2版。
③ 参见刘宪权、周舟：《危险驾驶罪主观方面的刑法分析》，载《东方法学》2013年第1期。

仅会使危险驾驶的打击面过于宽泛，也会极大地加重司法机关的工作压力，这显然有违刑法的谦抑精神。"① 反之，将该罪认定为过失犯罪则不存在处罚共同犯罪的问题。在这里，所谓刑法的谦抑性，②是指刑罚为了控制人违反规范的行为所采取的"最后手段性"。③ 笔者认为处罚危险驾驶罪的共犯与此并不矛盾。

一方面，危险驾驶罪共犯的当罚性不容置疑。有论者似乎存在这样的逻辑：危险驾驶本身即是社会危害轻微的行为，其帮助犯、胁从犯、教唆犯的社会危害性更小，不应视为犯罪。然而，这一推断显然是论者的一厢情愿。原因有三：其一，共同犯罪乃为我国刑法明文规定的犯罪形式。无论是严重的暴力犯罪，还是轻微的行政犯罪，符合共犯规定，均应受到刑罚处罚。共同犯罪并不是简单的多人犯罪的相加，其社会危害性体现于共同故意与共同行为的整体之中。一般认为，共同犯罪的社会危害性大于同等人数单独犯罪的社会危害性之和。④ 对于危险驾驶罪共犯，显然不能脱离共同犯罪的整体，采取孤立评价的方式。其二，帮助犯、教唆犯和胁从犯具有各自独立的犯罪性和可罚性。正如有的学者指出的那样："共犯是各行为人固有的反社会性的体现，不论教唆犯的教唆行为，还是从犯的帮助行为，无一不是行为人固有的反社会性的流露。"⑤ 所以，对于共犯人的处罚存在着坚实的法理基础，不存在罪刑不适当的问题，更不涉及刑法谦抑性的问题。其三，至于为危险驾驶罪共犯寻找的"道路交通安全意识淡薄""人情社会"的出罪理由，也仅是论者辩护的托词而已，是"法不责众"观念作祟的结果。"人情社会"并不具有规范评价的意义，它甚至不能作为酌定量刑情节而发生作用。至于"民众道路安全意识淡薄"，更不应成为阻却危险驾驶罪共犯成立的理由。正是出于提高全民道路安全意识的初衷，刑法才设置了危险驾驶罪。当行为人实施了危险驾驶行为，无论其是单独犯罪还是共同犯罪，都应严格依法定罪量刑，不应再以"民众道路安全法律意识淡薄""危险驾驶具有可原谅性"这种"法不责众"的托词作为该类行

---

① 参见刘宪权、周舟：《危险驾驶罪主观方面的刑法分析》，载《东方法学》2013年第1期。
② 参见熊永明、胡祥福：《刑法谦抑性研究》，群众出版社2007年版，第60—61页。
③ 参见〔日〕西田典之：《日本刑法总论》，刘明祥、王昭武译，中国人民大学出版社2009年版，第23页。
④ 参见高铭暄主编：《刑法专论》（第2版），高等教育出版社2006年版，第343页。
⑤ 赵秉志主编：《外国刑法原理（大陆法系）》，中国人民大学出版社2000年版，第209页。

为不当罚的理由。

另一方面,将危险驾驶罪认定为过失犯罪,考虑刑法的谦抑性,阻却危险驾驶罪共犯成立,将造成司法实践中危险驾驶罪定罪的尴尬。过失犯罪不存在共同犯罪的情况,因此两个行为人间也不会存在教唆与被教唆的关系。那么,在甲指使、强令乙危险驾驶,又没有与乙共同危险驾驶的情况下,将无人对危险驾驶行为承担刑事责任。因为甲、乙无法成立共同犯罪,甲没有实施危险驾驶的行为,不能单独成立危险驾驶罪;而乙是胁从犯,考虑刑法的谦抑性,不应对其追究刑事责任。由此,产生一个荒谬的结论——甲、乙二人都无罪。倘若如此,是不是今后所有的犯罪人都可以声称"是某某指使我危险驾驶的"?因为这样不仅无害于他人,而且使自己也免受"牢狱之灾"。然而,于情于理,这都是我们无法接受的。

### 8.3.2 体系协调与罪刑关系

有的学者认为,将危险驾驶罪认定为故意犯罪,将造成刑法体系的不协调和罪刑关系的混乱。对此两方面的责难,笔者认为同样不能成立。

**(一)体系协调**

这里的"体系协调",包括刑法内部体系协调和刑法与其他非刑事法律、法规、政策文件间的体系协调。

在刑法体系内部,有的学者认为,"把危险驾驶罪认定为故意犯罪,会与我国刑法对某些相似立法情形的规定不相一致",从而破坏体系中的协调关系。[①]"某些相似立法情形"即指我国刑法修正案通常采用"刑法第×条之一、之二"的方式,将增设的新罪规定在构成要件与其最为接近或类似的章节、罪名之后的情况。有学者通过统计我国刑法中的这一立法模式发现,"我国刑法共有21个刑法条文包含刑法第×条之一、之二的表述","这21个条文所规定的犯罪与相应条文之一、之二所规定的犯罪主观方面无一例外都具有一致性"[②]。由此推出,《刑法》第133条之一危险驾驶罪的主观罪过形态应当与《刑法》第133条交通肇事罪是一致的,即均为过失。然而,笔者认为这样的

---

[①] 参见刘宪权、周舟:《危险驾驶罪主观方面的刑法分析》,载《东方法学》2013年第1期。
[②] 同上。

结论缺乏法理基础。我国刑法采用"刑法第×条之一"的修正模式，无非是为了"保持刑法典条文总数不变，从而稳定刑法典的结构"①。"刑法第×条"与"刑法第×条之一"是相互独立的关系，二者的构成要件之间仅存在相似性，但不存在关联性和制约性。客观要件如此，主观要件亦如此。我们不能因为追求形式的"体系协调"而否定这种实质的独立性。况且，笔者对于论者所苦苦追寻的这种所谓的"体系协调"的必要性存在怀疑。众所周知，刑法体系设置应当服务于刑事司法实践，对于司法定罪量刑毫无价值的体系设置，其自身存在的必要性便存在疑问。例如，刑法修正案以"刑法第×条之一"的方式设定新罪名，即是为了保持刑法总条文数不便，维护刑法内部体系协调，以方便司法定罪。再如，刑法分则将侵犯同类客体的犯罪规定在同一章节之下，也是意在便于司法实践的定罪量刑。然而，论者所追求的"刑法第×条"与"刑法第×条之一"之间的"体系协调"意义何在，笔者实难揣摩。且不说不同条文间主观方面不具有制约性，即使在同一条文中，也可能存在包含故意、过失两种罪过形态的情况。②倘若在这些条文之后再设立"之一、之二"，按照"体系协调"的要求，其主观方面是故意还是过失，或者故意、过失均可，便不无疑问。难道我们为了追求所谓的形式上的"体系协调"，要置犯罪主观方面的实质规定性于不顾吗？

在刑法内部体系之外，有的学者还关注了刑法与《刑事诉讼法》《律师法》《关于司法鉴定管理问题的决定》等法律、法规以及党的政策文件之间的协调关系，并认为将本罪认定为故意犯罪使得"上述非刑事法律规范和党的文件存在适用上的不公平，从而导致一系列不良后果的产生"③。如曾经构成社会危害较小的危险驾驶罪，受到拘役刑事处罚的人不具有法律从业资格；而曾经构成社会危害较大的交通肇事罪，受到有期徒刑刑事处罚的人却可以具有法律从业资格。对此，笔者认为，即使认为上述现象当真有失公允，问题也并不在于危险驾驶罪是故意犯罪，而在于这些规定本身。然而，在我国法律体系中，这样的规定并不鲜见。不仅危险驾驶罪，所有轻微故意犯罪都存在类似的问题，

---

① 参见卢勤忠：《我国刑法修正案立法的问题及对策》，载《南京大学学报（哲学·人文科学·社会科学版）》2009年第3期。

② 如《刑法》第398条故意、过失泄露国家秘密罪；《刑法》第408条之一食品监管渎职罪。

③ 刘宪权、周舟：《危险驾驶罪主观方面的刑法分析》，载《东方法学》2013年第1期。

那么是不是有必要对这些犯罪的主观方面都加以"重新界定"？答案显然是否定的。也许正如有学者指出的那样：要说这真的是一个问题，那也是相关规定有点笼统，没有区别对待的问题，而不能因此认为危险驾驶罪就是一个过失犯罪。①

### （二）罪刑关系

在《刑法修正案（八）》增设危险驾驶罪之后，如何协调其与以危险方法危害公共安全罪之间的罪刑关系成为理论关注的焦点问题，在该议题之下涵摄以下两个问题：罪的协调与刑的适当。

#### 1. 罪的协调

有学者认为，如果将危险驾驶罪认定为故意犯罪，会"模糊其与以危险方法危害公共安全罪的界限"，"导致一些与放火、爆炸等行为具有相当社会危害性且行为人主观上同样为故意的危险驾驶行为得不到与放火、爆炸等行为相当的惩罚"②，从而轻纵犯罪。笔者认为，论者的上述担心也着实没有必要。

第一，将危险驾驶罪认定为故意犯罪，与以危险方法危害公共安全罪的界限并未模糊。虽然危险驾驶不会像有些学者认为的那样，"永远不会产生与'放火、决水、爆炸'等相似的危险"③，危险驾驶罪有进一步转化为以危险方法危害公共安全罪的可能，两罪在主客观方面还是存在质的差别。危险驾驶是一个发展的行为过程，其造成的公共安全风险也在不断发展变化之中。危险驾驶罪所规制的抽象危险"尚无具体危及的对象、尚未达到具体危险，距离实害结果则更是相对较远"④。而当危险驾驶行为对于公共安全的危险已经达到一个相当紧迫的程度，形成了可以通过行为时具体情况感知的紧急风险（如行为人在车辆众多的道路上醉驾，超速行驶，无视行车规则随意变道）时，该危险驾驶行为便进入以危险方法危害公共安全罪的规制范围。需要强调的时，任何犯罪的认定都是主客观两方面内容的统一。危险驾驶构成以危险方法危害公共安全罪需要行为人主观上对具体的、急迫的危险存在清楚的认识，并且对此危险状态存在放任或希望的意志态度。而在危险驾驶罪中，行为人只要对危

---

① 参见王耀忠：《危险驾驶罪罪过等问题之规范研究》，载《法律科学》2012年第5期。
② 刘宪权、周舟：《危险驾驶罪主观方面的刑法分析》，载《东方法学》2013年第1期。
③ 曲新久：《危险驾驶罪的构成要件及其问题》，载《河北学刊》2012年第1期。
④ 刘军：《危险驾驶罪的法理辨析》，载《法律科学》2012年第5期。

驾驶行为有认识，即可推定其主观上存在故意。① 对此，有学者认为，客观行为是否具有"加害性"是两罪的主要区别，而这种"加害性"的判断需要借助主观意志因素加以判断，所以当把危险驾驶罪认定为故意犯罪后，二者主观方面的一致性使得判断依据变得模糊。② 笔者认为，论者所认为的放火、爆炸行为客观上具有"加害性"的观点是一种目的行为论。这种行为论的弊端在于无法很好地解释过失放火、爆炸行为的目的性。详言之，既然这种"加害性"是放火、爆炸行为的客观属性，那么过失放火、爆炸同样应当具有这种"加害性"。但这显然与事实不符，过失行为并不存在"加害"的目的性。事实上，所谓"加害性"是该类行为客观社会危害性与主观恶性的综合体。上述观点显然有将二者混为一谈之嫌。

第二，将危险驾驶罪认定为过失犯罪将造成罪名体系的混乱。将危险驾驶罪认定为故意犯罪后，关于道路交通公共安全类犯罪，我国《刑法》存在第133条交通肇事罪、第133条之一危险驾驶罪、第114条以危险方法危害公共安全罪（危险犯）、第115条以危险方法危害公共安全（实害犯）四个罪名，结合各罪主观方面，形成"过失实害犯—故意抽象危险犯—故意具体危险犯—故意实害犯"的罪刑体系。从过失到故意、从危险到实害，这一体系层层递进，毫无罅隙。倘若将危险驾驶认定为过失犯罪，刑法中的罪刑体系将变为"过失抽象危险犯—过失实害犯—故意具体危险犯—故意实害犯"。显然，我们不禁要问，既然刑法的边界已经触及过失抽象危险犯，那么面对主观方面同为过失、客观危害更大的过失具体危险犯，刑法为什么又"网开一面"？这是立法的阙如，还是解释的偏颇？这不得不引起我们的深思。

2. 刑的适当

我国《刑法》第5条明确规定："刑罚的轻重，应当与犯罪分子所犯罪行和承担的刑事责任相适应。"此即为刑法中的罪刑均衡原则。其包含了"刑罚的轻重与犯罪的社会危害性相适应、刑罚的轻重与犯罪人的人身危险性相适应这样两部分内容。"③ 从主客观两个方面来讲，刑罚的轻重应当与犯罪行为的客观危害性、行为人的主观恶性和人身危险性相适应。以罪刑均衡原则为基

---

① 这一点在理论上存在争议，下文将展开详细论述。
② 参见刘宪权、周舟：《危险驾驶罪主观方面的刑法分析》，载《东方法学》2013年第1期。
③ 陈兴良：《刑法适用总论》（上卷）（第2版），中国人民大学出版社2006年版，第60页。

础，可以发现，认为将危险驾驶罪认定为故意犯罪将导致其与相关犯罪法定刑规定不协调的观点同样值得商榷。

第一，对于将危险驾驶罪认定为故意犯罪，将导致我国刑法中有关故意抽象危险犯的法定刑设置不协调的诟病并不成立。即使同为抽象危险行为，不同行为对社会所造成的危险程度不同，行为人的主观恶性以及人身危险性也不同。例如，较之危险驾驶罪，非法持有枪支对于社会公共安全的威胁显然更大，行为人的人身危险性也更强，刑法理应对其规定更高的法定刑。立法者在设立危险驾驶罪时，不可能为了追求法定刑的"协调"而不考虑抽象危险行为的差异性。

第二，将危险驾驶罪认定为故意犯罪，也未造成故意犯罪与过失犯罪法定刑设置的不协调。我国刑法虽然以处罚故意犯罪为原则，处罚过失犯罪为例外，但这并不意味着过失犯罪的法定刑一定要低于故意犯罪。我国刑法分则既有法定最高刑仅为1年有期徒刑的故意犯罪（第252条侵犯通信自由罪），也有法定最高刑为10年有期徒刑的过失犯罪（第137条工程重大安全事故罪）。危险驾驶罪与交通肇事罪之间也不存在法定刑失衡的问题。正如有的学者指出的那样："刑法第133条原本只是过失的实害犯，以造成他人死亡、重伤等为前提，其法益侵害严重，违法程度高。而且，既然已经造成了他人伤亡结果，就表明行为原本就存在具体危险。而危险驾驶行为只要求发生抽象危险，违法程度明显轻于过失的交通肇事罪，其法定刑理当轻于交通肇事罪。"[①]

第三，危险驾驶罪与《刑法》第115条第1款以危险方法危害公共安全罪之间同样不存在衔接不当的问题。因为前者为危害公共安全的抽象危险犯，后者为实害犯，二者之间还存在第114条以危险方法危害公共安全具体危险犯作为过渡。面对公共安全如此之重大法益以及各罪行为类型的差异，法定刑梯度当然可以根据罪刑相适应的需要作出调整。

综上，笔者认为，将危险驾驶罪认定为故意犯罪并不会造成"刑的失当"，将其认定为过失犯罪同样不会产生刑罚体系不协调的效果。刑罚的配置应当依循罪刑均衡的原则展开。法定刑的高低不仅仅与罪过性质有关，而且与犯罪的

---

[①] 张明楷：《危险驾驶罪的基本问题——与冯军教授商榷》，载《政法论坛》2012年第6期。

客观方面有关，甚至与刑事政策的立法导向、发案率的高低相关。① 具体到危险驾驶罪，笔者认为，本罪不以发生实害结果和具体危险为必要，即使行为人主观为故意，其人身危险性也并不高，而且该类案件发案率较高，为慎重起见，不宜配置过高的刑罚。

### 8.3.3 过失危险犯之否定

随着社会问题的复杂化、风险化，刑事犯罪圈不断扩张，从实害犯到危险犯，从具体危险犯再到抽象危险犯。危险犯的大量出现对传统过失犯罪理论提出了新的挑战——过失危险犯是否可罚？对此，有学者认为："无论是抽象危险犯还是具体危险犯，也无论是故意的危险犯还是过失的危险犯，实际上均属于结果犯的范畴。"② 因此，过失危险犯的可罚性当然成立。在此，首先要明确，危险驾驶罪的成立不需要任何的情节要素，即使是轻微的人身伤害或物损，也非其构罪的必要结果要件。所以，可以将"危险犯也属于结果犯"的观点进一步解构为"具体危险和抽象危险也属于行为的危害结果"。笔者并不赞同这一论断，反而认为在我国刑法体系中并没有过失危险犯存在的空间，理由如下：

第一，我国刑法分则相关罪刑的设置表明立法者对过失危险犯持否定态度。我国《刑法》第115条第1款规定了以危险方法危害公共安全的实害犯；第2款规定，过失以危险方法危害公共安全罪，为过失实害犯。与之相对，《刑法》第114条为以危险方法危害公共安全的危险犯，但是该条没有过失危险犯的规定。同样，《刑法》第119条为破坏交通工具罪、破坏交通设施罪、破坏电力设备罪、破坏易燃易爆设备罪的实害犯，该条同样存在第2款过失实害犯的规定。《刑法》第116、117、118条为上述行为的危险犯，但这三条均没有过失危险犯的规定。由此可以看出，立法者并不认为过失危险犯与实害犯一样，具有可罚性。有学者认为，《刑法》第330条妨害传染病防治罪和第332条妨害国境卫生检疫罪是我国刑法存在过失危险犯的例证。③ 然而，笔者认为，此二罪是否属于过失犯罪不无疑问。我国《刑法》第15条第2款规定，

---

① 参见王耀忠：《危险驾驶罪罪过等问题之规范研究》，载《法律科学》2012年第5期。
② 刘宪权、周舟：《危险驾驶罪主观方面的刑法分析》，载《东方法学》2013年第1期。
③ 参见张明楷：《罪过形式的确定》，载《法学研究》2006年第3期。

"过失犯罪,法律有规定的才负刑事责任"。这里的"法律有规定",虽然不能理解为法律条文中有"过失"的直接规定,但学理上一般认为至少应当存在"文理规定"。① 即虽无直接规定,但至少可以通过罪状中"事故""疏忽""失火"等语词的文理解释得出过失犯罪的结论。反观上述两罪,罪状中并不包含渗透该罪为过失犯罪的"文理规定",所以过失犯罪的结论"于法无据"。另外,这两罪"危险犯"的性质也同样存在疑问。两罪都有"引起……传染病传播"和"引起……传播严重危险"的入罪要件规定。前者的性质乃为实害结果,而后者的性质在理论上存在争议。虽然有"危险"的语词,但仍有学者认为,在刑法语境中,罪状中的"传播严重危险"是相对于传染病已经传播而言,应指传染病确已使特定范围的人群感染并造成了一定的危害结果,② 而非单纯的危险。所以,无论如何,此二罪都不能成为我国刑法中存在过失危险犯的例证。

第二,"过失危险犯"不具备过失犯罪的处罚基础。传统刑法理论认为,过失犯罪都是结果犯,"过失行为只有当造成了危害结果时,才能构成犯罪。"③ 所以,较之故意犯罪,过失犯罪的处罚基础在于危害结果,而且往往是严重的危害结果。之所以如此,是由过失犯罪的内部结构所决定的。众所周知,过失犯罪往往是日常工作、生活中疏忽、大意、鲁莽草率所致,较之对危害结果抱有放任或希望态度的故意犯罪,其主观恶性并不大。而犯罪又是具有严重社会危害性的行为,为了弥补过失行为构成犯罪所需的社会危害性量的要求,只有客观造成严重实害结果的行为才能成立过失犯罪。作为与实害犯相对的危险犯,并不存在严重的实害结果。所以,从主客观相统一的角度,危险犯并不能满足构成犯罪所需的社会危害性量的要求。对于有学者所认为的危险犯也是结果犯的观点,笔者认为这并不能为过失危险犯的可罚性提供任何理论的支撑,而且显然突破了"危险犯"与"结果犯"各自内在的规定性。诚然,我们不能说危险犯没有造成任何的"危害结果",危险状态的出现毕竟标识了出现实害结果的一种可能。但是,这仅是对危害行为造成实害结果的可能性的一

---

① 参见李林、张一薇:《过失危险犯质疑及其理论归属》,载《西南政法大学学报》2012年第6期。
② 参见王作富:《中国刑法研究》,中国人民大学出版社1988年版,第168页。
③ 张明楷:《"风险社会"若干刑法理论问题反思》,载《法商研究》2011年第5期。

种判断，是对危害行为造成实害结果的一种评价，只是规范论意义上的结果。而"结果犯"中的"危害结果"显然并不囿于规范论的界域，它更多的是一种事实的存在。如若将危险犯也认定为结果犯，必将消弭"危害结果"的存在论意义，使其在规范与事实间处于一种进退维谷的尴尬境地。

第三，处罚过失危险犯不符合刑法人权保障的精神，不利于人类社会的发展。刑法既是善良人的大宪章，也是犯罪人的大宪章；既要保护法益，也要保障人权。① 面对大千世界扑面而来的各种信息，人类受到自身认识局限性的制约，不可能像机器那样永远保持精神的专注和行动的审慎。可以说，人类自身的局限决定了疏忽的在所难免。特别是随着现代社会生活节奏的加快以及科学技术的日新月异，人类出现过失的概率不断增大。而过失犯罪处罚范围的扩大意味着人类行为自由界域的限缩，刑法人权保障的机能被保卫社会的功利需要不断蚕食。同时，当构成过失犯罪不再要求严重的实害结果时，我们每个人都成为潜在的犯罪人。这种"犯罪"的恐惧使得人类的行为变得谨小慎微，人类不断探索创新的实践精神受到制约，人类社会的发展也将因此而受到影响。所以，无论从个人还是社会角度，处罚过失危险犯都将造成不必要的消极的影响。

综上所述，笔者认为过失危险犯并不具有可罚性，作为抽象危险犯的危险驾驶罪因此也不可能是过失犯罪。

### 8.3.4 危险驾驶罪主观故意的认识内容

否定了过失危险犯的可罚性，并不意味着危险驾驶罪的主观方面就理所当然是故意。因为理论界还有一种类似严格责任的声音，如有论者认为："本罪的主观构成要件是故意还是过失并不重要，实务上，只要控方证明了'在道路上醉酒驾驶机动车'之事实的存在，故意也就存在，犯罪即告成立，可以免除罪责的情形几乎不存在。"② 对此，笔者认为，危险驾驶罪不能适用严格责任。

---

① 参见〔日〕大谷实：《刑法总论》，黎宏译，法律出版社 2008 年版，第 158 页；〔日〕大塚仁：《刑法概说（总论）》，冯军译，中国人民大学出版社 2003 年版，第 185 页；陈子平：《外国刑法通论》，台湾元照出版有限公司 2008 年版，第 184 页。

② 洪常森：《危险驾驶罪的司法认定及刑事处理原则》，载《检察日报》2011 年 3 月 18 日第 3 版。

我国《刑法》第16条规定:"行为在客观上虽然造成了损害结果,但是不是出于故意或者过失,而是由于不能抗拒或者不能预见的原因引起的,不是犯罪。"该条规定否定了严格责任在我国刑法领域存在的余地。因此,该罪主观方面只能是故意。行为人只要对危险驾驶行为有认识,并在此基础上实施了危险驾驶行为,其主观上对抽象危险的出现就至少是放任的。

在明确了危险驾驶罪为故意犯罪后,另一个值得讨论的问题是该罪的犯罪故意的内容是什么。对该问题的廓清对于司法实践中对危险驾驶罪的认定具有至关重要的作用。犯罪故意包括认识因素和意志因素。

在认识因素层面,笔者认为,行为人必须对危险驾驶行为有认识。以醉驾型危险驾驶行为为例,行为人必须认识到自己饮酒和驾驶机动车的事实。醉酒的状态和抽象危险并非认识的内容。前者是规范评价的问题,而后者是抽象的法律拟制,均无须行为人特别的认识。[①] 在此,存在一个"隔夜醉驾"的问题。有论者认为,在"隔夜醉驾"的情况下,机动车驾驶人认识不到自己是在醉酒驾车,不应以危险驾驶罪追究刑事责任,否则将有客观归罪之嫌。[②] 笔者认为,对此问题不可一概而论。诚然,酒精在人体内的代谢速度因人而异,有些人前一天晚上饮酒,第二天早上驾车,仍是"醉酒驾驶"。此类案件中,由于行为人缺乏"饮酒"的认识,所以不应认定为危险驾驶罪。但是,还有一种情况是,行为人前一天晚上开始饮酒,一直到第二天凌晨才在酩酊大醉后回家,尽管睡了一觉,但早上驾车仍然是"醉酒驾驶"。这一情形尽管也属于广义的"隔夜醉驾",但考虑到行为人饮酒到凌晨的事实,行为人在第二天早上驾车时应当具有"饮酒驾车"的认识可能,所以不能排除其犯罪性。此时,行为人的犯罪故意为一种未必的故意,即"发生结果本身是不确实的,但认识到或许会发生结果,而且认为发生结果也没有关系。"[③]

在意志因素层面,有学者认为,只要行为人对其所实施的不法行为有认识,就具备主观归责的基础,并不需要考察意志要素。[④] 而笔者认为,认识因

---

① 参见张明楷:《刑法学》,法律出版社2007年版,第214页。
② 参见黄继坤:《论醉酒驾驶中的主观有责性问题——兼与冯军教授商榷》,载《法学》2013年第3期。
③ 刘宪权、周舟:《危险驾驶罪主观方面的刑法分析》,载《东方法学》2013年第1期。
④ 同上。

素和意志因素是构成犯罪故意的必要要件，认识是意志的基础，意志是行为人主观恶性的进一步流露，是归责的根据，二者缺一不可。只不过对于危险驾驶这类抽象危险犯，抽象危险是行为的特征，行为人对危险驾驶行为有认识，即包含对行为危险性的认识，行为人在认识基础上执意实施危险驾驶行为，就表明其在意志方面至少对抽象危险是放任的。故意实施危险驾驶行为，对抽象危险持否定态度的情况并不存在。有学者提出，在危险驾驶过程中，行为人将自己的人身和财产安全同样置于危险状态，所以其对抽象危险不可能存在放任或希望的问题。① 笔者认为，将自己的人身和财产安全置于危险境地与行为人对危险持放任或希望的态度并不矛盾。因为几乎所有的故意犯罪都存在危险性，这其中既包括行为时遭到反抗的危险，也包括行为后受到刑事制裁的危险。行为人对此必然是有认识的，正是一种"趋利"的心理促使行为人甘愿冒此风险实施犯罪行为。

综上，笔者认为，危险驾驶罪为故意犯罪，其构造表现为行为人对危险驾驶行为有认识，并放任或希望危险驾驶行为的抽象危险发生。在某些"隔夜醉驾"的情形中，这种故意可以表现为"未必的故意"，但同样要求行为人具有"饮酒驾车"的认识可能。

### 8.3.5 余论

将危险驾驶罪认定为故意犯罪，在司法实践中可能存在主观故意难以证明的问题。诚然，危险驾驶罪的成立需要证明行为人对危险驾驶行为有认识。然而，笔者认为，这不仅不是否定危险驾驶罪为故意犯罪的理由，反而为其合理性提供了进一步的根据，因为这恰好为我们限缩危险驾驶罪的处罚范围提供了思考的路径。危险驾驶罪为抽象危险犯，构成该罪并不要求出现实害结果。如果该罪为过失犯罪，对于以"结果预见可能性"为中心的过失犯罪理论，只能将预见的对象定位于虚无缥缈的抽象危险，而抽象危险又附属于危险驾驶行为。所以，到头来，过失犯罪的成立仅有对危险驾驶行为的预见即可，而这无异于客观归罪。因为行为一旦付诸实施，便不存在能否预见的问题。相比之下，故意犯罪的定性使得危险驾驶罪的成立需要行为人对危险驾驶行为有明确

---

① 具体案例参见罗意欢：《危险驾驶法律适用之惑》，载《检察日报》2013年2月26日第3版。

的认识。以醉酒型危险驾驶行为为例，司法实践中，并不是行为人在醉酒状态下驾驶机动车都构成犯罪，同样强调行为人应当对饮酒和驾车行为有认识。如在某些饮料和漱口水中可能含有酒精成分，行为人在不知情的情况下喝了大量这种饮料，或者在开车前使用了漱口水。行为人在客观上可能实施了"醉酒驾驶"行为，但这种情况由于行为人对"饮酒"不具有认识的可能性，从而排除成立犯罪。再如前文第一种"隔夜醉驾"的情形，司法实践中，正是由于没有准确把握故意犯罪的认识要素，才出现了有罪的判决。因此，笔者认为，严守故意犯罪的证明要求将是今后限缩危险驾驶罪处罚范围的一条可行之路。

## 8.4 本章小结

我国刑法总则关于犯罪概念中"情节"的表述，只是表明了我国刑事立法上对犯罪的定量要求，而这种要求只有被具体化为刑法分则中各个犯罪构成要件中的"情节要素"时才有意义。因此，刑法总则中关于犯罪概念中的"但书"情节不应该成为刑法分则具体犯罪的出罪依据。刑法分则中各个具体犯罪的罪构成要件具有定型作用，不能认为某一行为符合刑法分则规定对应的犯罪构成要件后再以"情节显著轻微危害不大"作为出罪条件。以"醉酒驾驶型"危险驾驶罪为例，《刑法》分则第133条之一明确将"追逐竞驶，情节恶劣"与"醉酒驾驶机动车"相并列，强调了两种不同行为类型在定罪要求上的不同。前者需要"情节恶劣"，后者则不需要"情节恶劣"，我们就不宜将总则中"情节显著轻微危害不大的，不认为是犯罪"的表述作为"醉酒驾驶型"危险驾驶罪的出罪路径。

# 参考文献

## 一、中文著作类

1. 陈光中等主编:《中德不起诉制度比较研究》,中国检察出版社2002年版。
2. 陈兴良:《本体刑法学》,商务印书馆2001年版。
3. 陈兴良:《刑法的价值构造》,中国人民大学出版社1998年版。
4. 陈兴良:《刑法哲学》,中国政法大学出版社1992年版。
5. 陈兴良主编:《刑法各论的一般原理》,内蒙古大学出版社1992年版。
6. 陈兴良主编:《刑事司法研究——情节·判解·解释·裁量》,中国方正出版社1996年版。
7. 储槐植:《美国刑法》(第二版),北京大学出版社1996年版。
8. 储槐植:《刑事一体化与关系刑法论》,北京大学出版社1997年版。
9. 《词源》(合订本),商务印书馆1988年版。
10. 董皞:《司法解释论》,中国政法大学出版社1999年版。
11. 高铭暄、王作富主编:《新中国刑法的理论与实践》,河北人民出版社1988年版。
12. 高铭暄、赵秉志编:《新中国刑法立法文献资料总览》,中国人民公安大学出版社1998年版。
13. 高铭暄、赵秉志主编:《刑法论丛》(第5卷),法律出版社2002年版。
14. 高铭暄:《中华人民共和国刑法的孕育和诞生》,法律出版社1981年版。
15. 高铭暄主编:《刑法学原理》(三卷本),中国人民大学出版社1994年版。
16. 高铭暄主编:《中国刑法学》,中国人民大学出版社1989年版。
17. 何秉松主编:《刑法教科书》,中国法制出版社1997年版。
18. 胡学相:《量刑的基本理论研究》,武汉大学出版社1998年版。
19. 季卫东:《法治秩序的建构》,中国政法大学出版社1999年版。

20. 姜伟：《犯罪形态通论》，法律出版社 1994 年版。
21. 蒋明：《量刑情节研究》，中国方正出版社 2004 年版。
22. 金泽刚：《犯罪既遂的理论与实践》，人民法院出版社 2001 年版。
23. 瞿同祖：《中国法律与中国社会》，中华书局 1981 年版。
24. 李海东：《刑法原理入门（犯罪论基础）》，法律出版社 1998 年版。
25. 林山田：《经济犯罪与经济刑法》，台北三民书局 1981 年版。
26. 林山田：《刑罚学》，台湾商务印书馆 1983 年版。
27. 林山田：《刑法特论》（上），台湾三民书局 1980 年版。
28. 刘树德：《宪政维度的刑法思考》，法律出版社 2002 年版。
29. 刘艳红：《开放的犯罪构成要件理论研究》，中国政法大学出版社 2002 年版。
30. 龙宗智：《相对合理主义》，中国政法大学出版社 1999 年版。
31. 马克昌：《比较刑法原理——外国刑法学总论》，武汉大学出版社 2002 年版。
32. 马克昌、杨春洗等主编：《刑法学全书》，上海科学技术文献出版社 1993 年版。
33. 马克昌主编：《犯罪通论》，武汉大学出版社 1997 年版。
34. 苏惠渔主编：《刑法学》，中国政法大学出版社 1994 年版。
35. 王世洲：《德国经济犯罪与经济刑法研究》，北京大学出版社 1999 年版。
36. 王勇：《定罪导论》，中国人民大学出版社 1990 年版。
37. 王作富主编：《刑法》，中国人民大学出版社 1999 年版。
38. 鲜铁可：《新刑法中的危险犯》，中国检察出版社 1998 年版。
39. 《现代汉语词典》（第 7 版），商务印书馆 2016 年版。
40. 肖扬主编：《中国刑事政策和策略问题》，法律出版社 1996 年版。
41. 徐国栋：《民法基本原则解释》，中国政法大学出版社 1992 年版。
42. 许发民：《刑法文化与刑法现代化研究》，中国方正出版社 2001 年版。
43. 杨春洗主编：《刑事政策论》，北京大学出版社 1994 年版。
44. 杨书文：《复合罪过形式论纲》，中国法制出版社 2004 年版。
45. 张明楷：《外国刑法纲要》，清华大学出版社 1999 年版。
46. 张明楷：《未遂犯论》，法律出版社、日本成文堂 1997 年版。
47. 张明楷：《刑法的基本立场》，中国法制出版社 2002 年版。
48. 张明楷：《刑法分则的解释原理》，中国人民大学出版社 2004 年版。
49. 张明楷：《刑法学》（第二版），法律出版社 2003 年版。
50. 张明楷：《刑法学》（上），法律出版社 1997 年版。
51. 张永红：《我国刑法第 13 条但书研究》，法律出版社 2004 年版。
52. 张勇：《犯罪数额研究》，中国方正出版社 2004 年版。

53. 张志铭：《法律解释操作分析》，中国政法大学出版社 1999 年版。

54. 赵秉志等编著：《全国刑法硕士论文荟萃》（1981 届—1988 届），中国人民公安大学出版社 1989 年版。

55. 赵秉志：《犯罪未遂的理论与实践》，中国人民大学出版社 1987 年版。

56. 赵秉志、吴振兴主编：《刑法学通论》，高等教育出版社 1993 年版。

57. 赵秉志主编：《犯罪停止形态适用中疑难问题研究》，吉林人民出版社 2001 年版。

58. 赵秉志主编：《刑法基础理论探讨》，法律出版社 2002 年版。

59. 赵炳寿主编：《刑法若干理论问题研究》，四川大学出版社 1992 年版。

60. 赵廷光主编：《中国刑法原理》（总论卷），武汉大学出版社 1992 年版。

61. 赵微：《俄罗斯联邦刑法》，法律出版社 2003 年版。

62. 郑飞：《行为犯论》，吉林人民出版社 2004 年版。

63. 朱华荣主编：《各国刑法比较研究》，武汉大学出版社 1995 年版。

64. 左卫民、周长军：《变迁与改革》，法律出版社 2000 年版。

## 二、译著类

1. 〔法〕埃米尔·迪尔凯姆：《自杀论》，冯韵文译，商务印书馆 2001 年版。

2. 〔挪威〕安德聂斯：《刑罚与预防犯罪》，钟大能译，法律出版社 1983 年版。

3. 〔美〕巴特勒斯：《矫正导论》，孙晓雳等译，中国人民公安大学出版社 1991 年版。

4. 〔意〕贝卡里亚：《论犯罪与刑罚》，黄风译，中国大百科全书出版社 1993 年版。

5. 〔美〕贝勒斯：《法律的原则——一个规范的分析》，张文显译，中国大百科全书出版社 1996 年版。

6. 〔英〕边沁：《道德与立法原理导论》，时殷弘译，商务印书馆 2000 年版。

7. 〔英〕边沁：《立法理论——刑法典原理》，孙力等译，中国人民公安大学出版社 1993 年版。

8. 〔苏联〕别利亚耶夫等：《苏维埃刑法总论》，马改秀等译，群众出版社 1987 年版。

9. 〔日〕大塚仁：《犯罪论的基本问题》，冯军译，中国政法大学出版社 1993 年版。

10. 〔美〕E. 博登海默：《法理学、法律哲学与法律方法》，邓正来译，中国政法大学出版社 1999 年版。

11. 〔俄〕《俄罗斯刑法教程》（总论），黄道秀译，中国法制出版社 2002 年版。

12. 〔德〕费尔巴哈：《费尔巴哈哲学著作选集》，荣震华等译，商务印书馆 1984 年版。

13. 〔德〕弗里德里希·包尔生：《论理学体系》，何怀宏、廖申白译，中国社会科学出版社 1988 年版。

14. 〔德〕格吕恩特·雅科布斯：《行为 责任 刑法——机能性描述》，冯军译，中国政法大学出版社 1998 年版。

15. 〔英〕葛德文：《政治正义论》（第二、三卷），何慕李译，商务印书馆 1997 年版。
16. 〔美〕H. C. A. 哈特：《惩罚与责任》，王勇等译，华夏出版社 1989 年版。
17. 〔英〕哈特：《法律的概念》，张文显等译，中国大百科全书出版社 1996 年版。
18. 〔英〕哈耶克：《自由秩序原理》，邓正来译，三联书店 1997 年版。
19. 〔德〕黑格尔：《小逻辑》，贺麟译，三联书店 1954 年版。
20. 〔英〕霍布斯：《利维坦》，黎思复、黎廷弼译，商务印书馆 1985 年版。
21. 〔英〕J. C. 史密斯、B. 霍根：《英国刑法》，李贵方等译，法律出版社 2000 年版。
22. 〔意〕加罗法洛：《犯罪学》，耿伟等译，中国大百科全书出版社 1996 年版。
23. 〔奥〕凯尔森：《法与国家的一般理论》，沈宗灵译，中国大百科全书出版社 1996 年版。
24. 〔德〕康德：《道德形而上学原理》，苗力田译，上海人民出版社 1986 年版。
25. 〔德〕康德：《法的形而上学原理——权利的科学》，沈叔平译，商务印书馆 1997 年版。
26. 〔德〕拉德布鲁赫：《法学导论》，米健、朱林译，中国大百科全书出版社 1997 年版。
27. 〔德〕李斯特：《德国刑法教科书》，徐久生译，法律出版社 2000 年版。
28. 〔意〕龙勃罗梭：《犯罪人论》，黄风译，中国法制出版社 2000 年版。
29. 〔法〕卢梭：《社会契约论》，何兆武译，商务印书馆 1980 年版。
30. 〔英〕洛克：《政府论》（上、下篇），瞿菊农、叶启芳译，商务印书馆 1964 年版。
31. 〔法〕孟德斯鸠：《论法的精神》（上册），张雁深译，商务印书馆 1993 年版。
32. 〔法〕米海依尔·戴尔玛斯-马蒂：《刑事政策的主要体系》，卢建平译，法律出版社 2000 年版。
33. 〔意〕帕多瓦尼：《意大利刑法学原理》，陈忠林译，法律出版社 1998 年版。
34. 〔美〕乔·萨托利：《民主新论》，冯克利，阎克文译，东方出版社 1998 年版。
35. 〔俄〕斯库拉托夫主编：《俄罗斯联邦刑法典释义》（上册），黄道秀译，中国政法大学 2000 年版。
36. 〔法〕斯特法尼等：《法国刑法总论精义》，罗结珍译，中国政法大学出版社 1998 年版。
37. 〔英〕泰勒、〔奥〕龚珀茨：《苏格拉底传》，赵继铨、李真译，商务印书馆 1999 年版。
38. 〔苏联〕特拉伊宁：《犯罪构成的一般学说》，薛秉忠等译，中国人民大学出版社 1958 年版。
39. 〔日〕小野清一郎：《犯罪构成要件理论》，中国人民公安大学出版社 1991 年版。

40.〔古希腊〕亚里士多德：《尼各马科伦理学》，苗力田译，中国社会科学出版社 1990 年版。

41.〔古希腊〕亚里士多德：《政治学》，吴寿彭译，商务印书馆 1981 年版。

42.〔日〕野村稔：《刑法总论》，全理其、何力译，法律出版社 2001 年版。

43.〔英〕约翰·密尔：《论自由》，许宝骙译，商务印书馆 1959 年版。

44.〔日〕曾根威彦：《量刑基准》，载《中日刑事法若干问题——中日刑事法学术讨论会论文集》，上海人民出版社 1992 年版。

### 三、论文类

1. 艾天军：《关于犯罪既遂的再探讨》，载《云南公安高等专科学校学报》2002 年第 3 期。

2. 陈兴良：《刑事法治的理念建构》，载北京大学法学院编：《刑事法治的理念建构》，法律出版社 2002 年版。

3. 陈兴良：《作为犯罪构成要件的罪量要素——立足于中国刑法的探讨》，载《环球法律评论》2003 年秋季号。

4. 初炳东等：《论新刑法中的包容犯与转化犯》，载《法学》1998 年第 6 期。

5. 储槐植、汪永乐：《再论我国刑法中犯罪概念的定量因素》，载《法学研究》2000 年第 2 期。

6. 储槐植：《我国刑法中犯罪概念的定量因素》，《法学研究》1988 年第 2 期。

7. 储槐植：《刑事政策：犯罪学的重点研究对象和司法实践的基本指导思想》，载《福建公安高等专科学校学报（社会公共安全研究）》1999 年第 5 期。

8. 段立文：《结果犯与举动犯术语探略》，载《现代法学》1991 年第 6 期。

9. 樊崇义：《我国不起诉制度的产生和发展》，载《政法论坛》2000 年第 3 期。

10. 冯军：《德日刑法中的可罚性理论》，载《法学论坛》2000 年第 1 期。

11. 冯世名：《关于量刑问题》，载《政法研究》1957 年第 4 期。

12. 洪福增：《刑法之理论与实践》，台湾刑事杂志社 1990 年版。

13. 侯国云：《犯罪构成理论的产生与发展》，载《南都学坛（人文社会科学学报）》2004 年第 4 期。

14. 胡云腾：《论我国刑法中的情节》，载《全国刑法硕士论文荟萃》（1981 届—1988 届），中国人民公安大学出版社 1989 年版。

15. 黄京平、李翔：《刑事政策概念的结构分析——兼评刑事政策法治化》，载赵秉志主编：《刑法评论》（第 6 期），法律出版社 2004 年版。

16. 贾凌、曾粤兴：《预备行为理论与实践的双重思考》，载《法制日报》2004 年 5 月 20 日第 10 版。

17. 金泽刚:《结果犯的概念及其既遂形态研究》,载《法律科学》1999 年第 3 期。

18. 金泽刚:《论定罪情节与情节犯》,载《华东政法学院学报》2000 年第 1 期。

19. 金泽刚:《论我国刑法中的情节和情节犯》,载《湖南省政法管理干部学院学报》1999 年第 6 期。

20. 敬大力:《正确认识和掌握刑法中的情节》,载《法学与实践》1987 年第 1 期。

21. 李洁:《中日涉罪之轻微行为处理模式比较研究》,载《法律科学》2002 年第 4 期。

22. 李翔、韩晓峰:《自由与秩序的和谐保证》,载《中国刑事法杂志》2004 年第 3 期。

23. 梁根林:《论犯罪化及其限制》,载《中外法学》1998 年第 3 期。

24. 梁治平:《法治:社会转型时期的制度建构》,载《当代中国研究》2000 年第 2 期。

25. 廖万里:《论我国基本刑事政策》,中国人民大学 2005 年博士论文。

26. 林志标、林坚毅、黄立聪:《抢劫罪情节加重犯存在未遂情形》,http://www.chinalawedu.com/news/2004_9%5C10%5C1017467535.htm。

27. 蔺红光、王东阳:《情节犯的立法价值检讨与抉择》,载《河南公安高等专科学校学报》2000 年第 5 期。

28. 刘明祥:《论目的犯》,载《河北法学》1994 年第 1 期。

29. 刘士心:《犯罪客观处罚条件刍议》,载《南开学报(哲学社会科学版)》2004 年第 1 期。

30. 刘守芬、方文军:《情节犯及相关问题研究》,载《法学杂志》2004 年第 24 卷。

31. 刘为波:《可罚的违法性论——兼论我国犯罪概念中的但书规定》,载陈兴良主编:《刑事法评论》(第 10 卷),中国政法大学出版社 2002 年版。

32. 刘亚丽:《论情节犯》,载《河南省政法管理干部学院学报》2000 年第 4 期。

33. 刘艳红:《开放的犯罪构成要件理论之提倡》,载《环球法律评论》2003 年秋季号。

34. 刘艳红:《情节犯新论》,载《现代法学》2002 年第 5 期。

35. 刘艳红:《刑法类型化概念与法治国原则之哲理》,载《比较法研究》2003 年第 3 期。

36. 卢建平:《论法治国家与刑事法治》,载《法学》1998 年第 9 期。

37. 陆诗忠:《刍议"客观的处罚条件"之借鉴》,载《郑州大学学报(哲学社会科学版)》2004 年第 5 期。

38. 马克昌:《关于"严打"的刑法学思考》,载高铭暄、马克昌主编:《刑法疑难问题探讨》(上册),中国人民公安大学出版社 2002 年版。

39. 彭泽君:《刑法情节论》,载《荆州师专学报(社会科学版)》1999 年第 1 期。

40. 秦前红:《论法治的原则》,http://www.lawbreeze.net/2004/5-3/234831.html。

41. 曲新久:《试论刑法学的基本范畴》,载《法学研究》1991 年第 1 期。

42. 屈学武：《刑法谦抑性原则的正确解读及其适用》，载《光明日报》2003 年 11 月 4 日理论版。

43. 沈琪：《刑事法治视野中的犯罪构成》，载《黑龙江省政法管理干部学院学报》2004 年第 3 期。

44. 孙长永：《日本的起诉犹豫制度及其借鉴意义》，载《中外法学》1992 年第 6 期。

45. 孙勤：《论刑法中的并发犯》，中国人民大学 1998 年硕士论文。

46. 唐世月：《数额犯研究》，中国人民大学 2001 年博士论文。

47. 田成有、肖丽萍：《法治模式与中国法治之路》，载《法学》1998 年第 9 期。

48. 田银行：《本案情节是强奸还是轮奸？》，http：//www.feilan.com/showarticle.asp? id=311&sort=％D0％CC％B7％A8％C6％C0％D2％E9。

49. 童伟华：《数额犯若干问题研究》，载《华侨大学学报（人文社科版）》2001 年第 4 期。

50. 王晨：《定罪情节探析》，载《中国法学》1992 年第 1 期。

51. 王晨光：《法律规则的明确性与模糊性》，载《法制日报》2003 年 2 月 24 日。

52. 王晨光：《法律运行中的不确定性与"错案追究制"的误区》，载《法学》1997 年第 3 期。

53. 王良华：《关于情节犯的两个疑难问题的探析》，载《广西法学》1996 年第 3 期。

54. 王美茜：《情节犯的立法完善》，载《松辽学刊（人文社会科学版）》2001 年第 6 期。

55. 王希仁：《论犯罪情节》，载《政治与法律》1984 年第 5 期。

56. 王梓臣：《刑法中的情节问题研究》，西南政法大学 2004 年硕士论文。

57. 王宗富：《略论我国刑法中的情节》，载《全国刑法硕士论文荟萃》（1981 届—1988 届），中国人民公安大学出版社 1989 年版。

58. 夏勇：《法治是什么？——渊源、规诫与价值》，载《中国社会科学》1999 年第 4 期。

59. 杨书文：《刑法规范的模糊性与明确性及其整合机制》，载《中国法学》2001 年第 3 期。

60. 杨书文：《刑法规范之模糊性探源》，http：//www.cncid.cn/article/printpage.asp? ArticleID=506。

61. 叶高峰、史卫忠：《情节犯的反思及其立法完善》，载《法学评论》1997 年第 2 期。

62. 〔英〕萨莫斯：《形式法治理论》，载夏勇主编：《公法》（第三卷），法律出版社 2001 年版。

63. 原占斌：《建立科学的数额犯立法与司法解释体系初探》，载《中共山西省委党校学报》2004 年第 3 期。

64. 张宝华：《空白刑法·明确性·稳定性——兼及刑法修改对空白刑法态度之探讨》，http：//www.hicourt.gov.cn/theory/artilce_list.asp?id＝742&l_class＝2。

65. 张波：《情节犯研究》，武汉大学 2000 年硕士论文。

66. 张明楷：《论刑法分则中作为构成要件的"情节严重"》，载《法商研究》1995 年第 1 期。

67. 张明楷：《刑法第 140 条"销售金额"的展开》，载马俊驹主编：《清华法律评论》（第 2 辑），清华大学出版社 1999 年版。

68. 张绍谦：《浅论法官量刑的"自由裁量权"》，载杨敦先等编：《刑法发展与司法完善》，中国人民公安大学出版社 1989 年版。

69. 赵秉志：《应坚持犯罪行为评价的双重标准——解析社会危害性与刑事违法性标准之争》，载《检察日报》2004 年 4 月 15 日第 4 版。

70. 赵廷光：《论我国刑法中的情节》，载《中南政法学院学报》1994 年第 5 期。

71. 赵廷光：《刑法情节新论》，载《检察理论研究》1996 年第 3 期。

72. 周光权、卢宇蓉：《犯罪加重构成基本问题研究》，载《西北政法学院学报》2001 年第 5 期。

73. 朱宗雄：《论情节对定罪的意义》，载《法学评论》1994 年第 5 期。

## 四、法典类

1. 《奥地利联邦共和国刑法典（2002 年修订）》，徐久生译，中国方正出版社 2004 年版。

2. 《澳门刑法典 澳门刑事诉讼法典》，赵秉志总编，中国人民大学出版社 1999 年版。

3. 《德国刑法典》，徐久生、庄敬华译，中国法制出版社 2000 年版。

4. 《俄罗斯刑法典》，黄道秀译，中国法制出版社 1996 版。

5. 《法国刑法典》，罗结珍译，中国人民公安大学出版社 1995 年版。

6. 《韩国刑法典及单行刑法》，〔韩〕金永哲译，中国人民大学出版社 1996 年版。

7. 《日本刑法典》，张明楷译，法律出版社 1998 年版。

8. 《瑞士联邦刑法典》，赵秉志总编，中国人民大学出版社 1999 年版。

9. 《泰国刑法典》，吴光侠译，中国人民公安大学出版社 2004 年版。

10. 《西班牙刑法典》，潘灯译，中国政法大学出版社 2004 年版。

11. 《意大利刑法典》，黄风译，中国政法大学出版社 1998 年版。

# 后记

《情节犯研究》一书是在我同名博士论文的基础上修改而成的，初版是在2006年由上海交通大学出版社出版的，至今已经过去12年。1997年《刑法》实施至今已有21年，其间，立法机关出台了一个补充规定和10个刑法修正案，其中又大量规定了一些新的情节犯，这种立法的现实表明，情节犯在我国刑法中具有独特的价值。而我对于情节犯领域的探究也一直没有停止过。本版在初版的基础上增加了一些我近年来新的研究成果，其中有些内容已经在期刊上公开发表。鲁迅先生说："我常想在纷扰中寻出一点闲静来，然而委实不容易。"我是深有体会的，这可能是人到中年的共有属性。我早就想对初版进行修订，囿于各种原因，迟迟未能完成，最后交稿还是在北京大学出版社徐音编辑的"敦促"下完成的。因此，要感谢北京大学出版社和本书的编辑。特别要感谢当年参与博士论文评阅的张明楷教授、谢望原教授、田宏杰教授、韩玉胜教授、莫开勤教授，以及答辩委员会储槐植教授、王作富教授、单长宗教授、张泗汉教授和卢建平教授。他们对文章给出了很高的评价，让我受宠若惊，而他们给出的中肯的、高屋建瓴的修改意见，对于本书的完善更是起到了居重驭轻的作用。

我对情节犯的研究，绝不是为了标新立异，更不是因为我具备书中所说的各种基础条件。我知道自己对于刑法理论的任何浅薄论述都可能是自己无知的一种表现；却又妄想从现有的种种迷信和盲从的桎梏中走出来，摆脱人云亦云的思维方式的限制，在汲取前辈及同仁们留下的知识营养的基础上，述一管之见。对他人理论的任何善意的批判和自己一知半解的立论得到的将可能是老师们循循善诱的教导和同仁们更多理性的批判，我相信每一个点评和每一点批判都将是激励我奋发前进的动力。对情节犯这一问题的思考是我对刑法理论深入学习的一种大胆却又浅薄的尝试，也是对引我迈入刑法学殿堂的老师们的一次学习汇报，更是我深入研究刑法学的一个起点。但愿我的尝试是一种明智的选择。

李翔

2018年5月20日

于华东政法大学崇法楼